El Auténtico Maestro

Juan Cayuela

El Auténtico Maestro
Nº registro: 08/2012/1101
ISBN: 978-84-616-6134-3
Depósito legal: MU-944-2013

Portada e ilustraciones interior: Marcos Amorós Batalla
Correcciones: Miguel Galán
Maquetación y diseño de portada: Javier Argilés

Contacto: juanrapu@hotmail.com
Blog: juanraputuki.blogspot.com

Índice

Prólogo

Introducción

El Auténtico Maestro

El Camino de la Luz

La voz

Vivir en el amor: la vida, la muerte...

La sexualidad, el amor en pareja...

Amar y ser amado

Los proyectos, los sueños, la felicidad...

Escuchar el corazón, el perdón, la gratitud

El Cambio...

El conocerse, el aceptarse, el amarse...

La consciencia, el respeto, la diversión...

El tiempo: ¿lo inviertes o lo malgastas?

Las emociones, las enfermedades, la sanación...

La Madre Tierra, almas libres...

La humanidad, la justicia, el ego...

El Aire Sagrado

La Energía del Creador

Una nueva forma de vida

Agradecimientos

Bibliografía consultada

A todos los que aman,
a todos los que sufren,
a todos los libres de corazón;
a ti, mi mariposa blanca...

Prólogo

Más de una vez he pensado que no somos nosotros quienes buscamos un libro, sino que es éste el que nos encuentra a nosotros. Porque ¿qué expectativas llevamos cuando adquirimos un libro? ¿Seguir la corriente de ser lector del último superventas? ¿Buscamos una información precisa? ¿Cultura? ¿Pasatiempo? ¿Respuestas? ¿Consejos? ¿Diversión?

A veces, uno va a la librería con la idea de comprarse un libro determinado y termina saliendo de allí con otro u otros distintos al que llevaba en mente. Otras veces se alcanza la conjunción perfecta, el encuentro amoroso entre el lector y el ejemplar: el formato, el título, el color, la portada..., algo o todo nos llama al tiempo que también nosotros vamos en búsqueda de ese contenido concreto.

El Auténtico Maestro, de Juan Cayuela, contiene el germen perfecto para ser tanto un amor a primera vista como el enamorado paciente, reposado y perpetuo.

Cuando comencé a leerlo por primera vez, no podía abandonarlo. Desde el primer capítulo me pareció un termómetro capaz de medir la temperatura de mi posición ante la vida. Me encontré, de golpe, con un manual para analizarme; las preguntas que lanzaban sus páginas me constaba que, no solamente yo me las hacía, sino que eran interrogantes que se formulaba una gran parte de la sociedad actual. Preguntas trascendentales. Y no sólo eso: sino que daba respuestas a esos interrogantes. Además, como en un perfecto engranaje, al igual que en las novelas de suspense, un capítulo llevaba a otro de manera amena, sin dejar que decayera el interés del lector.

Este libro es una guía para el alma, es un mapa que nos ayuda a manejarnos en un mundo en el cual cada vez hay más artilugios para -presuntamente- comunicarnos: cámaras web, móvil, facebook, twitter, iphone... etc, y, paradójicamente, cada vez más nos aboca a la incomunicación, al aislamiento.

JUAN CAYUELA

Desde los primeros capítulos me pareció un regalo de amor, un trabajo muy actual que habla, desde la preocupación por este supuesto y próximo fin del mundo, hasta el recorrido por los territorios de la testarudez y la ceguera del ser humano, el cual necesita enfermar para apreciar la salud y la Vida. Pero, a medida que iba introduciéndome en él, la sorpresa primigenia se iba convirtiendo en admiración y gratitud al comprobar la generosa amplitud de temas tratados: amor, perdón, respeto, autoestima, sexualidad, fidelidad, compromiso, felicidad, paz, amistad, justicia, hijos, amigos…; quiénes somos, de dónde venimos, hacia dónde vamos; la vida y la muerte como el haz y el envés de una misma moneda; la capacidad desaprovechada de vivir el presente: "Busca el presente, porque en él vivirás el resto de tu vida", nos conminaba Facundo Cabral; el maltrato a la Madre Tierra; medicinas tradicionales y complementarias y, sobre todo, de la espiritualidad, o, mejor dicho, visto y tratado desde una espiritualidad iluminadora e integradora. Todo ello desmenuzado amplia y minuciosamente por capítulos. Y, al final de cada sección, un resumen perfecto y fundamental de lo más importante que fija y ordena en la memoria, de manera fotográfica, las ideas, a modo de memorándum para el camino.

El Auténtico Maestro no es un libro para leerlo y dejarlo dormir, sino para atesorarlo, consultarlo y tenerlo de compañero de viaje vital. Da la clave exacta de por qué no funciona mucha de la parafernalia de la que nos rodeamos para encontrar la felicidad

Esta historia que se encuentra en sus manos es una obra imprescindible para la transformación emocional y espiritual que, seguro, saldrá al encuentro de quien busque respuestas a las preguntas que de continuo nos formula la vida. Juan Cayuela no ha cicateado información o contenido alguno que competan al alma humana en este libro que es una hoja de ruta para mostrarnos de una manera sencilla y empírica el camino hacia la armonía con uno mismo y con el universo. Utilícenlo y disfruten del viaje. Será una experiencia plenamente reveladora y enriquecedora.

Ana María Tomás
Licenciada en Filología, escritora y articulista

Introducción

Os propongo que os adentréis en la mayor aventura que vuestra mente pueda imaginar: Que encontréis el sentido a vuestra vida.

Para ello, os sugiero que respiréis mientras aún tenéis un soplo de aire en vuestro interior, que disfrutéis de vuestro cuerpo físico mientras estáis vivos, que no malgastéis ni un solo segundo, y sobre todas las cosas, que viváis en libertad.

Si queréis acompañarme en este viaje, os invito a que deis el primer paso; a que hagáis lo que siempre habéis querido, a que leáis este libro o lo dejéis en un rincón, a que os emocionéis al contemplar el sol, o a que lloréis por no ver las estrellas, a que decidáis quedaros en un lugar y con una persona, o a que caminéis en otra dirección...

Si estáis preparados, por favor, escuchad a vuestro corazón, aún os quedan infinidad de mundos por descubrir, muchos desafíos personales que enfren tar y antiguas historias que contar alrededor de una hoguera. Hacedlo en este momento, porque cuando la muerte llegue de visita para quedarse, recordaréis estas letras, dedicaréis un leve parpadeo al mensaje que os ofrezco, y deseo con toda mi alma, que mis palabras os hayan ayudado a gozar de la vida plenamente.

Si deseáis continuar en mi compañía, os formulo una alianza: Explorad este libro, desmenuzad sus palabras, investigad en cada uno de los mensajes que os ofrece, y cuando lo hayáis terminado, si queréis, os brindo una charla conmigo detrás de un té, para traspasar el umbral de la consciencia. Aprenderemos juntos...

Si vuestra respuesta a mi proposición es afirmativa, hacedle una pregunta a vuestra alma; ¿La información contenida en las hojas de este libro es realidad, o es fruto de la imaginación?

Mientras nos conocemos sorbiendo la infusión india de cardamomo, jengibre, pimienta, canela y clavo, os responderé. Ahora os adelanto, que esa misma interrogante me la hice varias veces mientras bajaba de la montaña de la Muela y me sumergía en las aguas cristalinas del mar Mediterráneo. Cada vez que sucedían esas canalizaciones en la cueva y realizaba mis viajes por el mundo, me cuestionaba una y otra vez, si todo era real.

Para alegría de mi corazón y tras un encuentro en Italia con una mariposa blanca, descubrí que todo era Verdad; tan verdad como que respiro el mismo aire que vosotros, tan real como que estoy formado de vuestra misma sangre, tan cierto como que río y lloro por similares cosas que las vuestras, tan indiscutible que amo como vosotros amáis, tan innegable que sois mis hermanos. "Si, no os sorprendáis, mis hermanos", seáis de otra religión, de otra raza, de otro lugar, con otro color de piel, o con otro lenguaje.

Es difícil para vuestra pequeña mente entenderlo, pero somos hermanos de alma y venimos de esta tierra, de este planeta azul que nos acoge y nos alimenta. Esta realidad es tan evidente como que llegamos de la misma Energía que nos ofrece la Vida, del llamado Dios, del nombrado como Alá...

Si asumís que somos hermanos, este libro os ofrecerá un mensaje de esperanza para vivir en un mundo mejor y crear una nueva forma de vida. Su lectura puede significar un antes y un después en vuestra existencia. Las enseñanzas que a través de él se transmiten os proponen un nuevo camino que recorrer. No existe antídoto contra sus mandatos, podéis hacer caso omiso a sus palabras, pero a partir de que lo hayáis leído, ya nunca seréis las mismas personas, la sabiduría de sus preceptos se introducirán en vuestras células para formar nuevos seres que viven, creen y confían en la Energía del Universo...

Si decidís entregaros a la aventura de leer esta historia, el Dios que controla el destino del hombre, os ayudara a encontrar el camino de la luz y os ofrecerá que os unáis a otros descubridores que buscan La Verdad.

Una vez leído, cuando sus palabras os calen como una suave lluvia de verano contra la que no existe refugio, os preguntaréis: ¿De qué extraño lugar ha brotado la información recopilada en estas hojas?

Estas palabras nacen en Nicaragua de los encuentros energéticos con la fuerza que vive en mi interior, se alimenta de las conversaciones mantenidas con el Creador en mi peregrinación por el camino de Santiago, se nutre del amor de mi buen hermano, Akahanga, se sostiene de las enseñanzas recibidas por Arturo, en la Isla de Pascua, y se sustenta de la unión con otros guías kármicos.

En esos cruces de caminos descubrí otra forma de sentir, de amar y de reconectarme con la sabiduría que emana de la tierra, con los conocimientos antiguos de los seres de luz que me ofrecieron la respuesta a preguntas que nos atormentan: ¿Dios existe? ¿Por qué se producen las enfermedades? ¿Qué es la muerte?

Deseo que estas palabras os ayuden a comprender que todo lo que sucede en la vida desde el principio de los tiempos es perfecto; Te Rima o te Atua...

«No creas mi mensaje, pon en duda cada una de mis palabras, no aceptes como tuyas estas enseñanzas, simplemente párate en silencio, respira profundamente, observa cómo vives y siente tu corazón... Allí encontrarás las respuestas».

Juan Cayuela Raputuki
Cartagena / Jávea / Isla de Pascua. 2012

El Auténtico Maestro

Solo los que sean como niños, aquellos cuyos ojos estén llenos de asombro, aquellos para los que cada momento sea un momento de sorpresa y cuyos corazones estén abiertos a la emoción, encontrarán la Luz.

Osho

No puedo saltar, mi cuerpo se niega a intentar el impulso que me llevará a la cima. Contemplo el fondo del cortado, y trescientos metros más abajo, las rocas esperan pacientes.

Mi corazón amenaza con estallar al vislumbrar el vacío que se abre ante mis pies. Escucho emociones contenidas detrás de mi cabeza, y mientras respiro profundamente noto impaciencia en mis compañeros. Lo intento de nuevo y es imposible. He realizado saltos más arriesgados que esté muchas veces en mi vida, solo un metro me separa del objetivo, y aunque la cuerda, anudada a la cintura me ofrece seguridad, las piernas o la cabeza se oponen una y otra vez.

Las risas a mi espalda son más audibles, alguien dice:

–Si no puedes, abandona, nosotros queremos subir.

Miro hacia atrás y descubro los rostros de mis amigos; hombres fuertes y llenos de energía, que en esos tres días en Nicaragua, tras el paso del devastador huracán Mitch, hemos compartido un calor abrasador, mientras que nos dedicábamos a una labor trágica: Encontrar los cuerpos de las personas desaparecidas, para ser enterradas en fosas comunes.

Cada uno de nosotros lleva impreso en sus retinas, los rostros de algún niño o de adultos localizados entre el barro y las cañas del ingenio. Nunca olvidaremos la cara manchada de lodo del pequeño de unos diez años recién fallecido, que localizo nuestro sargento. Ahora, queríamos subir a la cima del volcán Casitas, para intentar averiguar, el por qué de ese gran desastre.

Mi tentativa falla por última vez, algo dentro de mí rechaza el salto. Aturdido, desisto. Me aparto a un lado, y digo en voz alta:

-"Hoy la montaña no es para mí".

Las carcajadas, como fuegos artificiales, estallaron entre mis compañeros. Lentamente todos llegaron al precipicio y solventaron el paso fácilmente con saltos ágiles y llenos de potencia. Bueno, todos menos uno: mi buen amigo Pascual, que al igual que yo, no pudo saltar.

Alguna fuerza superior a nosotros quería que nos quedáramos allí por algún motivo desconocido. Mientras escuchábamos las voces de nuestros camaradas que se alejaban en dirección a la cima, nos retiramos hasta el borde del cráter.

Intranquilo por lo sucedido, le pregunté:

-¿Qué ha pasado? ¿Por qué no hemos podido continuar?

-*Lo desconozco* -me explicó el, con una paciencia infinita- *pero recuerda que todo lo que sucede en la vida tiene un por qué, y en su momento lo conoceremos.*

Sonriendo ante su sabiduría, asentí en silencio. Despacio nos giramos para observar el lugar donde nos encontrábamos. Impresionados, contemplamos la zona por donde el volcán, al romper, debido al peso del agua y no existir árboles que retuvieran la tierra a consecuencia de la desforestación, había cedido.

Nuestra mirada se perdía en el horizonte y divisamos una lengua de arena de dieciséis kilómetros de largo y casi ocho de ancho, que había barrido, en un santiamén, los dos pueblos que se encontraban a nuestros pies. Tanto la población del Porvenir, como la de Rolando Rodríguez habían desaparecido ante la fuerza destructiva del huracán Mitch. Unas dos mil quinientas personas, hombres, mujeres y niños, habían sido tragadas por el lodo y el barro. Una fecha que quedaría grabada en la memoria colectiva de muchos países: el treinta de octubre de mil novecientos noventa y ocho.

En tres minutos, la vida dejo de existir en aquel lugar. Las continuas lluvias, y la tierra diluida los devoró, casi nadie pudo escapar. Un silencio abrumador llenaba nuestros oídos. Era una sensación fantasmal.

Mi amigo, sin decir una sola palabra se alejo al otro extremo del cráter, a unos doscientos metros del lugar. Yo, anonadado, me propuse dejar la mente en blanco. Me senté en una esquina intentando asimilar lo que había sucedido allí, de repente, una cruz llamo mi atención.

"¿Qué hacía una cruz plantada en un terreno de tierra estéril? ¿Quién había sido capaz de colocar un símbolo como aquel, en un lugar de muerte y destrucción?"

Inesperadamente llegaron a mis oídos las primeras voces, los gritos desgarradores, los ruegos de auxilio, las oraciones llenas de miedo:

>*"ayuda..."*

>*"socorro..."*

>*"por favor que alguien nos salve..."*

>*"Dios mío, auxílianos..."*.

Mi confusión aumentaba, no alcanzaba a entender lo que ocurría, no había nadie en un kilometro a la redonda. Sin embargo, los lamentos aumentaron de intensidad creando en mi interior un gran desconcierto, y en un momento de lucidez, vislumbré su origen:

"<u>Los gritos eran de las almas que estaban enterradas allá abajo, las oraciones eran sus ruegos de auxilio, su miedo, su dolor, la impotencia ante su cruel destino...</u>"

Advertí que la cruz pertenecía a una iglesia, y esta era lo único que quedaba del pueblo del Porvenir, el resto; casas, cuerpos, y bienes, se encontraban debajo del barro que se había solidificado, como un ataúd macabro...

Las lágrimas de sufrimiento por aquellos seres acudieron a mis ojos como un torrente. No podía dejar de pensar, sobre todo, en la suerte de aquellos niños que recién comenzaba su vida. Qué muerte más atroz, ahogados por el fango, sin posibilidad de escapatoria. Un dolor insoportable se adueño de mi cuerpo, y el estomago, siguiendo su tendencia natural, se volvió contra mí; arrojé del interior hasta la última partícula de alimento que había ingresado ese día en mi organismo. Me deje invadir por las lágrimas. En un atisbo de luz busque con la mirada a Pascual, y como un gigante solitario, lo divisé con la cabeza entre sus piernas, casi escondido. Algo extrañó nos sucedía, y traspase el umbral entre lo conocido y lo desconocido...

Me senté, y allí, entre aquella tierra agreste que unos días antes se había tragado tantas ilusiones y sueños, me quede inmóvil, sintiendo voces, sentimientos, emociones. En ese instante algunas preguntas volaron sobre mí:

¿Qué es la vida? ¿Por que mueren los inocentes? ¿Por qué la naturaleza nos

Aterrado, comencé a recitar la única oración que había aprendido de niño: "Padre nuestro que estás en los cielos..." y al hacerlo conecté con algo desconocido que me sobrepasó, con una energía invisible que me ofreció tranquilidad... Seguí rezando y pidiendo para que el alma de esos seres que clamaban en el desierto, descansaran en paz. Cerré los ojos y de lo más profundo de mi, pregunté al viento:

¿Por qué ese Dios tan bondadoso del que habla tanta gente permite estas muertes y tanta destrucción? ¿Es que nadie nos puede ayudar?

Una voz que llegaba de algún lugar próximo a mi cabeza, me sobresaltó:

–*Ese a quien buscas te encontrará en su momento, ese al que suplicas tiene todas las respuestas a las preguntas que planteáis al Universo.*

Intimidado, busque el origen del sonido, pero no había nadie al alcance de

–¿Quién eres? –pregunté al vacío.

El silencio, amenazante, acudió a mi presencia.

¿Me estaría volviendo loco? –pensé.

Lentamente deje que el aire entrara en mis pulmones, y me deslicé hasta la tierra que esperaba acogedora. Uní mi rostro al suelo, y una llamada silenciosa me condujo al mundo de los sueños. No sé el tiempo que transcurrió, pero me levanté inundado de una tranquilidad desconocida. Escuché unos pasos, alcé la mirada y vi llegar a Pascual.

–¿*Qué te ocurre?* – me preguntó.

Contemplé su cara, y turbado le conté:

–Escuché gritos, voces, y gemidos que venían de la tierra, y que pedían ayuda – me detuve un segundo, para observar su reacción. Comprobé que asentía con la cabeza, a la vez que me confesaba:

–*A mi me ha sucedido lo mismo. Ha sido desconcertante.*

Lo mire, estuve unos segundos en silencio y continué:

–Además, una extraña voz entre las sombras, se dirigió a mí y me habló.

El permaneció callado, sus ojos brillaban como invadido de infinitos secretos, y con lentitud musitó:

–*Esa voz no la he oído, sin embargo, si el mensaje que te ha ofrecido es importante para ti, permanece tranquilo, recibirás la solución que necesitas cuando estés preparado.*

Ante su extraña respuesta, no pude continuar hablando, solo podía escuchar el latido de mi corazón. Lo abracé y así permanecimos un largo tiempo. Unas horas más tarde, ya con nuestros compañeros de vuelta, regresamos al lugar donde estábamos alojados.

Al caer la noche, dormimos en el cuartel de bomberos de Chinandega. Yo daba vueltas en el colchón sin poder conciliar el sueño, cuando las agujas del reloj marcaron las tres con treinta minutos de la madrugada. Sin haber un motivo aparente, mi cuerpo se activó. Extrañado, encendí la lámpara y examiné la habitación casi desconocida. Noté una energía diferente a la que habitualmente me acompañaba. El corazón palpitaba sin control. Intrigado, no supe distinguir el motivo de esa inquietud, y una extraña sensación me hizo salir al aire libre. Descendí a un jardín prodigioso, y un bello cielo, como nunca antes había visto, fascinó mí mirada. Cerré los ojos y, en ese instante y sin autorización, varias preguntas aterrizaron en mi boca:

>¿Quién soy? ¿De dónde vengo? ¿Hacia dónde me dirijo?

Era como si, durante siglos, distintas cuestiones hubieran estado esperando, escondidas en algún lugar remoto. Interrogantes que oprimían mi corazón, que me rondaban sin descanso, que me envolvían cual nebulosa. Algo invisible encontraba acomodo en mi vida, sentía que una transformación echaba raíces entre los pliegues de mi piel. Era el principio de un cambio profundo en mi existencia, una metamorfosis que afectaría a mis creencias espirituales, una evolución que me conduciría a la creación de un nuevo ser. Era el veinticinco de noviembre del año mil novecientos noventa y ocho...

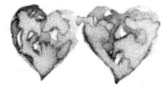

El Camino de la Luz

*Nacemos, vivimos, y morimos,
para volver a nacer...*

Ese día fue el inicio de mi Leyenda Personal. A partir de ese momento, cuando viajaba por lugares remotos en todo el mundo, cuando buscaba respuestas a mis dudas en diferentes santuarios de la madre Tierra, o me encontraba en plena naturaleza recorriendo extraños caminos, algunas preguntas volaban a mi pensamiento, interrogantes que arribaban a mi cabeza sin hallar acomodo:

>¿Qué es el amor? ¿Habrá alguna persona totalmente feliz? ¿Existe un Ser Todopoderoso...?

Mientras que el tiempo volaba a su ritmo, y más años celebraba, más intensas y exigentes eran las preguntas. La mente intentaba ofrecerme respuestas científicas, religiosas o cósmicas a esas cuestiones, pero nada de ello me ofrecía una paz permanente.

Confundido por tanta información que recibía en libros, en internet o en medios de comunicación, algo en mi interior me susurraba una y otra vez que esas respuestas no eran las correctas, que estuviera atento porque el desenlace estaba más cerca.

«¿Más cerca? –pensé confuso–. ¿Pero dónde?»

La contestación definitiva no terminaba de llegar, y cada día, de vuelta a casa, intentaba apartar de mí esa voz mental que me cuestionaba la vida, y que me causaba un gran sufrimiento. Cuando consultaba a mis amigos, investigaba en libros, o asistía a reuniones sobre crecimiento interior, me quedaba sorprendido; algunas personas se hacían las mismas preguntas y tenían similares conflictos a los míos...

«¿Qué estaba sucediendo en el mundo?» me cuestionaba. La gente estaba más inquieta que nunca, a la grave crisis económica se había unido la personal. Las separaciones de parejas aumentaban a ritmo de vértigo. Familiares, conocidos, y voces en internet que interpretaban las profecías mayas, habían afirmado de un cataclismo mundial para el año dos mil doce (Augurios que no se habían producido) Otras teorías hablaban, sin temor a equivocarse, de un cambio energético en las personas que darían lugar a un Nuevo Orden. Unos cuantos dirigían sus pasos a una transformación espiritual, otros aseguraban que se produciría un cambio de vibración en la Tierra que lo haría trasladar de eje y de rotación, algunos iluminados afirmaban de la llegada de seres extraterrestres o cósmicos para conquistar nuestro planeta azul...

Sin saber qué hacer, ni qué decisión tomar, sentí una llamada silenciosa y lejana que me invitaba a desplazarme todos los días a la naturaleza: ascendía montañas, dormía en cuevas, llegaba al lado del mar, y allí, entre las olas, desaparecían los traumas, los dolores del alma, los problemas... En aquellos lugares mágicos, purificaba mi alma, encontraba la paz y reposaba tranquilo.

Con el paso de las noches mi vida transcurría en la placidez del desasosiego. Sucesos extraordinarios se acercaban a mis quehaceres diarios. Yo no podía imaginar el nuevo cambio que se produciría en mi existencia en tan poco tiempo. "<u>Nos dicen que únicamente somos conscientes de lo que es la vida, cuando suceden cosas trágicas que nos destruyen: la muerte de un ser querido, una enfermedad grave o terminal, una ruptura de pareja, un accidente con dolorosos daños físicos...</u>".

Y siempre me he preguntado: ¿Por qué únicamente adquirimos la consciencia en esas situaciones tan adversas? ¿Por qué no lo hacemos antes y disfrutamos de la vida, del amor y de quienes queremos, sin necesidad de enfrentarnos a la muerte o al sufrimiento? ¿Por qué estamos tan ciegos, sordos y mudos a lo que nos hace feliz...?

El largo camino hacia esas respuestas estaba próximo a ser descubierto...

La voz

De mil que vienen a mí,
a uno le abro la puerta...

Los años se sucedían sin detenerse. Desde el viaje a Centroamérica, unos años atrás, y las señales recibidas en estos últimos tiempos que no había querido aceptar; el robo y la brutal paliza que recibí en Managua, donde casi me matan, el accidente en bicicleta en Cartagena, donde el casco me salvo la vida, el contacto místico con la abuela Chavuca en Arequipa, los dos aterrizajes de emergencia, donde imploré ayuda divina aun sin creer en ella, las reuniones con mis amigos y con personas maravillosas con enfermedades muy graves como cáncer, fibro mialgia, trastornos de sueño..., y a pesar de ellas, me negaba a seguir el camino que me señalaban esos mensajes.

Yo, vivía en un desorden continúo, en un vacío interior que nada lo calmaba, en una huida hacía ningún lugar, en una búsqueda enloquecedora donde aban donaba familia, pareja y amigos para intentar descubrir lo que faltaba en mi triste vida. Rastreaba sin descanso algo o a alguien que me ayudara a encontrar el sen tido de mi existencia, que me auxiliará para descubrir el por qué no era feliz, que me enseñara a localizar mi lugar en el mundo...

Esa persona tenía que ser impecable en sus palabras y en sus actos, no me servía todo el mundo. Indague en busca de un sabio, de un iluminado, de una chamana, o de un erudito, y por más que exploraba, y más personas escuchaba, más esquiva era la luz conmigo... Después de más de veinte años de investigación y de viajes buscando pruebas concluyentes, me sentía agotado, nadie reunía los requisitos que yo demandaba para acompañarlo, y la insatisfacción se adueño de mis días, de mis inquietudes, de mis pesadillas...

Una noche, soñé con el monte de la Muela, una cima cercana a Cartagena. No podía dejar de contemplar sus árboles, sus cuevas misteriosas y las pequeñas nubes que la cubrían. Los duendes que habitaban en mi interior, me sugirieron que debía subir a la cumbre de la colina que me emplazaba, que me seducía, que me atraía sin posibilidad de escapar de esa sensación...

Esa mañana, al abrir los ojos la vida, y desconociendo el motivo que me impulsaba a viajar allí, decidí subir a la montaña, que en otros tiempos fue lugar de culto de hombres y mujeres; curanderos, comadronas, y otras gentes acusadas en los años oscuros de la inquisición española de actos impuros, brujería y magia, personas que pagaban con su cuerpo, el ayudar a los demás con plantas, con hierbas, con cariño...

No lo dudé ni un segundo, y me lance a lo desconocido. Agarré mi vieja mochila, ajusté el material que llevaba en su interior: mi botella de agua, unas manzanas, frutos secos, y hacía allí dirigí mis pasos. Relajado, y tras unos minutos circulando con el coche, alcancé la rambla de la montaña. Aparqué el vehículo junto al talud que delimitaba la entrada, y tras pisar la tierra rojiza, comencé la subida. El cauce estaba peligroso, las fuertes lluvias del invierno habían causado surcos de entre cuatro a cinco metros de profundidad; para cruzarlos necesitaba la vieja cuerda que acompañaba a todas mis aventuras desde la niñez. Apoyando las piernas en los troncos de los árboles y en las rocas resbaladizas, fui remontando. Finalmente, después de una caminata de más de dos horas, y de poner a prueba mis piernas, llegué al conocido bidón rojo, que según mis recuerdos, delimitaba la elección para alcanzar la cima.

El camino se ramificaba en tres sendas: una, con gran colorido entre el monte bajo y los arbustos, que se abría esplendorosa a la izquierda; otra, central, semiárida y pedregosa, escasamente atractiva para mis ojos; y el sendero de la derecha, el más problemático, con matorrales de altos espinos y profundos desfiladeros.

En aquel momento, era incapaz de pensar. Después de casi una década de no subir la montaña, no recordaba la senda correcta. Mis dudas se acentuaban, y nervioso, me decidí por la más fácil, la de la izquierda. A los cinco minutos sentí que la elección no había sido la más adecuada, la impaciencia siempre nos lleva a lugares no convenientes, donde normalmente recibimos lecciones que marcan nuestra vida, algo que iba a comprobar en mi propio cuerpo.

La primera dificultad se abría ante mí: un pequeño cortado de unos quince metros de inclinación. Con ayuda de mi querida cuerda lo solventé fácilmente. Más tarde llegue al segundo obstáculo: un gran desnivel que superé con esfuerzo y una leve caída que me provocó unos cortes superficiales en un brazo. Una vez recuperado, me encontré rodeado de diminutas matas de espinos que, como en un desencuentro amoroso, pretendían quedarse trozos de mi piel de recuerdo.

Luché contra las zarzas, las rocas y alguna que otra víbora durante más de tres horas, donde dudé de mis fuerzas, incluso, pensé en regresar, pero una determinación interna, me hizo realizar un último esfuerzo. Por fin, con apenas una pizca de energía en mi interior, alcancé la cima. Allí, extenuado, inhale en profundidad y abrí la botella de agua fresca que llevaba en mi querida mochila. Mientras bebía, saboreando hasta la última gota, miré hacia la playa de El Portús, a unos kilómetros a la izquierda del mirador, y "por un golpe de suerte o una casualidad", divisé la entrada a una cueva. Estaba cerca del desfiladero de la arista central, casi escondida, y pasaba inadvertida para quien no la buscara con atención. Al contemplar la pequeña dimensión de su acceso, dentro de mí algo se agitó, sentía la llamada magnética de la gruta. Levante los ojos al cielo e inundado por un deseo imposible de obviar, guardé mis pertenencias, y comencé la peligrosa bajada hacia el misterioso lugar.

Durante más de treinta minutos descendí por el cortado. Sus rocas puntiagudas y las olas del mar chocando contra ellas me esperaban unos metros más abajo. La visión del precipicio era escalofriante. Mi corazón latía a una velocidad extrema. Casi exhausto de la tensión y del enorme esfuerzo físico, llegué a la hendidura en la roca. Jadeante, apoyé mi espalda en la entrada, mi cuerpo se deslizo hasta el suelo polvoriento que me acogía amoroso e inhalé el aire que provenía del Mediterráneo. Mire dentro de la cueva buscando algún peligro, lo único que encontré fue una fuente de donde manaba agua cristalina, un círculo de piedras pequeñas, flanqueados por cuatro rocas de mediano tamaño y una gran peña esférica en el centro.

Lentamente entré en el círculo, observé las rocas y me senté junto a la que se encontraba centrada. La acaricié con suavidad, su pulida superficie era fascinante, magnética. Una atmosfera de misterio inundaba la estancia. Al sentir la magia de ese momento, fluí en la consciencia. Respiré llenando de aire los pulmones, alcé los ojos al cielo, y aún sin creer en ese Ser al que algunos adoraban, hice una petición que cambiaría mi vida para siempre:

"Te llames como te llames y seas de la religión que seas, muéstrame una luz que ilumine mi camino..."

Al terminar de implorar esa plegaria desde lo más profundo de mi corazón, noté una energía amorosa que me envolvía. Un sonido a mi espalda me sobresaltó e hizo que comprendiera que no estaba solo:

–Hola, buscador. *Me alegro de encontrarte de nuevo.*

Sorprendido, me giré intentando descubrir de donde procedía el sonido, pero entre las sombras no vislumbré a nadie:

–¿Dónde estás? –grité un poco atemorizado.

–No te asustes. –respondió la voz. – Hace un momento has rogado para que te mostraran una luz que iluminara tu vida, y he sido enviado aquí para hacer realidad tu deseo.

No podía dar crédito a lo que escuchaba:

–¿Dices que has sido enviado para cumplir mi deseo?– pregunté. –¿Quién

–Si quieres descubrir quién soy, y ser encontrado por quien me envía, te ruego que cierres los ojos y que permanezcas con ellos cerrados el tiempo que te mantengas en esta cueva.

Al escuchar su extraña petición mi corazón palpitó, intenté recuperar la calma, pero me sentía desubicado, finalmente pude responder:

–Tu exigencia es sorprendente. Me pides que cierre los ojos para llegar a conocer quién eres. No comprendo que deseas de mi. ¿Qué sucedería si me negara?

–Si lo hicieras, nunca me conocerás, ni descubrirás la misión que has venido a cumplir a esté mundo, ni hallarás tu camino hacia la luz...

Sorprendido por una respuesta tan directa, me quedé inmóvil. Mi mente me gritaba una y otra vez que buscara quien era el causante de aquel sonido, sin embargo, algo escondido en lo más oculto de mi alma, me suplicaba que atendiera ese mensaje, que cerrara los ojos. Me debatí en la duda, entre la razón y la intuición. Pasaron unos segundos. Mi corazón solicitó un descanso, se calmó y voluntariamente, elegí cerrar de nuevo mis ojos.

La voz en las sombras, prosiguió:

—*Me alegro que confíes, y que volvamos a encontrarnos después de Nicaragua, después de compartir las lágrimas, el dolor y el desconsuelo.*

En ese instante reconocí que la voz misteriosa que me hablaba, era la misma que se dirigió a mí en el volcán Casitas. Desconcertado, no entendía que estaba sucediendo.

—¿Quién eres? —aturdido le volví a preguntar.

—*Soy el que te escucha en los momentos de desesperación, el que te atiende cuando suplicas, el que te consuela cuando lloras.* – un silencio sugestivo imposible de obviar se abrió paso ante mí. —*Soy el que te cuida, el que te protege, el que te ayuda...*

—¿Tú me ayudas? Creo que te confundes, no sé quién se oculta detrás de esa voz.

—*Me conocerás en su momento, ni un segundo antes, ni uno después. Ahora, si quieres que continúe, te pido que creas en mí y que te entregues a la voluntad de la Energía que os dio la Vida.*

—Cómo voy a creer en ti, si no se quién eres. – le señalé. —Y además, no comprendo a que Energía deseas que me entregue. Me siento confundido.

—*Os entiendo, es una información difícil de asumir, sin embargo, os pido que recuperéis la calma, todavía no estáis preparados para conocerme. Ahora lo único que necesitáis saber de mí, es que tengo un mensaje para vosotros que lleváis tiempo sin querer recibir. Soy un enviado con una señal que os proporcionará la oportunidad de encontrar el sentido a vuestra vida, y que os ofrecerá la posibilidad de hallar vuestro lugar en este planeta.*

—¿Quién envía ese mensaje?

—*El que siempre habéis buscado, al que constantemente imploráis, al que suplicáis en vuestros momentos de desesperación, aunque no creáis en él.*

—¿El que siempre hemos buscado? ¿Un ser al que imploramos y no creemos? Sigo sin comprender ni una sola palabra de lo que dices. Yo no busco, ni suplico a nadie, y además, me hablas en plural, cuando el único que está aquí soy yo.

—Me comunico contigo y a la vez que lo hago con el resto de los seres humanos. La información que os traigo os afecta a todos los que habitáis este planeta, son señales imprescindibles para activar la consciencia de la humanidad. Por ello, cuando me dirija a ti te transmitiré estos mensajes como si lo hiciera con cada uno de los habitantes de este mundo.

—¿Tan importantes son esas señales?

—Son vitales para que evolucionéis hacia un cambio de energía en la tierra, son trascendentales porque afectará profundamente a todas las personas que la moráis, son indispensables para la creación de una nueva forma de vida.

—¿Crees que el modo de vivir que llevamos en la actualidad no es bueno para

—¿Creéis que ese proceder adoptado por la mayoría de las personas es beneficiosa para el resto de la humanidad? ¿Percibís que la manera de sobrevivir en la ira, en la violencia, en querer controlar al resto de los seres humanos por una minoría, es constructiva para el mundo? ¿Confiáis que vivir en el materialismo, en el poder y en la destrucción de la naturaleza es bueno para la Madre Tierra?

—Si lo pienso detenidamente, mi respuesta sería no. Es posible que tengas razón, y haga falta un cambio profundo, pero tal vez otros seres humanos opinen de distinta manera.

—Quien piense que la forma de vivir que tenéis actualmente los seres humanos es positiva para el planeta, vive engañado. Si os detenéis unos minutos a observar lo que sucede en el mundo —guerras, crisis económicas, hambrunas...—, os daréis cuenta que esta manera de vivir es negativa para todas las personas. Cuando lo comprendáis, sentiréis que ya no disponéis de otra oportunidad, que aquí y ahora, es necesaria una profunda transformación en vuestros hábitos, en vuestros pensamientos y en vuestros actos para construir una humanidad mejor. Hace falta una metamorfosis profunda de conciencias que desemboque en un sistema de vida basado en el amor y en la generosidad.

Al escuchar la fuerza de su mensaje, intenté asimilar la información, de súbito, una pregunta nació en mis labios:

—¿Nos puedes ayudar?

—Siempre he estado aquí esperando que os acercarais a mí, que abrierais vuestros corazones; sin embargo, vuestro proceso era otro. Vuestra búsqueda interminable os llevó a lugares remotos en busca de guías efímeros que os alumbraban el camino durante un tiempo, pero que no os ofrecían las respuestas que anhelabais. Yo, respeté vuestro desarrollo, y esperé sabiendo que un día volveríais de regreso. Ahora estoy aquí...

–¿Cómo sabías que hoy llegaría a la cueva? ¿Cómo estabas al corriente que esta mañana comenzaría el proceso?

–<u>*"Porque todo lo que sucede en la vida desde el principio de los tiempos es perfecto"*</u>

–¿Todo?¿Afirmas que las muertes, las guerras y las enfermedades, son perfectas?

–*Si, así es. Sé que es difícil para vuestra mente inconsciente aceptarlo, sin embargo, todo lo que acontece en cada segundo de la creación está dentro de la perfección divina. –respondió serenamente.*

–Necesito que me aclares ese punto sobre la perfección. Tus palabras son incomprensibles para mi. –le interrumpí escéptico.

–*Nada falta, ni nada sobra en este mundo, nada es bueno ni es malo, todo es tan perfecto y guarda unas proporciones tan exactas como que el aire que respiráis tiene una proporción de oxígeno del 21%, si fuera menos os afectaría a las funciones del cerebro y al corazón provocando lesiones irreversibles, y si la proporción fuera mayor os causaría daños en los alveolos pulmonares,*

>*sucede igual con la distancia de la tierra al sol, separados por unos ciento cuarenta y nueve mil millones de kilómetros humanos. Si hubiera menos separación os calentaríais tanto que os quemaríais vivos, subiría el nivel de los océanos y provocaría daños definitivos, y si estuvierais más alejados os congelaríais, muriendo de frío,*

>*la concepción de un bebe ocurre de idéntica forma. Todo es tan perfecto, que de doscientos millones de espermatozoides que se dan en una eyaculación normalmente, solo uno fecunda el ovulo, dando lugar al milagro más extraordinario que existe, la vida humana...*

–Tus palabras me alteran – repuse enfadado. – No creo ni que la vida humana, ni que este mundo sea perfecto, existe el sufrimiento, la gente fallece de cáncer, las drogas campan a sus anchas por nuestras ciudades, el mal se extiende entre los jóvenes...

–De semejante manera que el nacimiento, el amor y la libertad son perfectas, lo traumático, la muerte y lo doloroso también lo son. Pero los seres humanos únicamente queréis asumir el concepto llamado bueno, y seguís sin comprender el mensaje de la Energía Vital: "la luz y la oscuridad, la bondad y la maldad, la verdad y la mentira están unidas, y forman parte indivisible de la vida".

Si queréis descubrir quienes sois, si anheláis encontrar vuestro lugar en este planeta, si deseáis recibir las enseñanzas que cambiarán vuestra forma de vivir, estoy a vuestra disposición para instruiros. A ti, personalmente, te pido que permanezcas con los ojos cerrados el tiempo que estés en esta cueva y que me hagas cualquier pregunta que desees realizar: las respuestas llegaran de un lugar sagrado...

Al escuchar su ofrecimiento, mi corazón se llenó de júbilo, algo me decía que esa voz era transmisora de una verdad única. Como en un juego mágico, descubrí el final del laberinto: Yo, que había viajado por casi todo el mundo en busca de los tesoros más grandes escondidos, que gozaba de descubrir lugares fantásticos en zonas alejadas del planeta, que disfrutaba de conocer a personas extraordinarias de otras razas e idiomas, lo que realmente quería encontrar era a alguien que respondiera a las preguntas que oscurecían mi alma. Y ahora, después de tanto tiempo, lo hallaba en aquella cercana y bella montaña, apenas a un suspiro de mi casa. Parecía que siempre me había estado esperando, que estaba a mi disposición, tolerante, oferente, deseando ayudarme...

Sin atisbo de duda, le abrí el corazón dispuesto a recibir sus enseñanzas. Más tarde descubriría que sus palabras cambiarían mi vida para siempre. Acepté seguir con los ojos cerrados y una oscuridad absoluta me envolvió. Era una sensación extraña, no veía nada; intenté descubrir algún atisbo de luz, pero era imposible, me sentía totalmente ciego, y quise conocer:

–Ya he cumplido lo que me pides, ahora deseo escuchar lo que tienes para mí.

–Me gusta tu confianza, aún sin saber que te deparará la vida al atenderme. En premio por ello, tengo incontables mensajes que ofrecerte para que los transmitas al mundo ¿Quieres ser un mensajero?

Mi corazón se detuvo un segundo, la petición directa sin posibilidad de escapatoria, alteraba mis sentidos. Respire suavemente y esperanzado de la senda que estaba a punto de iniciar, asentí:

–Creo que este nuevo camino que propones me conducirá al lugar donde siempre he deseado llegar. Lo acepto.

—En ocasiones, esta información que os voy a ofrecer es tan compleja que os aturdirá. Los viejos conceptos y antiguos patrones mentales —asumidos por vosotros como propios— intentarán que abandonéis la búsqueda qué vais a comenzar; sin embargo, si creéis en vosotros, si asumís vuestra total responsabilidad, si confiáis en el resto de los seres humanos, vuestro corazón se lanzará en su descubrimiento y seréis encontrados por algo que no tiene nombre, por una luz sin forma, por una vibración llamada por los Avatares como el Creador, como la Energía que os concedió la Vida...

—¿Qué o quién es esa Energía tan importante de la que hablas? A mí siempre me han hablado de un único ser Todopoderoso, omnipotente, y misericordioso llamado Dios, que normalmente es indiferente a nuestros ruegos, súplicas y peticiones.

—El nombre como lo llamáis en este mundo chocará frontalmente con vuestras creencias actuales, y aunque parezca una locura para vuestra mente, al hablar del Creador lo atenderéis como la Energía Vital, aunque es verdad que hay tradiciones, religiones o una parte importante de la humanidad que la nombran como Dios, como Alá, o como Universo..., y todas ellas son válidas.

Al escuchar el mensaje, aguante la respiración unos segundos, antes de protestar:

—¿Estás hablando de iglesias, de mezquitas, de religiones…? Porque yo no creo en ellas..., siento que son poderes ocultos.

—No hablo de ningún sacerdote, ni de monjes, ni de ulemas… Declaro de la espiritualidad sagrada, de la Energía Divina, de la conexión entre almas. Proclamo de la existencia de otras vidas, del paso de la muerte al nuevo camino, de la totalidad…

>>Vosotros decidís qué hacer, si queréis que continúe y recibir las pautas para disfrutar de una nueva manera de vivir, o que me detenga en este momento y que sigáis con vuestra vida como hasta ahora. Si dais este primer paso, si escucháis mis palabras, si atendéis a mis mensajes la Luz entrará en vosotros, y ya no habrá un lugar donde esconderos de su presencia, accederéis a una vibración diferente; <u>Nueva Consciencia</u>".

—Estoy dispuesto a seguir tus pasos y aprender todo lo que tienes guardado para mí.

—A partir de este momento me podéis preguntar todo lo que siempre habéis deseado saber, aquello que inquiete vuestra alma, cualquier incertidumbre que alberguéis; yo os ofreceré una respuesta que iluminará vuestro sendero, una señal que os desvele el sentido de vuestro caminar en esta tierra, y me detendré cuando lo crea oportuno para que estos mensajes os lleguen, seáis capaces de integrarlos en vuestro día a día, y los transmitáis a vuestros hermanos.

—Estoy sorprendido y a la vez inmensamente feliz de esta gran oportunidad que me ofreces. Llevaba mucho tiempo deseando encontrar a un maestro como tú.

—Maestro solo hay uno, y es el que te creó para encontrarte conmigo, y me concibió a mí para que coincidiera contigo. Yo, tan solo soy un alumno, al igual que tú. Un estudiante que aprende y enseña dependiendo del lugar donde se halla.

Ahora te pido que permanezcas tranquilo, el que buscas te encontrará cuando estés preparado. En este intervalo, si quieres, te puedo ayudar a resolver tus dudas y guiarte a Él. Comencemos con tus preguntas, y yo responderé a la que consideres más importante.

—Las cuestiones que más me repito continuamente son: ¿Quién soy? ¿Quiénes

—Sois seres únicos e irrepetibles llenos de vida, unidos por un vínculo de Hermandad. Sois espíritus eternos unidos a cuerpos físicos, a mentes y a almas repletas de amor. Sois seres terrenales creados desde el Principio de los Tiempos para respirar, para vivir, y para unir las cuatro zonas o puntos energéticos que os

—¿Tienen nombre esos puntos de energía?

—Si. Desde el nacimiento del mundo se les llama así debido a su posición astronómica: el punto del norte, es "<u>la zona mental</u>", y está relacionada con el ser masculino; el que está en el sur, es el que corresponde a la "<u>zona física</u>", y se encuentra unida al niño; el punto energético del oeste, es la "<u>fase emocional</u>", y está conectado a la parte femenina; y el que tenemos en el este, es la "<u>zona espiritual</u>", que se encuentra engarzada al alma.

—¿Tan importantes son esas cuatro zonas?

—No solamente son importantes, son "<u>Imprescindibles</u>" para el funcionamiento correcto de vuestra vida. Estos puntos están interconectados, y se unen en el centro en una luz universal, en el lugar eterno de donde venís todos los seres humanos.

—¿De dónde venimos?

—*Llegáis a este mundo de la Energía del Creador que os ha forjado para ser la máxima expresión del Amor. Regresáis de un espacio intemporal para vivir, para amar, para ser libres, para morir...*

—¿Por qué no recordamos ese lugar de procedencia?

—*Venís a esta nueva encarnación sin memoria, vuestro espíritu carece de los registros anteriores integrados de otras existencias. Lentamente y con el transcurrir del tiempo humano vais recibiendo mensajes procedentes de ese don interno, y que incluso sin quererlo os conduce al encuentro con esa Fuerza invisible.*

—Hay diferentes teorías sobre nuestro lugar de origen, algunas más inquietantes y misteriosas que las tuyas. Unas fuentes afirman que descendemos del mono, otros dicen que procedemos del espacio, de una célula extraterrestre, unos aseguran que somos sucesores de unos seres llamados atlantes o lemurianos… ¿Y tu afirmas algo tan sencillo y tan repetido como que venimos de un ser omnipotente? Lo siento, pero no lo creo. Las cosas son más difíciles de lo que tú planteas.

—*La vida es sencilla, sois los seres humanos quienes la complicáis. Llegáis de la Energía que os entregó la Vida, y la auténtica evidencia que os hace llegar con sus mensajes es que cuando os amáis, y amáis a vuestros semejantes, regresáis de vuelta a vuestro hogar, a la luz, al Universo, como en un bucle infinito...*

—Si tus palabras fueran verdad, y creyéramos en esa Energía, ¿por qué hay tantas muertes en el mundo?, ¿por qué las guerras, la miseria y los niños muriendo de hambre...? ¿A qué se debe que suframos dolencias, enfermedades, miedos...? No entiendo que esa Fuerza tan omnipotente que pregonas no haga nada por remediarlo.

—*¿Y qué hacéis vosotros para solucionar esas situaciones?*

—Nosotros somos simples seres humanos débiles y vulnerables, no tenemos el poder de realizar nada trascendente. En cambio, si ese Creador es tan poderoso como dices, Él sí puede evitar los padecimientos, las muertes sin sentido y las guerras que todo lo destruyen…

—*Ciertamente, existen fallecimientos en el mundo, conflictos armados entre países, asesinatos entre amigos, es verdad que prevalece la miseria, que se dan las enfermedades incurables, que aumenta el terror entre religiones, no obstante, también existen personas que viajan a otros países ofreciendo alimentos, medicinas, enseñanzas, además hay naciones que envían ayuda humanitaria a otros estados* que sufren epidemias, hambruna, sed... Como veis existe lo llamado malo y lo nombrado como bueno y ambos son conceptos terrenales.

A pesar de todo, permite que os haga unas preguntas: ¿En vuestro entorno personal de familia, amigos, e hijos, se generan conflictos interiores?, ¿Hay dolor? ¿Se da el desconsuelo? ¿Vivís contaminados por el rencor? O ¿existe el amor, la comprensión y la generosidad?

–Si lo pienso detenidamente, creo que en ocasiones la mayoría de los seres humanos a nivel familiar fomentamos las discusiones, las rivalidades, las discordias, y dejamos a un lado el cariño, el respeto y la alegría.

–¿Hay violencia, ira y agresividad en vuestras reflexiones, en vuestras palabras, y en vuestros actos? ¿Codiciáis los bienes ajenos? ¿Sentís envidia de otros seres humanos? ¿O todo lo contrario?

–Existen muchos momentos donde el rencor, la envidia y los malos pensamientos se adueñan de nuestra vida, y no los sabemos controlar.

–¿Sois orgullosos y os creéis omnipotentes? ¿No sabéis perdonar, y a veces vivís apegados al odio, al resentimiento, y a la enemistad? ¿O sois humildes?

–Muchos de nosotros somos prepotentes, tenemos un orgullo que nos domina, y sobre todo no sabemos perdonar, ni olvidar lo que nos ha sucedido, y ese veneno nos intoxica. Tienes razón, no somos humildes, ni amorosos.

–Entonces tienes razón: triunfa la miseria en este planeta, abundan los niños famélicos en este momento, malviven los enfermos que sufren, y lo peor es que vosotros no hacéis nada para hallar una solución, y os resignáis a arrastraros en una ciénaga putrefacta llamada sociedad inconsciente, y allí permanecéis ahogándoos día tras día, hasta que llegue vuestra muerte física.

–¿Cómo podemos ayudar a quién sufre? ¿Qué nos recomiendas para salir de ese pozo tóxico y crear un mundo nuevo?

–Si queréis transformar vuestra vida para crear un mundo mejor, es el momento de amaros más, de ocuparos de vuestra familia, de vuestra gente; es el instante de pensar, de hablar y de actuar constructivamente, tenéis la posibilidad de vivir en el optimismo, en la alegría y en la esperanza, es tiempo de sentir que sois unos privilegiados por contemplar un amanecer, por sentir la caricia de un ser querido, por amar... Es la oportunidad de ser cada día mejores personas, de que vuestro corazón viva lleno de ternura, que ayudéis a vuestros semejantes, que pidáis perdón aunque vosotros hayáis sido los ofendidos, y a la vez perdonar a quien os ofende. Es el momento de ser felices, y de vivir en el amor.

>>Si realizáis esa conexión con vuestro niño interior, vuestro entorno personal y familiar cambiara, y si vuestro pequeño mundo cambia, el resto de este planeta azul se transformará lentamente en una tierra de amistad y de esperanza.

–¿De verdad crees que nosotros tenemos la facultad de crear un planeta nuevo? Pienso que es muy difícil.

–Lo que poseéis realmente es la elección de cambiar vuestro mundo íntimo y personal. Cuando los seres humanos seáis conscientes del extraordinario poder que brota de vuestro corazón, cuando aceptéis que únicamente vosotros podéis transformar vuestra vida, cuando asumáis que solo desde la solidaridad seréis capaces de conectar con otros hermanos, las guerras personales, la codicia y la violencia desaparecerán, terminarán las luchas en los países por el dinero, el territorio o el petróleo, y este planeta evolucionara hacía un mundo mejor.

>>Vuestra vida está relacionada directamente con vuestros pensamientos. Vosotros decidís que sean constructivos para sanar, o destructivos para dañar. Si cambiáis, si pensáis amablemente en vosotros y en los demás, si atendéis a vuestra familia, si os ocupáis de vuestros amigos, si cuidáis la naturaleza..., vuestra vida particular será una bendición para el mundo y seréis alcanzados por la felicidad.

–¿Afirmas que si nos ayudamos los unos a los otros, el mundo será mejor? ¿Qué desaparecerán las guerras, la miseria y el hambre en este planeta? Creo que rozas la locura. Tus palabras hacen tambalear, la que hasta hoy ha sido mi filosofía de vida. Son casi revolucionarias.

–Son dolorosas de asumir porque os cede el compromiso de aceptar que:

> *"Sois los únicos responsables de vuestros pensamientos, de vuestras palabras, de vuestros actos, y como consecuencia, sois responsables de vuestra vida y de todo lo que ocurre en este planeta azul: de las guerras, del hambre, de las enfermedades, del amor, de la salud, de la felicidad..."*

—¿Cómo vamos a ser nosotros responsables de todo lo que sucede en el mundo?

—*Así es. La responsabilidad es únicamente vuestra. Si vosotros cambiáis, habrá un mínimo de siete personas cercanas a vuestro ser que, siguiendo vuestro referente, comenzarán a modificar su vida, y en ese momento el mundo comenzará su transformación.*

—Si el mensaje de esa Energía, que tú llamas Sagrada, es tan sencillo, ¿por qué el resto de los seres humanos no lo siguen? ¿Por qué no lo sacan a la luz?

—*No lo hacen porque los que viven en la oscuridad nunca se rinden y os intentan controlar. Ellos se esconden en las tinieblas y utilizan la mente inconsciente para someter a la mayoría de los seres humanos que se dejan contaminar por el materialismo, por el dinero o por el poder. En este momento, por cada ser humano que despierta y se abre a la Energía, hay tres hermanos suyos que despliegan sus brazos a las sombras y viven dormidos.*

sin embargo, los que viven en la luz no descansan, no se dan por vencidos, y os ofrecen una llama de esperanza, y siguen con su labor de dar amor, de iluminar el camino de los que tienen miedo o viven confusos. Con su ejemplo consiguen que cada vez seáis más los que ayudéis a una gran parte de la humanidad para que se produzca el cambio, y os reencontréis con el Creador, con Dios, con el Universo...,

—Hablas en todo momento de un ente todopoderoso, llamado Dios, y si es verdad que existe ¿Dónde lo encontramos?

—*Lo buscáis fuera de vosotros, en el exterior. Lo perseguís en iglesias, en mezquitas, en monasterios, os acercáis a escuchar a clérigos, a ulemas, a teóricos guías iluminados..., y lo esperáis encontrar en sus palabras.*

>no imagináis donde está: si lo queréis descubrir bastará con mirar en vuestro interior. Se halla en vuestras células, en vuestra sangre, en vuestra respiración... Cuanto más os acercáis a vosotros mismos, más cerca estáis de Él. Cuando escucháis a vuestro corazón, estáis atendiendo el latido del suyo; si vais a la naturaleza, al mar, a la montaña, más unidos permanecéis a su presencia. Cuando dejáis a un lado los razonamientos y aceptáis los sentimientos, más cercanos estáis a quien os entregó la Vida...

—¿Para qué fuimos creados?

—*Nacisteis con un plan divino: Fuisteis concebidos para ser la máxima expresión del Creador; para vivir, para amar y ser amados, para ser felices, para ser libres. Habéis venido a este mundo a disfrutar, a dar las gracias por cada expe-*

riencia que os toca vivir, a respirar..., llegáis a esta vida para sorprenderos de un amanecer, de la risa de un niño, de una puesta de sol, de acariciar el mar, estáis aquí para vivir en el perdón, en la generosidad y en la espiritualidad... Sois engendrados para llorar, para reír, para nacer y morir, para volver a renacer...

–¿Tenemos algún gran propósito que realizar?

–*Si. Os encontráis en este mundo para cumplir los cuatro objetivos que os conducirán a la trascendencia, a la iluminación:*

>*el primero es vivir en el amor; el segundo, ayudar a los demás; el tercero es vivir el momento presente realizando lo que os gusta y os hace felices sin dañaros, ni dañar a otro ser humano, ni a la naturaleza.*

–¿Y el cuarto?

–*Si realizáis los tres primeros, el cuarto se cumplirá solo: la sanación de todo lo oscuro, destructivo o perjudicial que hayáis cometido en esta vida y en vuestras vidas pasadas, la limpieza del llamado karma por vuestros hermanos de oriente.*

–Tus palabras llegan a ser impenetrables. Pienso que es imposible cumplir esos objetivos.

–*Reemplazar la palabra inexacta: imposible, por una que es real: posible, una palabra que significa vida, que os devuelve el poder de decidir, que os ayuda a crecer...*

>>*Se avecina un cambio energético universal, y es el momento de que os dejéis conducir por el lenguaje del corazón, os animo a que viváis, sintáis y améis, ese es el auténtico camino de la luz.*

–Sigues hablando del primer objetivo que traemos a este mundo: Vivir en el amor ¿Qué significa para ti esa frase?

–*Esa respuesta te será ofrecida cuando hayas integrado todo lo que has escuchado. En este momento, absorbe hasta la última gota de oxigeno durante unos minutos y descansa. Integra mis palabras, siéntelas y en la medida que puedas, hazlas tuya.*

Esperanzado al escuchar su mensaje, inhalé profundamente. Sin apenas darme cuenta me encontré en un estado de dulzura placentero. Como la voz me había sugerido, atendí a las sensaciones que me acompañaban y comencé a recordar cada una de sus enseñanzas. Mentalmente las anote en el subconsciente y en ese momento, la nada se apodero de mi alma.

Primeras enseñanzas
que aprendimos en el Círculo Sagrado

***

Los seres humanos somos únicos e irrepetibles llenos de vida,
unidos por un vínculo de hermandad.

***

Estamos formados por cuatro zonas: mental, física, emocional y espiritual,
y únicamente cuando interconectamos esos cuatro puntos energéticos
somos encontrados por la Luz.

***

Al lugar donde nos dirigimos es al reencuentro
con la Energía del Creador, con Dios, con Ála…

***

Todo lo que sucede desde el principio de los tiempos es perfecto.
Nada falta y nada sobra…

***

La luz y la oscuridad, lo bueno y lo malo, la verdad y la mentira,
forman parte indivisible de la vida.

***

Nuestros pensamientos determinan nuestro presente,
nuestro futuro, nuestra vida…

***

La vida es sencilla, somos nosotros quienes la complicamos…

***

Seamos generosos, solidarios, compasivos, y en ese momento
nuestro entorno personal y familiar cambiara.

***

Somos responsables de todo lo que sucede en nuestra vida, de todo lo
que ocurre en nuestro entorno, de todo lo que acontece en el mundo...

***

Si nuestra vida cambia, el resto de este planeta azul
se transformará en una tierra de esperanza.w

***

Nacimos para ser la máxima expresión de Dios; para vivir,
para amar y ser amados, para ser felices, para ser libres...

***

Hemos venido a este mundo a disfrutar, a dar las gracias
por cada experiencia que nos toca vivir, a respirar..., llegamos a esta vida
para sorprendernos de un amanecer, de la risa de un niño, de una puesta
de sol, de acariciar el mar, estamos aquí para vivir en el perdón, en la
generosidad, en la espiritualidad...

***

Somos engendrados para llorar, para reír, para nacer y morir,
para después renacer...

***

Venimos a este planeta a cumplir los cuatro objetivos sagrados:
vivir en el amor; ayudar a los demás; vivir el momento presente
haciendo lo que nos gusta y nos produce felicidad sin dañarnos,
dañar a nadie, ni a la naturaleza, y sanar lo que hemos realizado
en esta vida o en las anteriores...

Vivir en el amor, la vida, la muerte…

"Solo hay una Energía, amor es su nombre"
De la tradición rapanui

El sonido sonó muy cerca de mi oído, tan próximo que parecía que nacía en mi interior:

–*No abras los ojos, si has integrado lo escuchado y lo deseas, es el instante de continuar con tu aprendizaje.*

–Lo estoy deseando–respondí, e inundado de una energía desconocida por mi, retorne a la pregunta que quedó congelada en mis labios. – ¿Qué es vivir en el amor?

–*Esa frase se divide en dos partes fundamentales:* <u>"Vivir, que simboliza la Vida, y Amor, que significa Dios"</u>

Un silencio impenetrable ocupo la cueva. Las palabras expresadas por la voz tenían un gran peso. Mis células vibraron, inhalé el aire que acudía en mi auxilio, y unas letras se unieron en mis labios dando forma a una pregunta:

–¿Qué es la vida para ti?

–*La vida es todo si la vives desde la consciencia, y es nada si la malgastas desde la inconsciencia.*

>>Si eres consciente, la vida es el regalo más extraordinario que os ha sido

concedido, es respirar, es ver un amanecer, es oler una flor, es tocar la tierra, es placer y es dolor. Vivir es pasear bajo la lluvia, es contemplar el rostro de un ser querido, es sentir el amor auténtico, es plenitud, es comunicarse con palabras llenas de ternura, es reír, es sentir, es amar, es ayudar y ser ayudado....

la vida es un viaje extraordinario, es ver el sol, es contemplar la luna, es crear, es explorar, es disfrutar del camino, es silencio, es comunicación, es salud, es enfermedad, es sanación, es escuchar el corazón...,

vivir responsablemente es perdonar, es olvidar, es respetar, es aceptar, es conocer, es caer, es levantarse, es llorar, es equivocarse, es acertar, es comprender que lo único que tenéis es este momento. Vivir es descubrir, es abrazar, es caminar, es creer, es confiar, es entregarse a la Energía del Creador...,

Lo hermoso de la vida es su misterio, es no saber lo que os traerá el mañana, es disfrutar de un lugar excitante donde todo es imprevisible, donde todo comienza y termina, donde todo nace y muere, para volver a nacer.

<u>*La vida es maravillosa, la vida es todo..."*</u>

–Has afirmado que la vida es un regalo ¿Incluso para los que sufren, para los ancianos, para los enfermos...?

–*Sobre todo para ellos.* Es verdad que cuando se produce la muerte de un ser querido, una grave enfermedad, una separación traumática, o la pérdida de un gran amor, son situaciones dónde la oscuridad se cierne sobre vosotros, dónde quedáis a merced del dolor, dónde el sufrimiento se une a vuestra piel..., pero si observáis con detenimiento lo que está sucediendo, descubriréis que os trae una enseñanza oculta:

«*¡VIVIR! Vivir cada segundo como si fuese el último de vuestra vida y hagáis lo que hagáis, entregaros a ello con toda vuestra pasión...*».

–Me inspiran tus palabras–asentí entusiasmado.– ¿Qué nos recomiendas para disfrutar de una vida plena?

–Integrar y aplicar a vuestra existencia, **los trece mandatos del Puente de la**

Claves para tener una vida plena

- primero; *Vivid en el amor hacía todos los que se acercan a vuestro lado, ayudad a los demás, y sobre todo amaros a vosotros mismos...,*
- segundo; *Respetaros en cuerpo y alma, ser fiel a vuestro corazón y seguidlo sin dudar, que las ideas de los demás no marquen vuestra vida, que no os condicionen, que no os dominen...,*
- tercero; *Haced lo que os gusta y os hace felices...,*
- cuarto; *Comprometeros con lo que hacéis, ser responsables con vuestros pensamientos, palabras y actos, sed constantes...,*
- quinto; *Disfrutad del momento presente con la máxima pasión, del aquí y el ahora, de cada respiración con la máxima intensidad*
- sexto; *Conectad cada día con el Dios que lleváis dentro, con vuestra energía, con la espiritualidad que habita en vosotros..., a través de la meditación, o de la oración.*
- séptimo; *Vivid en la alegría, en la risa, en la diversión, y conectad con vuestro niño interior,*
- octavo; *Agradeced de corazón todo lo que sucede y ha sucedido en vuestra existencia, lo nombrado como bueno y lo llamado como malo, porque todo es perfecto,*
- noveno; *Gozad del tiempo que tenéis, no malgastarlo e invertirlo en lo que os produce satisfacción, bienestar, placer...,*
- décimo; *Tened un espacio propio vital para crecer, para desarrollaros, para ser...*
- onceavo; *Disfrutad de una excelente comunicación con vosotros y con los demás; expresad lo que sentís desde el máximo amor, escuchad más y hablad con cariño, con gratitud, con alegría... ,*
- doceavo; *Vivid en libertad, ser libres para tomar vuestras decisiones, y tened el libre albedrío de elegir vuestro camino y seguidlo...,*
- treceavo; *Atended a vuestra salud mental, física, emocional y espiritual, y tendréis una vida extraordinaria,*

Es indispensable que cada persona establezca su propio método para disfrutar de una vida plena...

–Interesante reflexión. Creo de verdad que si aplicáramos ese mensaje, nuestra vida sería una aventura.

–*La vida es como cada persona la siente. Si para ti es una aventura, así se desarrollará tu existencia; si para otro ser humano es un infierno, en su día a día un fuego eterno le quemará. Algunos de vosotros la observáis desde una óptica negativa: guerras, muertes, drogas, crisis económica..., y os aseguro que de esa forma desarrolláis vuestra jornada diaria: agresiva, competitiva, racista..., otros la contempláis amorosa, llena de oportunidades, repleta de felicidad, y eso es lo que poseéis: luz, optimismo, positiva...* <u>"Así como veis la vida, así contempláis el</u>

–¿Por qué algunos no la disfrutamos? ¿Por qué estamos enfadados continua-

–*Por un solo motivo: que no os amáis a vosotros mismos.*

–¿Qué sucede si no nos amamos?

–*Que entráis en el terreno de la depresión, de la ansiedad, del sufrimiento, y no conectáis con el pequeño que vive en vuestro interior. Cuando no os amáis sobrevivís atrapados en el rencor, en la rabia y en el rechazo. La falta de amor hacia vosotros os conduce directamente a la enfermedad, al vacío y a la muerte.*

–¿Qué es la muerte?

–*El principio de la nueva vida.*

–¿Cómo va a ser el principio? –le señalé. –¿No te das cuenta que es el final?

–*No existe ningún final.* –se apresuró a explicar la voz. – *La muerte es una invención de los señores que habitan en la oscuridad para controlar vuestra vida y que el miedo os esclavice.*

Cuando se produce el fin de vuestro cuerpo físico os convertís en energía. Cuando un ser querido muere, se fusiona en energía intangible; permanece en una rosa, en el aire que os rodea, en la lluvia, en el sol que os calienta, en el agua que bebéis... No lo veis físicamente, sin embargo, lo sentís, está pegado a vuestra piel, os orienta, os ayuda, os acompaña...

Tened presente que después de la vida se llega a la muerte, y a continuación de la muerte, hay vida. *Este suceso extraordinario ocurre gracias a los designios del Creador, que os da la oportunidad de convertiros en energía, y seguir aprendiendo en otro cuerpo, en otra mente, en otra alma, pero con el mismo espíritu.*

–Hablas de la muerte como algo que debe ser aceptado casi con amor. No lo comprendo, creo que morir es un acontecimiento terrible, que destruye nuestras creencias y que arrasa nuestra fe.

–*La vida en su camino va unida inseparablemente a su hermana invisible, la muerte. Algunas personas pasáis parte de vuestra existencia sufriendo constante mente porque vais a morir, ignorando que esto sucederá en su momento. Otras, en cambio, no reparáis nunca en ella, vivís alocados, sin tiempo para nada, en una vorágine que os devora. No os paráis a sentir, ni a disfrutar, os preocupáis por cosas superfluas como el dinero, o como el trabajo que os devora, os inquietáis por situaciones absurdas como intentar vivir con el mismo cuerpo para siempre, y posponéis las cosas continuamente con multitud de excusas:*

>*"ya lo haré más tarde", "lo que me gusta puede esperar, aún soy joven", "ya disfrutaré de mi familia cuando tenga tiempo, ahora mi trabajo necesita toda mi energía", "cuando todo en mi vida sea perfecto y lo tenga controlado, lo realizaré", "me hace feliz, disfruto de su compañía, pero ahora no es el momento", "lo efec tuaré cuando esté preparado",*

>>*Y cuando llega la muerte de improviso para acompañaros, os dáis cuenta de que no habéis vivido.*

–Pero, yo creo que esa forma de vivir es algo normal, es lo que nos han enseñado.

–*Tu percepción es errada. Durante mucho tiempo los ancianos os han dejado perlas de su sabiduría; <u>No dejéis para mañana lo que podáis hacer hoy</u>; Jesucristo os entregó su oración principal para que atendierais el momento: <u>"Del pan nues tro de cada día"</u>; No obstante, la mayoría de vosotros seguís esperando el pan de mañana, y os demoráis en hacer las cosas, aplazáis continuamente el vivir, el ser felices, el amar...*

>>*Para alegría de vuestro corazón, os informo que aquí y ahora es el instante de disfrutar este momento presente, de gozar de cada respiración, de saborear cada instante, de compartir con las personas que amáis..., más tarde ya no importará...*

–Es difícil aceptar que exista gente que viva de la forma que planteas. Creo que es algo ilusorio. –respondí con escepticismo.

–Te equivocas – replicó serenamente. *– Se que es complejo que lo creáis, pero existen seres que viven cada amanecer como si fuese el último, que sienten, integran y expresan sus sentimientos, personas que aman lo que hacen, que viven de acuerdo a su corazón, y a lo que les hace feliz. Son mortales que se dedican a escuchar, a sentir, a respirar. Son humanos que disfrutan de la vida sabiendo que cuando les llegue el momento de morir, habrán vivido plenamente. Son personas que viven como hablan, que están conectadas con la naturaleza, que son generosas, que irradian amor y que ofrecen paz.*

Si vosotros vivís como ellos, disfrutaréis el presente desde la gratitud, y antes de dormir, antes de morir, pediréis perdón, perdonaréis a quien os ofendió y agradeceréis lo sucedido en vuestra vida.

–¿Qué nos propones para vivir como esas personas que citas?

–Os sugiero que respondáis a tres preguntas:

la primera es; ¿Cuáles son las cosas importantes a las que les dedicáis vuestro

–Creo que la mayoría de nosotros se lo dedicamos al trabajo, a la casa, al dinero, al mundo material...

–La segunda todavía os será más fácil de responder: ¿Cuáles son las personas a quien ofrecéis compartir vuestra vida?

–Supongo que a nuestra familia, a los amigos, a los compañeros de trabajo... No lo tengo claro.

–La tercera aún os hará pensar más: ¿Qué aportáis al mundo?

–A veces amor, respeto, alegría, generosidad..., y en otras todo lo contrario: envidia, rencor, codicia...

–Revisad con tranquilidad vuestras respuestas, estas serán una guía que os ayudarán a comprobar cómo es realmente vuestra vida actual, y qué le ofreceréis a la muerte cuando venga a compartir con vosotros.

Tened en cuenta, que solo podéis morir igual que habéis vivido. Si vuestra vida ha sido caótica, desordenada y dolorosa, si no habéis dedicado tiempo a quien amáis, ni a lo que os hace feliz, vuestra muerte será idéntica, y lo que es peor: vuestra próxima existencia será una reedición de la actual. Si por el contrario vuestra vida es equilibrada, placentera y alegre, si habéis ofrecido vuestra energía a lo que amáis, si habéis disfrutando de lo que os gusta, vuestra muerte será amorosa, y renaceréis de la misma forma.

–¿De verdad crees que existe vida después de la muerte?

–*Sí, es uno de los grandes principios energéticos:* "Nacéis para vivir", "vivís para morir" y "morís para nacer".

–Pero los científicos, los físicos cuánticos y los intelectuales confirman que somos energía, que nacemos y morimos.

–*Una de las máximas leyes de la parte científica, mental y física establece que todo lo que existe en este mundo es energía: el hombre, los animales, los minerales, los vegetales..., y si ese principio, que os llega siempre de la mente, lo afirma como mandamiento irrefutable, esto da lugar a un segundo dogma: "La energía ni se crea ni se destruye, simplemente se transforma"*

>>*Los llamados investigadores, físicos, ingenieros matemáticos, e integrantes de la zona mental, no pueden ir contra las Leyes Universales. Por ello os digo: "El ser humano es energía, que ni se crea ni se destruye, simplemente al morir se transforma en una nueva vida..."*

–Sigues sin entender que al morir, no veremos más a nuestros seres queridos, ni cumpliremos nuestros proyectos, ni realizaremos nuestros sueños... Aceptar esa situación es algo que nos desborda y atemoriza. No creo que estemos preparados para entenderlo.

–*Tienes razón. El dolor es humano, y aún más admitir que la vida que vivís terminará un día. Es duro aceptar que no volveréis a ver físicamente a las personas que queréis; ni a vuestros hijos, ni a vuestros familiares, ni a vuestros amigos..., ni que haréis lo que os hace felices. Seguís sin comprender un concepto básico: Si una persona que está a punto de morir o se encuentra gravemente enferma, o hubiera muerto, os pudiera decir una única enseñanza, esta sería:* ¡No malgastéis ni un solo segundo y disfrutad de la vida al máximo...!

–Hablas con demasiada ligereza de nuestros sentimientos sobre la muerte, cuando es un escenario que nos llena de sufrimiento y de angustia.

–*Tus palabras demuestran el temor que os han inculcado a perder la vida. Os ofrezco un ejercicio para que os acerquéis a la muerte y hagáis las paces con ella:*

>>*Elegid un lugar donde estéis solos; cerrar los ojos y visualizad que estáis en*

vuestros últimos segundos de vida, y que finalmente entregáis el alma. Haceros varias preguntas:

¿Quien estará a vuestro lado cuando llegue ese momento?

¿Os recordarán?

¿Lo harán con amor o con odio? ¿Con alegría o con tristeza?

¿A qué número de personas afectará vuestro caminar por este mundo?

¿Durante cuánto tiempo estaréis en sus pensamientos?

Al terminar, anotar lo sentido, esto os ofrecerá un mapa extraordinario para comprobar cómo queréis vivir, como queréis morir...

–Pienso que es un ejercicio difícil de llevar a cabo.

–Es muy sencillo. Entended que algún día moriréis, por ello es importante que recordéis a las generaciones futuras que con ese cuerpo físico solo tenéis esta existencia, y que únicamente en ella disfrutaréis de vuestra familia actual, de vuestros amigos y de lo que os gusta.

La vida y la muerte son partes de un todo, caras de una misma moneda. Según las estadísticas oficiales divulgadas por los seres mentales, cada minuto mueren aproximadamente en el mundo cien personas, y por mucho que lo neguéis, un día vosotros seréis parte de esa cifra de difuntos. Un día moriréis, para volver Qué maravilla!, os darán otra oportunidad de crecer, de evolucionar y de sanar lo sucedido en vuestras encarnaciones anteriores. Por ello, vivid ahora como si estuvierais apurando vuestro último suspiro en este mundo. Solo así viviréis en paz, solo así moriréis en paz...

–No estoy de acuerdo con tus palabras, incluso las calificaría de utópicas.

–Me alegro que cuestiones lo que os estoy enseñando, así vuestro aprendizaje será más exhaustivo–fue la tranquila respuesta.– Tengo unas preguntas que tal vez os aporten una pequeña luz. ¿Las queréis escuchar?

–Si es para ofrecer alguna solución real, adelante.

–¿Admitís que algún día moriréis?

–Por supuesto. Todos tenemos claro que en este mundo no nos vamos a quedar.

–¿Asumís qué todas las personas que amáis o que conocéis morirán en algún

–No sé donde quieres ir a parar. Pero si, lo asumimos.

–*¿Comprendéis qué no lo podéis evitar?*

–Si, lo entendemos.

–*¿Sabéis la fecha de vuestra muerte, o cuándo van a morir vuestros seres queridos?*

–¿Cómo lo vamos a conocer? Nadie lo sabe. Tus palabras son ridículas.

–*Vuestra muerte y el fallecimiento de las personas que queréis puede ser hoy, en este momento o dentro de unas horas o mañana al amanecer. Por ello, como nadie lo sabe ¿A qué esperáis? Vivid, disfrutad de lo que os gusta, seguid vuestros sueños y realizarlos, regocijarse de compartir con vuestra gente, amar, viajar, ser libres... Ese es el principio del camino, ese es el inicio de vuestra muerte...*

–Pero el morir nos produce terror. Nos conduce a una inquietud permanente.

–*"Si no tenéis miedo a morir, no tendréis miedo a vivir".*

>>*Solo hay una situación segura en este mundo en el que vivís: "que la muerte vive en vosotros, que está demasiado cerca porque se encuentra unida a vuestra alma, y en algún momento llega de visita para unirse a vuestro ser".*

>>*¿Creéis que Dios, que es solo amor, es tan cruel, tan injusto y tan diabólico que os va a ofrecer únicamente una encarnación para que os equivoquéis y cometáis errores? ¿Que os va a dar una sola existencia para sufrir y no corregir vuestros deslices? No seáis ingenuos: Él os ama, y al morir os ofrece una nueva vida para que evolucionéis, para que seáis encontrados por la luz...*

–Hablas con una seguridad que asusta, pero nosotros no lo vemos tan claro como tú.

–*Aquí os ofrezco la ley sobre la muerte con doce puntos clave que os ayudarán a descubrir vuestro camino en este mundo:*

<u>Ley sobre la muerte</u>

- primero; *Nacéis para vivir, vivís para morir, morís para nacer..., y así, como en un bucle infinito, el nacimiento y la muerte se repiten. Aceptadlo y encontraréis paz interior...*

segundo; *Lo que sembráis en la vida, recogéis en la muerte, y lo transportáis a la nueva vida..., vosotros decidís como será la carga que arrastraréis...*

tercero; *Como no sabéis la fecha de vuestra muerte, disfrutad conscientemente de la vida al máximo; en cada segundo, en cada respiración, en cada beso, en cada mirada, en cada amanecer,*

; *Haced lo que os gusta, lo que os produce felicidad, lo que amáis, vuestra vida será maravillosa, sublime, extraordinaria..., y vuestra muerte será sorprendente.*

quinto; *El ser humano es energía, que ni se crea ni se destruye, simplemente al morir se transforma en una nueva vida...*

; *Escuchad en cada momento el corazón, y seguidlo, si lo hacéis de ese modo, desaparecerá el temor a la muerte y será una vida bien vivida.*

séptimo; *Gozad como si cada día fuera vuestro primer amanecer en la Tierra, sorprendiéndose, llenándose de alegría, de satisfacción, y a la vez deleitarse de un atardecer como si fuera el último en este planeta, porque en algún momento lo será...*

octavo; *Vivid con pasión, con fe, con esperanza, y antes de morir, expresar a la gente cercana vuestros sentimientos; ponerse en contacto con ellos, decidles cuanto los queréis; hacedles una llamada, mandadles un mensaje, enviadles una carta desde la gratitud y el respeto...*

noveno; *Agradeced todo lo sucedido en vuestra vida, perdonaros por vuestros errores, por vuestras faltas, pedir perdón por lo que habéis cometido, y perdonar a quien os ofende u os lastima, y antes de despediros de este mundo alcanzaréis la paz...*

décimo; *Ocuparos de vivir aquí y ahora, de respirar recreándose de ese aire que penetra en vuestros pulmones, de amar...*

onceavo; *Antes de que se eche el telón sobre esta, vuestra vida actual, cumplid vuestros sueños, disfrutad cada instante de lo que os gusta, de las personas que amáis, de la naturaleza...*

doceavo; *Disfrutad de nadar en el mar, de pasear en el bosque en luna llena, de acariciar, de escuchar el sonido de la vida, de ser libres, de vivir..., de morir...*

–Si son ciertas tus palabras ¿Por qué no nos han enseñando a vivir y a morir de esa forma tan gratificante?

–*La oscuridad mental no lo puede permitir, perdería el control sobre todos los seres humanos. Los grupos de poder, los jefes religiosos y las sociedades políticas, intentan dominar con sus leyes al resto de los habitantes de este mundo. Muchos adultos tenéis miedo a la muerte, porque vuestra mente inconsciente os domina. Os han enseñado como autómatas, y vivís aterrorizados con la idea de que algún día moriréis.*

>>No comprendéis que la vida os entrega la oportunidad de amar, de descubrir, de sentir, y que morir es una liberación para seguir en vuestro crecimiento. Aceptad que la muerte no existe, que es parte de un ciclo que os devuelve a una nueva existencia. Desdramatizar ese proceso, que un entierro sea un motivo de gozo por la emancipación del cuerpo y de la mente, que haya música, baile, risas... Que un sepelio sea una fiesta donde disfrutéis de la gente que asiste, donde la alegría sea la nota predominante, donde el que ha muerto se convierta en sonido, en luz, en amor...

>>Recordad a todos los que lleguen, que la persona que ha fallecido física mente, ya ha reencarnado, ya está en otro proceso evolutivo, y que os encontraréis de nuevo en otras vidas. Enseñadles que a quien ha muerto se le ha dado otra oportunidad de vivir, de crecer, de amar...

–Hablas de una vida y de una muerte basada en el amor, pero ¿Qué es el amor?

–*Es la Fuente de Energía Sagrada que os da la fuerza para vivir, es el antídoto contra el sufrimiento, la envidia y el rencor, es la raíz de la vida, es la unión con el Creador, con Dios, con la totalidad... Cuando un ser humano vive en el amor auténtico, alcanza la libertad.*

–Hablas de cosas inmateriales, pero yo quiero decir algo material, una sus tancia que se pueda ver o tocar.

–*El amor se puede ver, tocar, y sobre todo, sentir. El amor es la solución a todos los males que destruyen al hombre. Sin el os morís, a veces físicamente y en otras anímicamente.*

>>Lo que sana a todos los seres humanos es la presencia de sensaciones que os conducen a la luz: el perdón, la ternura, el respeto, lo que os alimenta es el nacimiento de la alegría, de la generosidad, de la comunicación, lo que os nutre

es la existencia de la ilusión, de la solidaridad y de la gratitud... Por el contrario, lo que os daña es la ausencia de amor: el miedo emocional, la envidia, la ira, y la presencia de los ingredientes que habitan en la zona oscura: la codicia, el orgullo,

Cuando vivís en el amor os sentís vivos, satisfechos y felices, y transmitís esa emoción al resto del mundo. Cuando sobrevivís sin amor ya estáis sin vida.

–¿Afirmas con total rotundidad que el amor es la solución a los males que no dejan piedra sobre piedra en este planeta azul?

–Si. *Esa es la Gran Verdad Universal, y la asumís cuando profundizáis en el estudio de la Ley del Amor:*

La Ley del Amor

primero: *Habéis nacido para amar y ser amados. Practicadlo, amar a vuestro niño interior y entregaros a esa emoción.*

segundo: *Amar es la solución a todos los problemas que asolan este mundo, es el sentimiento que os da la fuerza para ser mejores.*

tercero: *El amor es la mejor medicina contra el odio, el rencor y el miedo; es la oferta que le hacéis a Dios para encontraros con él,*

cuarto: *La vida es amor, y este no produce dolor, ni requiere esfuerzo, ni sufrimiento, porque el amor no lucha, no combate, no pelea; fluye, es una emoción libre, poderosa y llena de luz,*

quinto: *Amar es creer en que todo lo que sucede en el Alma del Mundo es perfecto, confiar en ello,*

: *Si creéis, confiáis y os entregáis al amor, todo alcanzará su lugar,*

séptimo: *Amarse a uno mismo incondicionalmente es indispensable para disfrutar de una vida sana y saludable, porque cuanto más os amáis, más os ama el Creador. Comenzad aquí y ahora a amaros...*

–¿Afirmas que esta Ley aportará amor a nuestra vida?

–*Esta Ley Universal es una guía, un mapa interior que os ayudara a profundizar en la emoción del amor. Es importante enseñar a quien os escuche que cada persona tiene que crear su propia ley sobre él. La clave es que además de tenerla, la integréis y os la apliquéis. De esa manera el amor vivirá en vuestros quehaceres diarios y os sanará.*

–No me vas a convencer, es imposible que amar sea la respuesta a todo lo dañino que destruye a los seres humanos.

–*Es la "Auténtica Verdad" –afirmó la voz con una rotundidad que me dejó sin respiración. – Vuestro corazón os enseña sin palabras, que si vivís en el amor, ayudáis a quienes sufren, a quienes pasan hambre, a quienes ansían la libertad. Si amáis asistís a los locos, a los cuerdos, a los pobres de alma, a los hambrientos de paz, cuando amáis auxiliáis a quienes están a punto de morir...*

>>*El amor es la única respuesta, y lo es porque vive en vosotros. Cuanto más dáis, más se multiplica, si ofrecéis amor a un ser querido, os vuelve de mil formas diferentes; si una persona que amáis se va porque decide no amaros más, y le enviáis amor y gratitud, ese sentimiento os volverá. Tal vez no de esa persona, pero os aseguro que regresará. Si una persona querida por vosotros, enferma o muere y le remitís amor, encontraréis más paz y cariño del que imaginásteis nunca.*

–¿Cómo descubrir que es el auténtico amor?

–*Si lo queréis conocer, lo prioritario es convertiros en amor, es ser amor, es integrarlo en vuestra vida, en vuestra piel...*

–¿Dónde lo encontramos?

–*La mayoría de seres humanos buscáis sin descanso el amor verdadero donde no se encuentra: En otra persona, en lo material, en la religión... Ese amor no puede aparecer en vuestra vida, porque lo buscáis fuera ignorando que reside en vuestro interior. No lo encontráis porque miráis con los ojos de la mente. Sin embargo, cuando escucháis a vuestro corazón, sois encontrados por esa emoción que os ha estado esperando desde siempre, por ese sentimiento que ha permanecido eternamente a vuestra disposición, por esa sensación que nace en vuestra alma...*

–¿Nos puedes enseñar algún ejercicio para aprender a amar?

–*Os ofrezco cinco:*

>*el primero: es abrir el corazón y escuchar con la máxima atención a vuestros semejantes; familia, amigos, conocidos...,*

>*el segundo; es ayudar al que está sufriendo, es ser generoso, solidario, altruista...*

el tercero; es ocuparos diariamente de sonreír, de mirar a los ojos, de abrazar, de decir un mínimo de siete veces al día, una de estas palabras: "Gracias", "Te quiero", "Deseo que seas feliz", "Te pido perdón", "Te perdono", "Eres maravilloso"

en cuarto lugar; anotar siete cualidades que creéis que ayudan a que el amor crezca y evolucione en vuestra vida, en vuestra familia, con vuestra pareja, con vuestros amigos...

y el quinto será; anotar siete cualidades que pensáis que destruyen el amor en todos los campos del ser humano, y que apartaréis radicalmente de vuestra

Levanté la cabeza, mire al lugar de donde creía que venía la voz y afirmé con énfasis: ¿Crees que el amor es un buen maestro?

–Sí. El amor es el gran consejero que os instruye, os aconseja, y os alimenta a través de un mandato sagrado: amaros sin condiciones es algo tan imprescindible como el aire que respiráis. Es imposible amar a nadie si no os amáis a

Recordar las palabras de Jesucristo en uno de los libros sagrados: "Ama a tu prójimo como a ti mismo", pero nunca dijo "más que a ti mismo". Vuestro fraterno Osho, os enseñó que Gautama Buda en su primera enseñanza o Sutra después de la iluminación debajo de la higuera, expuso: " amate a ti mismo", y en su segundo precepto añadió: "y después obsérvate a través de la meditación".

En la mayoría de tradiciones espirituales el principio que hace girar la rueda de la vida es el amor personal, y en segundo lugar ese amor se extiende al resto de la humanidad.

–¿Qué significa amarse a si mismo?

–Amaros a vosotros sin condiciones es el principio de vuestro caminar en la tierra, es la conexión con vuestra alma, es el encuentro con la persona más importante en vuestra vida, el que no os abandonará nunca, el que siempre está a vuestro lado los trescientos sesenta y cinco días al año, todos los años de vuestra vida: "vuestro niño interior>>

–¿Cómo podemos amar a nuestro niño interior?

–Lo hacéis cuando os escucháis, os cuidáis y comprobáis lo maravillosos que sois, cuando os respetáis, sois fieles a lo que sentís, y a vuestras ideas. Lo amáis *cuando tenéis pensamientos, palabras y actos positivos con vosotros, y apartáis de vuestro lado lo que os provoca dolor, incluidas a personas tóxicas que están o que se acercan a vuestra vida*

>>*Os amáis cuando os perdonáis, y perdonáis a los demás por todo lo sucedido en vuestra vida, sois honestos con vosotros y no ingerís sustancias toxicas que os destruyen; tabaco, alcohol, drogas..., Os amáis sin condiciones cuando vivís en la alegría y en la diversión,*

>>*Solo cuando os amáis a vosotros mismos podéis amar a otras personas; únicamente cuando creéis ser merecedores de gozar una vida extraordinaria con amor, sois sorprendidos por la presencia de otras almas, de otros cuerpos, de otros corazones que siempre han estado ahí, esperando a que vuestras vidas se unieran.*

–¿Realmente es tan grave que no nos amemos?

–Es muy peligroso. *Cuando no os amáis, enfermáis, llegando a padecer graves dolencias como la depresión, la ansiedad, e incluso distintos tipos de cáncer, que os provocan un sufrimiento terrible, y en ocasiones la muerte.*

–Me acabas de dejar casi sin respiración. ¿Nos puedes enseñar algún ejercicio para aprender a vivir en el amor?

–Os ofrezco uno;

>>*Colocar un espejo donde veáis, si es posible, el cuerpo completo, o si no, el rostro. Anotar mensajes alrededor del cristal o en lugares visibles de vuestro hogar, por ejemplo:*

>*"me amo"*

>*"soy capaz de conseguir mis sueños y soy responsable de ello"*

>*"me siento importante y atraigo lo bueno",*

>*"amo a mi prójimo..."*

>*"voy a ser mejor persona"*

>*"merezco ser feliz",*

>*"vivo en el amor",*

>*"disfruto de la vida...,"*

>>*Podéis distribuir cuantas anotaciones del alma deseéis, y las leeréis durante*

veintiún días. Estas, a su paso, se irán integrando en vuestra esencia, en vuestro corazón, en vuestro espíritu...

—Tienes que reconocer que el amor es doloroso, que hace sufrir a quien ama, y que provoca sufrimiento.

—El auténtico amor no provoca dolor, ni os daña ni os destruye, ni os hace sufrir, el verdadero amor es libre porque os llena de vida, es enriquecedor porque os transporta a lugares maravillosos, es un regalo que os eleva al éxtasis, y os conduce a la eternidad.

Yo os digo un mensaje que proviene del Alma de la Tierra:

> "Es mejor sentir el amor auténtico aunque solo sea durante un segundo, y luego morir, que no haberlo sentido nunca. Vuestra vida habrá merecido la pena".

—¿Podemos amar a los demás, aunque no nos amemos a nosotros?

—No. Si os amáis a vosotros, amaréis a quien se cruce en vuestro camino, si no os amáis, no amaréis a nadie; no se puede dar lo que no se tiene. Si queréis entregar amor, tenéis que vivir en el amor; cuando una persona lo ofrece, lo comparte y lo transmite, no lo pierde, ese amor se multiplica y vuelve de cientos de formas distintas. Dad amor y seréis eternos.

—Pero ¿qué sucede si damos amor y no nos lo devuelven? ¿Nos quedaremos

—El amor es como un boomerang, lo lanzáis y no sabéis cuándo volverá, ni por dónde, pero os aseguro que os alcanzará. Si ofrecéis amor a la vida y a las demás personas seréis bendecidos con más amor—se limitó a responder serenamente.

— Aquí os entregó una enseñanza sobre el amor:

Una enseñanza sobre el amor

- *Únicamente podéis dar lo que lleváis dentro, si estáis llenos de amor, ofreceréis amor, si albergáis odio, entregaréis odio, si sois felices, daréis felicidad, si guardáis en vuestro interior paz, brindaréis calma y tranquilidad a los que se aproximen a vuestro lado.*
- *De vosotros depende lo que aportaréis al mundo, porque será lo mismo que atesoraréis en vuestro corazón. Guardad dentro de vosotros: Amor, ternura, paz, escucha, compasión, empatía, paciencia, alegría, respeto, libertad, generosidad, sueños, ilusiones..., y lo ofreceréis a quien se acerque a vuestro lado.*

–¿Porque nos cuesta tanto ofrecerlo?

–*Porque no os han enseñado. Los gobiernos de todos los países del mundo deberían obligar a todos los niños a asistir obligatoriamente a una escuela de amor, de vivir en armonía, de creatividad en la naturaleza, de conectar con la música... Escuelas donde lo más importante es ser mejor persona, ser más amable, ser más tolerante... Institutos de enseñanza donde el convertirse en un buen semejante proporcione una matrícula de honor, donde ayudar a los demás facilite un sobresaliente, donde el compartir la vida, la alegría y la ternura provea notables.*

>>Universidades donde las matemáticas, la historia y la literatura sean opcionales; donde los talleres de conocimiento personal sean obligatorios; donde los idiomas sean motivo de intercambio y de unión; donde se suministren becas para ir a colaborar a otros países, donde personas están pasando por momentos terribles de hambruna, de falta de agua y de insalubridad. Cuando en los colegios, los institutos, y las universidades lo prioritario sea aprender sobre el amor, la paz y la generosidad, los seres humanos seréis tocados por la Luz Universal...

–Pero además de los centros educativos, alguien más se tendría que implicar. ¿No lo crees así?

–*Evidentemente. Cuando la única obligación de todos los gobiernos y los políticos sea que sus ciudadanos disfruten de más felicidad, que estén más satisfechos, y que se produzcan más prosperidad en todos los campos de la vida; Cuando todos los bancos empleen sus beneficios en ayudar a los necesitados, en que los seres humanos tengan una sanidad digna y casas habitables; cuando los ricos inviertan una parte significativa de sus ganancias y riquezas en auxiliar a las personas, en ayudar a sus hermanos, en generar trabajo, ese será el momento del cambio para cumplir el único mandato del Creador: "Vivir en el amor".*

—Nosotros queremos un mundo como el descrito por ti.

—*De vosotros depende. Todos necesitáis más acercamiento, más afectos, más caricias que sanen el corazón. Comenzad por vuestro entorno, dad amor, ofreced abrazos y comprended que cuando abrazáis compartís amor, amistad, alegría... Por ello es indispensable que os procuréis más contacto a vosotros mismos, más cuidados al pequeño que se esconde en vuestra alma, más cariño a vuestra familia, a vuestra pareja, a vuestros amigos...*

—¿Tan necesario es que nos abracemos?

—*Por supuesto. Al abrazar, vuestro cuerpo libera diferentes hormonas que os generan un sentido de bienestar, que os ayudan a mejorar la autoestima, y que actúan sobre vuestro humor, la ansiedad y el optimismo.*

>*los abrazos os brindan entusiasmo, os hace estar más relajados y más alegres. Esas demostraciones de afecto sanan vuestra mente, vuestro cuerpo físico, vuestro corazón y vuestra alma. Por ellos os propongo que abracéis, que fortalezcáis vuestro sistema inmunológico y que enseñéis a vuestros semejantes que procuren el contacto con otros "seres humanos" para que puedan abrir los brazos y encontrarse con otros "seres hermanos".*

—¿Hay que poner límites al amor?

—*El amor auténtico es ilimitado e infinito. Al amor terrenal del que habláis en este mundo, los propios seres humanos lo limitáis, le colocáis cercados, lo introducís en cárceles y le quitáis la libertad. Así, deja de ser amor, se convierte en apego, en dependencia, en posesión..., en todo menos en amor. Porque "el amor verdadero es libre"*

—¿Qué es necesario para compartir el amor?

—*Simplemente amar, que no os importe si os aman, lo imprescindible es que vosotros améis, y que expreséis ese amor. Para <u>AMAR</u>, en mayúsculas, lo único necesario es dar amor...*

Recordar que si os amáis, amaréis, que si os escucháis, escucharéis, que si os ayudáis, ayudaréis, que si sois felices, veréis felices a quien se aproxime a vosotros, todo lo que sucede en la vida, depende de cómo esté vuestro interior, todo es un reflejo de cómo os encontréis interiormente. Os animo a vivir en el amor cada día, cada segundo, en cada respiración...

–Creo que es difícil, casi imposible mantenernos en ese estado amoroso mucho tiempo. La mayoría de nosotros decimos: "Es imposible alcanzar la felicidad o dar amor sin esperar nada a cambio. El que ofrece amor o afirma que es feliz, está totalmente loco, y sobrevive en la locura..."

–*Os ofrezco una reflexión sobre la locura y la cordura:*

<u>Locos por la vida</u>

- *Si amar es una autentica locura, sed todos unos locos conscientes y amad.*

- *"Se necesitan más locos que den amor sin esperar nada a cambio, personas enloquecidas que amen sin medida, chiflados que vivan en el amor y ayuden a construir un mundo mejor.*

- *Se precisan más insensatos que crean que la riqueza se puede repartir entre todos los seres humanos, atolondrados que trabajen para que no exista el hambre en este planeta azul, extravagantes que sean científicos, sanadores o médicos que estudien y trabajen para que las enfermedades sean erradicadas.*

- *Se solicitan más excéntricos que ayuden a abolir todo tipo de esclavitud, delirantes que quieran crear una nueva forma de vida, imprudentes que amen con locura y disfruten de esa locura mientras aman.*

- *Se demandan locos que compartan su visión del mundo a través de enseñar en las escuelas a los niños que se puede vivir en un mundo nuevo, se necesitan insensatos que compartan el amor con personas que están gravemente enfermas y necesitan un corazón amigo a su lado...*

- *Os invito a uniros al grupo de locos como Jesucristo, Buda, el Dalái Lama, Leo Buscaglia, La Madre Teresa... Vosotros podéis ser también unos chiflados maravillosos, y enloqueced de amor por la VIDA..."*

–Me gustaría ser un loco de esos que citas.

–De vosotros depende. Podéis comenzar aquí y ahora: Aceptad en vuestra locura consciente que el amor auténtico es altruista: que se da sin esperar nada a cambio, que se ofrece sin aguardar que os devuelvan el regalo, que se entrega *de corazón, simplemente por el placer de que la otra persona lo reciba. El amor incondicional no se proporciona para recibirlo. Si lo hacéis esperando recoger algo por ello, eso no es amor verdadero, es buscar reconocimiento, es mendigar cariño, es suplicar que os valoren... Sed un loco por la vida y vivir en el amor.*

–¿Existe alguna forma para comprobar cuando vivimos en el amor?

–*Por supuesto. El amor es imprescindible para el ser humano, y está basado en la libertad, la bondad y el perdón. Esta emoción amorosa se asienta en la gratitud, la confianza y la comprensión, se sustenta en la esperanza, en la compasión, en la fe, y se mantiene en la paz, en la generosidad y en la comunicación.*

Todo lo que os produzca estas sensaciones, es amor; todo lo que en su interior no las lleve, no lo es. Llamémoslo deseo, posesión, apego, dependencia..., pero no es amor.

–¿Cuál es la diferencia entre amor y deseo.

–*Conduces tu vida a una velocidad que asusta, ahora es el momento de que descanses, que te dejes llevar por la somnolencia que se apodera de ti y ordenes la información que estas recibiendo.*

–Por favor, quiero seguir aprendiendo – le hice notar.

–*Ten calma, todo llega en el instante preciso. Ahora permanece en silencio y*

Segundas enseñanzas
que aprendimos en el Círculo Sagrado

La vida es todo si la vives desde la consciencia,
y es nada si la malgastas desde la inconsciencia.

***

La vida es un tesoro de incalculable valor, es el gran regalo que nos ha sido concedido, es respirar, es acariciar, es escuchar, es sentir, es amar, es un viaje extraordinario..., la vida es todo...

***

Vivir es aceptar que lo único que tenemos es el hoy,
este momento presente, el aquí y el ahora...

***

La muerte es el principio de la vida

***

Nacemos para vivir, vivimos para morir, y morimos para nacer...

***

Somos energía que ni se crea ni se destruye, nos transformamos en vida...

***

El amor es la Fuente de Energía Sagrada que nos da la fuerza para vivir, es el antídoto contra el sufrimiento, la envidia y el rencor, es la raíz de la vida.

***

El amor es la respuesta a todos los males, guerras y enfermedades
que destruyen este planeta azul.

***

El amor nos sana, nos cura, nos alimenta...

***

Jesús dijo: "Ama a tu prójimo como a ti mismo",
pero nunca dijo: "más que a ti mismo".
Buda al iluminarse en su primera enseñanza o sutra afirmó:
"Amate a ti mismo".

***

Si nos amamos a nosotros mismos incondicionalmente, podemos amar a quien se cruce en nuestro camino; si no nos amamos, no podremos amar a nadie, no se puede dar lo que no se tiene. Si queremos dar amor, tenemos que ser amor, convertirnos en amor, vivir en el amor...

Sexualidad y amor en pareja

*Solo si sois libres podréis amar,
y solo si amáis, seréis libres*

Las ganas de abrir los ojos, se mezclaban con el anhelo de seguir aprendiendo. Esta vez venció el anhelo y pregunté en voz alta:

–¿Cuál es la diferencia entre amor y deseo?

–*La principal diferencia es que la vida con amor es extraordinaria, y cuando no existe, se halla vacía, desierta, estéril... Los seres humanos podéis almacenar dinero, bienes materiales, disponer de muchas relaciones y una sexualidad desenfrenada, pero si vivís sin amor, vuestra existencia es una gran mentira, es una búsqueda infinita hacia la nada.*

>>El deseo conlleva querer un cuerpo, o perseguir una piel, y cuando lo habéis obtenido, ya os resulta frío, sin energía, sin fuerza. Notáis que os falta algo, y seguís en el rastreo de más deseo, de más sexualidad, de más cuerpos físicos, y el vacío interior se hace enorme, gigantesco, infinito...

–¿Qué significa la palabra sexualidad?

–*Es la capacidad de disfrutar de vuestro cuerpo, de vuestros órganos genitales y de vuestras zonas erógenas. Es la conexión instintiva con vuestra parte física, y se convierte en una emoción sublime cuando está unida a la sensualidad.*

–¿Qué es la sensualidad?

–Es un concepto relacionado con las sensaciones, con el placer y con la ternura. Es una creencia basada en el goce de los sentidos y en el éxtasis.

–¿Existen diferentes tipos de sexualidad?

–Si. Cientos de ellos. Actualmente hay dos modelos que se imponen: la sexualidad occidental y la oriental.

–¿En que se basa la occidental?

–Se rige por el control masculino, por la posesión, por el dominio, por el sometimiento de la mujer... Su sistema es antiguo y existen factores que determinan su funcionamiento: el hombre actúa rápido, sin preliminares, besos urgentes, caricias aceleradas, la ropa fuera del cuerpo en unos segundos y la búsqueda de la penetración como la culminación de su objetivo. No comprenden el gran error, cuanto antes se llegue a la eyaculación, todo termina... La mujer se ha visto relegada en un segundo plano en este tipo de sexualidad, y para acaparar más protagonismo, ha tenido que asumir rasgos masculinos: autoridad, dominación, poder...

–Pero no todo el mundo en occidente actuamos de igual forma.

–Tienes razón. No os sintáis atacados. Es lo que ocurre mayoritariamente en la sociedad que vivís. Durante mucho tiempo a la mayoría de los seres masculinos en Occidente, no les ha importado lo que la mujer sentía, ni su goce, ni su satisfacción, ni su placer. Era una sexualidad salvaje, solo para procrear, para satisfacer sus instintos, para soltar su energía...

Esto sucedía y sucede, porque este tipo de sexualidad está enfocada al aburrimiento, a la tristeza, a la resignación, al vacío... Es una sexualidad decadente y marchita que os lleva a la nada, a la separación, al abandono...

–¿Qué ofrece la sexualidad oriental?

–Es una forma de contacto entre los seres humanos basada en la sensualidad, en las emociones y en la conexión con lo femenino. En ella todo es más lento. Lo básico que se aprende con ella, es a disfrutar, a experimentar, a explorar. Cuando se utiliza no existe el tiempo: Se usan masajes, paseos, miradas, ambientes, velas, inciensos, anotaciones, caricias, besos suaves, aceites, ejercicios para crecer en pareja, acuerdos...

Con esta forma de sexualidad ambos disfrutan de sensaciones fascinantes, *mágicas, arrebatadoras... Os invito a que experimentéis el mundo de la sensualidad oriental, y os aseguro que vuestra vida sexual será más gratificante, tendréis sexo o haréis el amor desde el goce inacabable...*

–¿Qué diferencia existe entre tener sexo y hacer el amor?

–Una gran contradicción: Las relaciones adquieren el símbolo de sagrada cuando se basan en el amor. Pero cuando se rebaja a un mero acto sexual, se convierten en algo frío, que se limita a dejar la energía en lugares inadecuados. El hombre deposita su vitalidad íntima en el cuerpo de una mujer, que la recibe como símbolo amoroso, sin darse cuenta de que en ocasiones, solo es distintivo de deseo, de lujuria, o de piel.

>el hombre, una vez desahogado, ocurre lo previsible: si el amor no participa en esa relación, en el momento que entra en la mujer algo en su interior le exige al terminar que se aleje, porque el sentimiento de unión no existe, y una vez conseguido su objetivo, que es el de penetrar y eyacular, está deseando marcharse. Deja su energía igual que uno deja un paquete, y desaparece mientras está presente físicamente, o se marcha del lugar, hasta que le apriete de nuevo el deseo sexual, y lo vuelve a buscar.

–Nos hablas del hombre, ¿pero qué sucede con la mujer en el asunto sexual?

–La mayoría de las mujeres es al contrario, en el momento que el hombre está dentro, su parte femenina le pide que permanezca en su interior, que se produzca la conexión sagrada. Pero cuando no existe el amor, y una vez acabado el acto sexual, ellas necesitan compartir las emociones, la comunicación, la ternura... Su energía interna le reclama contacto no solo físico, sino del corazón, ya que sus órganos íntimos son interiores. A pesar de todo, "*las mujeres siguen esperando el amor...*

–¿Por tus palabras debo deducir que disfrutar de la sexualidad no es buena si no hay amor?

–La sexualidad es fantástica, exista el amor en la relación, o no. No obstante, importa comprender que un buen termómetro de cómo están las parejas es a través de la sexualidad con amor, o sin amor, basada en la parte física, o en la emocional.

–¿Qué sucede si en una relación existe el amor?

–Cuando hay amor auténtico, todo cambia, la piel no es piel, es unión; el sexo, no es sexo sino éxtasis; el cuerpo no es tal, es la conexión entre la tierra y el cielo, entre lo sagrado y lo humano... Cuando existe el amor, en el instante que se ter mina el encuentro sexual, la mayoría de los hombres quieren permanecer allí y las mujeres se entregan sin medida.

–¿Qué beneficios tiene una sexualidad sana?

–*Innumerables:*

fortalece vuestro sistema inmunológico; disminuyen los dolores físicos: de cabeza, menstruales, digestivos…, libera hormonas en vuestro organismo que os ofrecen una sensación de bienestar; de euforia, de placer….

Desarrolla la autoestima, sana las relaciones, os ayuda a afrontar los problemas, os relaja, os ayuda a conciliar el sueño, actúa contra la ansiedad, la depresión, el estrés, y os ofrece serenidad. Mejoráis vuestro cuerpo físico; a través de ejercitar diferentes músculos, glúteos, abductores, corazón, os ayuda a tener una mejor calidad de vida, os abre los sentidos, y propicia el erotismo que vive en vosotros

–¿Qué nos recomiendas para mejorar nuestra vida sexual?

–*Os puedo orientar con un método sencillo, pero recordar que cada persona tiene que crear su propio sistema para gozar de una sexualidad plena:*

Diez pasos para disfrutar de la sexualidad

Primero: *Tener una excelente comunicación. Es la principal cualidad a trabajar para mejorar vuestra sexualidad. Hablar sobre cualquier deseo personal, pedir lo que deseáis, abandonar las inhibiciones, explorar nuevas fantasías…,*

Segundo: *Conocer a vuestra pareja. Que le gusta y que no, cuáles son sus miedos, y sus creencias en el tema sexual. Desde la sensibilidad, paciencia y respeto, avanzar para disfrutar de vuestro cuerpo, de vuestra alma…*

Tercero: *Los preliminares: crear un lugar adecuado, velas, incienso, dar y recibir masajes, ofrecer abrazos, y todo tipo de elementos que hagan un clima más placentero,*

Cuarto: *Tranquilidad. En la mayoría de ocasiones hacerlo todo a un ritmo más lento, más suave, y esto os llevara a que las relaciones sexua-*

les tengan una mayor duración y disfrutéis más del contacto. No tengáis prisa, cuando más tardéis en llegar al orgasmo, más placer alcanzaréis,

- Quinto: *Sensibilidad. Ofrecer ternura, cariño, empatía, escuchar más...,*
- Sexto: *Creatividad y diversión. Ser creativos, estar abiertos a las experiencias nuevas: utilización de juguetes sexuales, viajes, bañarse desnudos en lugares escondidos, darse permiso para disfrutar, para reír...,*
- Séptimo: *Demostración. Los besos, las caricias, los suspiros hay que prodigarlos antes de la penetración, gozaréis de actos sexuales más satisfactorios...*
- Octavo: *Volver a enamorarse; enviarle cartas, dejarle notas, jugar, sorprender a la persona que habéis elegido, explorar de nuevo las cualidades que os hicieron elegir a vuestro compañero o compañera.*
- Noveno: *Alimentar; si cuidáis, nutrís y cultiváis la relación con pasión, con entusiasmo, rejuveneceréis...*
- Decimo: *Entrega; a veces es importante culminar el acto sexual con una penetración, y en otras solo un abrazo o una mirada mientras le enviáis el amor que sentís a la persona que está a vuestro lado. Os invito a que estéis en silencio y os toquéis, os acariciéis, a que respiréis el aire que sale de la otra persona, y os quedéis dormidos,*

—Me gusta ese decálogo, estoy seguro que si lo ponemos en práctica nuestra vida sexual será extraordinaria.

—No tengáis la menor duda—susurro la voz. —Ahora continúa con tus preguntas.

—¿El amor lo generamos nosotros o viene con quien nos lo provoca?

—*El amor vive en vosotros, y la persona que lo provoca es simplemente un espejo kármico que refleja lo que sois en ese momento.*

—¿Existen diferentes tipos de amor?

—*Sí. Se dan diferentes formas de amar desde la óptica humana: de pareja, fraternal, paternofilial. También nace el amor entre amigos, entre compañeros, entre ciudadanos por una ciudad, por una nación, por un territorio... También existen los amantes de la naturaleza, o de un ente llamado Dios, o de Alá, o del Universo.*

Y por supuesto, existe el amor a lo material, al dinero, al poder...

Sin embargo, la búsqueda del amor que se desea perdurable y que se analiza en todas la épocas de la historia, es el amor en pareja.

–¿Qué significa realmente el amor en pareja?

–*Es un tipo de amor relacionado con la libertad, con la unión de almas, con la fusión entre cuerpos, con la mezcla de sensaciones. Es la alianza de dos seres humanos que deciden entrelazar sus vidas en base a diferentes emociones, sentimientos o necesidades. Una pareja, cónyuges o el llamado matrimonio convencional, se comprometen a compartir la vida, – hasta que la muerte los separe según algunas doctrinas religiosas, – mediante un pacto personal a través de unos votos o de unos acuerdos, que raras veces cumplen.*

–La mayoría de nosotros cuando alguien nos gusta, hablamos del término; estar enamorado". ¿Qué representan esas palabras?

–*Enamorarse es una alteración de los sentidos, donde sois incapaces de controlar vuestros sentimientos, donde os volvéis ciegos y sordos a lo que no tenga que ver con esa sensación o con esa persona. Sucede muchas veces: cuando conocéis a otro ser, y sentís que estáis enamorados, y en ese momento, olvidáis el resto de vuestra vida, quedan aparcados e incluso en ocasiones desaparecen: familia, amigos, trabajo...*

–Estoy totalmente de acuerdo con tu descripción.

–*Me alegro que lo sintáis así, pero además, el enamoramiento es una emoción extraordinaria si se une al amor, si no es así, queda en algo efímero, perecedero, sin alma...*

–Pero cuando nos enamoramos creemos que este sentimiento va a permanecer toda nuestra vida.

–*Cuando os enamoráis ofrecéis promesas eternas que no sabéis si vais a ser capaces de cumplir, y cuando comienzan a surgir las primeras grietas en el vínculo, se inician los reproches, los miedos, las dudas... No comprendéis que en una pareja o en un matrimonio, hay diez requisitos indispensables para que se consolide:*

Requisitos para que una relación de pareja crezca y evolucione

- primero: *La relación hay que cuidarla, nutrirla y ocuparse de ella "diariamente", desde el amor, la fidelidad y el respeto.*

- segundo: *Hay que conocer cómo queréis que os amen y como deseáis amar; qué cualidades entregáis, y qué características pedís a quien se acerca a vuestro lado para compartir la vida;*

- tercero: *Utilizad la diversión, la actividad y la alegría, contra su enemigo mortal que la destruye: la rutina,*

- cuarto: *Tened proyectos comunes para llenaros de vida, de ilusiones, de sueños...,*

- quinto: *Es imprescindible una buena comunicación en la pareja, para que esta evolucione. Hay que aprender a escuchar y a hablar desde la gratitud.*

- sexto: *Disfrutad de una sexualidad creativa; Cumplid vuestras fantasías, disfrutad de vuestros cuerpos, de vuestros sentidos...,*

- séptimo: *Saboread vuestro tiempo juntos, y a la vez, gozad de vuestro tiempo personal en solitario,*

- octavo: *Tened un espacio común, y que cada uno disfrute de su espacio propio vital,*

- noveno: *Escuchad el corazón que os alimenta y os conduce a la plenitud, y dejad a un lado la mente*

- décimo: *Limpiad la basura emocional diariamente; sacad al exterior lo que os duele, lo que os molesta, algún rencor o resentimiento que almacenáis hacia vuestra pareja. Tened una conversación diaria, de al menos cinco minutos. Id a dormir en paz, sin carga, sin peso...*

>>*Si estas diez cláusulas se aplican y se integran, la relación crecerá, si no se practican, se estancará y morirá, produciendo un abandono o una separación.*

–¿Cómo puede el ser humano amar a una persona con el corazón y dejar a un lado la mente?

–Cuando la persona "*quiere*" con la mente no es amor, es apego, es dependencia, es posesión. Cuando "*quiere*" con la parte física no es amor, es deseo, es sexo, es esclavitud... *El amor verdadero que nace en el corazón y que vive en el alma, es libre, es un amor incondicional que desea que la persona amada sea feliz, aunque no esté a vuestro lado, aunque esté con otras personas y disfrute de la vida ajena a* <u>*Porque cuando se ama, no se puede hacer otra cosa que amar...*</u>"

–Algunos seres humanos, no creemos que el amor de pareja sea para siempre...

–¿Si no creéis en ese tipo de amor, para qué comenzar una relación? *Lo correcto es ser honrado y le decís a la otra persona que no creéis en el amor eterno, que el sentimiento que compartís se terminará un día, que nada dura para siempre, y permitid que ese ser decida qué hacer con su vida desde el principio, sin engaños, desde su libre albedrío, "<u>porque solo desde la libertad nace el auténtico amor...</u>"*

–¿Afirmas que el amor de pareja es libre? Creo que estas totalmente loco. Ese tipo de amor es imposible, nadie cree en un amor vivido en libertad.

<u>*Es la libertad de amar lo que hace que dos seres humanos estén juntos, es el amor en libertad lo que une eternamente a esos dos espíritus*</u>". *Todo lo que no sea amor en libertad os intentará esclavizar, os llevará al desequilibrio, al desorden, al caos..., porque el amor nace libre, y si lo intentáis controlar o dominar, el fin de la pareja anda cerca...*

La sensación de amar en libertad es una de las emociones más extraordinarias que existen, es irresistible. Cuando uno es libre y ama, disfruta de su existencia en todo su esplendor, goza de una caricia, de un beso, de un contacto. La conmoción de amar y ser libre es unirse a la vida, es conectar con otras personas, es establecer la conexión con la totalidad, con la Energía de Dios...

–La mayoría de personas creemos que es imposible encontrar un amor así. Aún más: pensamos que no se puede vivir con un amor del que hablas, que no es sano, ni saludable...

–Quien así lo crea lo está creando y jamás lo disfrutará. *Esto sucede a casi todos los que creéis que el amor no es eterno, e intentáis esclavizar a otro ser humano con unos anillos, con unos votos matrimoniales, con juramentos, con unos papeles sin alma...*

No comprendéis que el auténtico amor no necesita documentos, ni ritos, ni una ceremonia. Olvidáis que el amor verdadero se enlaza en el corazón con cade-

nas invisibles, que tiene unos votos que salen del corazón, que atesora unos papeles intangibles que se firman en un contrato de amor diario a la vista del Creador.

–Los seres humanos queremos que nos demuestren ese amor no solo con palabras, sino también con hechos.

–*Hay actores maravillosos que os pueden hacer creer que os aman y después os están engañando con el pensamiento, con palabras falsas, o con actos destructivos. Sin embargo, el amor auténtico es cuestión de fe, es como el agua, transparente y vital, es como el fuego que os quema y os ilumina, es como la tierra, que se enraíza y da un suelo fértil, es como el aire, libre y natural que os eleva hasta el infinito y os lleva a los confines de la eternidad... Cuando estáis en presencia del amor auténtico, no existe nada más.*

>>*Tened en cuenta que el amor no ha sido creado por el hombre, es una fuerza misteriosa que escapa a todo sentido humano"*

–¿Cómo podemos amar sin condiciones a nuestra pareja?

–*Lo hacéis cuando deseáis que esa persona sea la más feliz del mundo, cuando queréis que disfrute de la vida, que tenga una excelente salud, que tenga prosperidad en todos los campos de la vida, que haga en todo momento lo que desee, aunque eso suponga que no lo veáis nunca más, que encuentre su camino lejos de vosotros o que ame a otras personas...*

–Es difícil aceptar la forma de vida que propones.

–*Si queréis aprender a disfrutar del amor, responde a estas seis cuestiones.*

–Estoy preparado.

–*¿Cuando amas, quieres que esa persona sea feliz?*

–Si. Me gustaría.

–*¿Qué sea capaz de disfrutar de la vida?*

–La respuesta es idéntica.

–*¿Qué viva en paz y en armonía con ella y con los demás?*

–Por supuesto.

–*¿Qué si se aleja de ti, siga su propio camino?*

–Me dolería, pero lo aceptaría.

–¿Qué exista otra posibilidad, que el o ella estén con otra persona y no las veas nunca más?

–Lo siento, pero si me abandona y elije a otro con quien compartir la vida, mi respuesta a esta cuestión sería negativa. No podría sentir nada positivo hacia ella, sino todo lo contrario: rabia, ira, enfado...

–¿Y tú crees que esa emoción que sentís ¿Es amor? o ¿Es apego, posesión, dependencia...?

–Lo desconozco. Pero mi cabeza me grita que no lo consienta, que me oponga. Que si se aleja; ¿Dónde quedo yo? La gente se reirá de mi, seré motivo de burlas, de comentarios maldicientes. Mi mente me susurra que no lo permita. Que, de no estar conmigo, la odie, le desee lo peor...

–Eso le sucede a algunos seres humanos. Aman a una persona durante un tiempo y cuando esa persona decide terminar la relación y cambiar de vida, el amor se convierte en resentimiento, en rencor, en violencia. Son capaces de agredir, de golpear y en ocasiones, aún de matar.

Y yo me pregunto: ¿Qué clase de amor sentían? ¿Un amor con condiciones? ¿Un amor de si estás conmigo aunque no me ames, todo es perfecto, pero si cambias, si dejas de amarme y te vas, te odio y soy capaz de quitarte la vida...?

Eso no es amor, es dominio, es apego, es obsesión, porque el auténtico amor es libre y es incondicional. El amor es disfrutar de y con el otro; porque sois libres para compartir la vida y admitir que si no lo hacen con vosotros, deseáis que encuentre el bienestar en otro lugar, y con otra gente.

Aceptad de corazón, que el amor solo se puede vivir en libertad. La pareja tiene que nacer y crecer desde el libre albedrío, y decidir si compartir o alejarse, si desarrollarse o morir, si unirse o separarse... Hace años alguien escribió lo que era el amor verdadero:

<u>El amor verdadero</u>

«Te amo desde la libertad para estar a tu lado, agradezco el tiempo que estás conmigo, lo que me enseñas y lo que crezco junto a ti. Comparto mi espacio y no temo

perderte porque no te poseo, eres libre como yo para decidir lo que quieres hacer. No me perteneces, ni yo te pertenezco. Deseo compartir contigo el camino y a partir de ahí amarnos tal como somos, sin miedos, sin ataduras, sin sufrimientos... desde el amor auténtico».

–Me fascina ese mensaje. Gracias por tus palabras–susurré roncamente.
–¿Existe algún ejercicio para elegir correctamente a nuestra pareja?
–Por supuesto. Os ofreceré dos: El primero es anotar quince cualidades que atesoráis en vuestro interior y que ofrecéis a la persona que se acerque a vuestra vida. Y el segundo es escribir quince características que son imprescindibles para vosotros y que le pedís a una persona con quien queréis compartir y vivir en pareja.

>>Cuando encontréis a una persona que os atraiga, es el momento de comprobar las cualidades y las compatibilidades durante veintiún días. Este tiempo será suficiente para conoceros y descubrir quienes sois. En ese periodo os propongo que atendáis uno de los Principio Universales: "no tengáis relaciones sexuales donde se incluya la penetración", para así no contaminar la relación con afectos, con deseos, ni generar dependencia sexual.

–Es complicado que te atraiga una persona y no compartir el cuerpo, no disfrutar de la sexualidad, esta sensación es una necesidad inherente al ser humano.
–La única necesidad auténtica y real es el amor. Es "indispensable que no exista el contacto sexual final." Si al inicio de la relación no se produce el contacto íntimo, se armonizarán vuestras energías, y os conoceréis sin engaños, sin mentiras, sin disfraces, comprobando si sois verdaderamente compatibles.

–¿A qué llamas ser compatible con otra persona?
–A disponer de las cualidades necesarias para que se produzca el encuentro de las almas. La compatibilidad es la conexión –no medible– entre corazones, es la emisión de una frecuencia vibratoria que os une, es conectar en el aquí y en el ahora. Ser compatible es unirse a otra persona y funcionar en el día a día desde el respeto y la comunicación.

Para descubrir la compatibilidad, lo primero será conocer y explorar cómo es, qué le gusta, qué os aporta y qué os ofrece. Es importante averiguar recíprocamente vuestros deseos, vuestros sueños, vuestros proyectos... Lo segundo es comprobar si queréis compartir con esa persona. A partir de ahí, os será más fácil no equivocaros, estaréis en relaciones sanas que os amen, que os proporcione lo que queréis, lo que anheláis, lo que siempre habéis soñado... y por último es haceros una pregunta: ¿Os imagináis los próximos diez años de vuestra vida–tal como sois– envejeciendo a su lado y conviviendo en vuestra vejez?

–¿Qué sucede si al responder hay dudas?

–*Si hay indecisiones al contestar a esa cuestión, todo está claro. La única respuesta para formar una relación de pareja, es un "Sí" rotundo y firme. Si estáis confusos, más vale permitir que el otro siga su camino; mejor os dais y le dais la oportunidad de encontrar el verdadero amor, de alcanzar la plenitud, de permitir que la vida fluya. En algo tan básico como es compartir la vida en pareja y vivir en el amor, no puede haber dudas.*

–Infrecuente tu punto de vista. ¿Tienes alguna sugerencia que ofrecernos para mejorar en el amor de pareja?

–*Si queréis que la relación avance, existen unas preguntas indispensables que tenéis que responder: ¿Cómo os gustaría que os amaran?*

–Yo pienso que la mayor parte de la gente que conozco, queremos que nos amen apasionadamente, que respeten nuestra forma de ser y de sentir

–¿*Algo más? ¿Queréis alguna condición distinta?*

–Deseamos que esa persona sea fiel, tenga proyectos de vida con nosotros, y anhele un hogar... También queremos que sea cariñosa, y que disfrutemos del tiempo juntos.

–¿*Eso es todo lo que deseáis?*

–Queremos tener una buena comunicación, escucharnos con atención, y gozar de una sexualidad fascinante, experimentando con nuestros cuerpos.

–*Cada vez te vas acercando más a la relación ideal.*

–También queremos que nuestra pareja sea una persona equilibrada, que se comprometa y sea constante. Deseamos que olvide el pasado, que nos divirtamos juntos y que vivamos el amor en libertad.

–*Realmente, habláis de personas que han de tener cualidades extraordinarias, de seres evolucionados...*

–Por supuesto. Queremos lo mejor para nuestra vida.

–*¿Estáis seguros de que vosotros atesoráis esas virtudes que pedís?*

Una sonrisa alegró mi rostro. Ahora comprendía el callejón sin salida en que me había metido:

–Sí, tal vez tengas razón, es posible que nosotros no tengamos esas cualidades que pedimos a la otra persona, pero sí las exigimos.

–*Comprender que pedís lo que no sois, que exigís lo que no dais. Además, dudáis de poseer las cualidades que solicitáis, y como lo que deseáis no existe en vosotros, es difícil que esas personas aparezcan en vuestras vidas.*

–¿Quieres hacernos creer que si nosotros desarrollamos esas cualidades, encontraremos a personas que las tengan?, ¿Qué tendremos la posibilidad de compartir la vida con ellas?

–*Ese es el motor del cambio en los seres humanos: "<u>Lo que vosotros pedís es lo que os exigirán</u>"; si solicitáis ser amados apasionadamente, ser respetados, o ser libres, eso mismo os demandarán. Lo prioritario es mostrar a la persona que se acerque a vuestro lado, lo que sois realmente, sin máscaras, sin disfraces, sin engaños, y solo así se producirá el encuentro...*

>>*Os invito a revisar a vuestra pareja actual o volver una mirada a las anteriores con unas sencillas preguntas:*

>*¿cómo elegisteis a esta pareja o, a tus anteriores parejas importantes?*

>*¿os amaban como queríais?*

>*¿por qué mantenéis esta relación o por qué mantuvisteis las anteriores?*

>*¿había una buena comunicación?*

>*¿cuáles son o cuales fueron las mayores dificultades en la relación?*

>*si se ha terminado, ¿por qué?*

>*¿qué enseñanzas has descubierto, tanto positivas, como negativas de la relación?*

>*cuándo tenéis pareja, ¿la cuidáis, la cultiváis, le prestáis la debida atención, la ayudáis a que florezca, sembráis sentimientos positivos en vuestra relación para que crezca, o todo lo contrario?*

Cuando respondáis a estas preguntas, os daréis cuenta de qué habéis ofrecido y qué habéis recibido en vuestras relaciones. Será un mapa interesante de cómo habéis vivido, o de cómo vivís en pareja.

–¿Qué tengo que desarrollar de mí hacia el otro para que la relación crezca?

–*Ofreced amor sin condiciones. Si además hay reciprocidad, fantástico, será el momento de compartir, de caminar juntos, de ser compañeros de viaje y de vida. Pero, si el amor ya es un mero recuerdo, aunque no lo entendáis, será positivo. Dar las gracias por el tiempo, y por los momentos compartidos, y comprender que si no os aman cómo queréis, aunque os duela, es el instante de seguir vuestro camino en*

–¿Y si no encontramos a una persona que nos ame?

–*Si no os aman como queréis, os invito a ser pacientes, a que caminéis en soledad, a que os conozcáis, a que os aceptéis, y a que os améis... Desde ese lugar seréis hallados por quien os aporte amor.*

–¿Es posible que una pareja perdure en el tiempo y se consolide únicamente con la emoción del amor, aunque no haya respeto, ni comunicación, ni fidelidad...?

–<u>El amor solo no alcanza</u>". *No basta únicamente con que una pareja se ame. Se precisan más cualidades: aceptación, compromiso, libertad..., características que serán exclusivas de cada persona y de cada pareja. Ahora bien, si os apoyáis solo en el amor, la relación estará muerta; tardará más o menos tiempo, pero nace con la fecha de caducidad impresa.*

–Pero, si existen el respeto, los proyectos comunes, la fidelidad, y el amor está ausente, ¿funcionará la relación?

–*El amor es el primer pilar de una pareja, si no existe el amor, la relación no es real. Lo podréis disfrazar: amigos, compañeros, amantes..., pero no es una pareja natural. Es verdad que algunas relaciones sobreviven sin amor, pero si las observáis atentamente comprobaréis que viven en la tristeza, que camina desde la apatía, en la indiferencia..., que son muertos vivientes.*

–Existen muchas personas en esta sociedad que después de algunos años con una persona nos damos cuenta que no la amamos, que no queremos estar con ella el resto de nuestra vida, que carecemos de ilusión... ¿Qué debemos hacer? ¿Seguir juntos o separarnos?

–*Esas preguntas se la hacen la mayoría de los seres humanos que no aman. Si aparece esa cuestión es prueba inequívoca de que el amor desapareció de vuestra vida. Porque todo es muy sencillo: "<u>El amor está o no está</u>". Y en el caso de que esté, la pregunta ni se plantea; pero si el amor no está, entonces aparece esa interrogación que os crea conflictos, dudas, miedos, y os lleva al desconcierto...*

>>*Es fundamental que asumáis que; o estáis al cien por cien en una relación o es el momento de caminar hacia otro lugar y con otra gente... Cada ser humano es responsable de sus decisiones. Si queréis permanecer en una relación sin amor, solo por lo material o por el qué dirán, acumularéis un peso terrible en vuestra vida. Sin embargo, si os separáis desde el respeto, la honestidad y el cariño, os liberaréis de esa carga y seréis encontrados por una paz interior difícil de describir.*

–¿Por qué algunos de nosotros somos deshonestos en las relaciones?, ¿Por qué somos infieles?

–*Porque no sabéis amar. No se puede estar con otro escenificando una mentira perpetua. Si tenéis una relación con una persona y os dais cuenta de que no la amáis y que deseáis compartir la vida con otros, decidle lo que pensáis:*

>*"afirmad que es una relación pasajera", "que estáis esperando que aparezca el amor verdadero",*

>*"que deseáis que llegue otra persona con la que compartiréis el día a día...", y permitid honestamente que ella decida si quiere continuar a vuestro lado o desea caminar hacia otro lugar y con otras personas. Es cruel mentir a quien os ama, sed honestos, sed libres...*

–No estoy de acuerdo. Creo que en esta sociedad ser honesto no es aconsejable.

–*Ser recto e íntegro es maravilloso, es una sensación de decencia, de dignidad y de lealtad. Para descubrir el sabor de la honestidad, permitidme haceros algunas preguntas y responderlas:*

–*¿Os gustaría que os mintieran a vosotros?*

–¿Estás loco? Por supuesto que no

–*¿Qué estén con vosotros mientras esperan o desean a otra persona?*

–Odiaría esa forma de actuar.

–*¿Qué se resignen a estar a vuestro lado por no estar solos?*

–La respuesta es negativa.

–¿Te ves los próximos años de tu vida con esa persona a la que no amas o no

–Claro que no, si no soy amado me gustaría que mi compañera fuera trans-

–¿Te imaginas infeliz en una relación y resignado a malvivir así el resto de tu existencia?
–Me niego a vivir insatisfecho y pasivo. La respuesta es obvia: no, de ningún

–Escuchad vuestras palabras. Si tenéis pareja y sentís que esa persona no es el amor de vuestra vida, sed sinceros; apartaos de esa relación desde la sinceridad, y el cariño. En ese momento os liberaréis de un peso invisible que os oprime y que os crea infelicidad.
   Recordad que convivir con quien no se ama, o alargar una relación que no funciona, es permanecer muerto en vida. Lo honrado es preguntaros si queréis estar con alguien que no os quiere, que no os desea, que no os respeta..., en vosotros encontraréis la respuesta.
   –La información que nos estas ofreciendo altera mi tranquilidad. Me gustaría tener un momento para estar en silencio y recobrar la calma.
   –Así sea. Ahora tienes unos minutos para sentir qué te están diciendo estas palabras. Permanece tranquilo, cuando estés preparado para continuar, yo esperaré tu llamada.

Terceras enseñanzas
que aprendimos en el Círculo Sagrado

✱✱✱

La sexualidad es extraordinaria, y adquiere el símbolo de sagrado
cuando en ella se unen la sensualidad y el amor

✱✱✱

La relación de pareja hay que cuidarla, nutrirla y ocuparse de ella
diariamente desde el amor, la pasión y la libertad

✱✱✱

Solo si somos libres podemos amar,
únicamente si amamos seremos libres...

✱✱✱

La sensación de amor en libertad es una de las emociones
más extraordinarias que existen

✱✱✱

El amor no ha sido creado por el hombre, es una fuerza misteriosa
que escapa a toda creación humana

✱✱✱

Merece la pena sentir el amor auténtico aunque solo sea
durante un segundo, y luego morir, que no haberlo sentido nunca.
Nuestra vida habrá merecido la pena

✱✱✱

Amar sin condiciones es desear que esa persona sea la más feliz del
mundo, aunque no lo veamos nunca más, aunque encuentre su camino
lejos de nosotros y ame a otras personas...

✱✱✱

El amor está o no está, y si está es perfecto,
y si no, es perfecto...

Amar y ser amado

Únicamente desde la libertad, nace el auténtico amor

El tiempo transcurría a un ritmo perezoso, no tenía noción de ello. A pesar de tener los ojos cerrados sentía un profundo sentimiento de armonía en aquella cueva. Una vez anotado en mi mente lo aprendido, pregunté:

–¿Por qué los seres humanos deseamos ser amados?

–*Ese es el problema, todos deseáis ser amados. Pero ¿dónde queda ofrecer amor? Todos queréis que os amen, pero ¿vosotros amáis? Todos anheláis recibir, pero pocos queréis dar, y muchas veces lo hacéis con la doble intención de ser recompensados.*

>>*Cuando amáis y dais amor altruistamente alcanzáis la inmortalidad; cuando ofrecéis amor sin aguardar a que os lo reembolsen, llegáis a la paz espiritual. Por ello, os sugiero que ofrezcáis de corazón todo el amor que alojáis en vuestro interior sin esperar nada a cambio, y que se os reintegrará, quizá no en este momento ni por quien esperáis, pero os aseguro que os será devuelto.*

–¿Por qué a veces amamos, y el otro no nos corresponde?

–*Si amáis y no os corresponden es la solución perfecta. Esta elección os da la oportunidad de disfrutar del amor con quien sí os recompense, os ofrece la ocasión de volar en otros brazos, de sentir, de vivir, de experimentar... El que vosotros améis no os da la capacidad de encadenar a otro ser humano solo por vuestro deseo. Hay que respetar la decisión de cada persona. Todos disfrutáis del libre albedrío de amar o de no sentir nada, y todo es perfecto...*

–¿Qué sucede cuando nos aman y no le correspondemos?

–*Que permitís a esa persona, que sea libre para encontrar su camino, y a vosotros os ofrece la ocasión de vivir en libertad. Es indispensable que seáis honestos y expreséis vuestros sentimientos. No engañéis, no mintáis, no viváis en la falsedad y hagáis daño gratuitamente, decid lo que sentís con honestidad, y seguid vuestra ruta en otra dirección...*

–¿A qué se debe que en multitud de ocasiones cuando una relación termina, el día siguiente se amanece en un ambiente de ira, de agresividad, o de violencia?

–*No siempre es como afirmáis. A veces las separaciones se realizan desde el cariño existente, el respeto y la comprensión. Es verdad que son las menos, y es más probable que en una ruptura aparezca la brutalidad y el rencor, y eso sucede porque no amáis, ni respetáis, ni aceptáis la libertad del otro de vivir según su deseo.*

Es imprescindible que asumáis un principio básico: <u>"amar es desear la felicidad de la otra persona aunque no esté con vosotros, aunque haya emprendido otro camino".</u>

–¿Por qué en ocasiones repetimos relaciones destructivas, e insatisfactorias, que nos producen tristeza y sufrimiento?

–*Cuando repetís relaciones destructivas, o permanecéis con parejas tóxicas, es porque existe alguna situación oculta dentro de vosotros que no queréis ver, que no deseáis aprender... Las relaciones son un reflejo de vuestro estado anímico, por ello se repiten. Siempre hay algún mensaje que os advierte de cómo vivís, de cómo actuáis, o de lo que albergáis en vuestro interior...*

En una relación, o se está desde el amor y el cariño o se vive desde la falsedad y la mentira, no existe término medio. Si tenéis ese tipo de relaciones dañinas viviréis en el dolor, en la insatisfacción, en la zozobra... Podéis estar en ellas pero os cargáis en esta encarnación con un fardo muy pesado, porque, en el fondo de vuestro ser sois conscientes de ese engaño, y seguís ahí con vuestras miserias, sufrimientos y frustraciones.

Hay una leyenda que os ofrece una luz: <u>"El ser humano cuando ama, es capaz de las mayores locuras, de las más extraordinarias hazañas, y cuando no ama, es capaz de las mayores mentiras, de las más grandes traiciones..."</u>

—¿Quién es el responsable de permanecer en una relación tóxica? ¿Quien ama o quien no ama?

—*Ambos. Cuando amáis y no os aman, recibís mensajes que os hacen intuir que algo extraño sucede en vuestra relación. El que ama, cuando es correspondido vive rodeado de alegría, de amor, de armonía..., pero, cuando no existe reciprocidad, se establece un vínculo de infelicidad, de dolor y de vacío. Es verdad que a veces obviáis esa sensación dañina para no afrontar la realidad. En muchas ocasiones utilizáis vuestras estrategias para encadenar a la otra persona, y, paradójicamente, sois vosotros quienes os convertís en su prisionero, en su esclavo.*

>>Lo recomendable cuando no se ama o no se es amado, es aceptar la realidad, es apartarse, es no mendigar amor, es no suplicar afecto, es no implorar cariño, es no engañar a nadie, porque así, os vais a arrastrar, y moriréis poco a poco en vida...

—¿Pero si nuestra pareja actual nos abandona, vamos a sufrir?

—Cuando amáis es normal que sufráis con la marcha del amado. Sin embargo, os invito a que lo hagáis con el máximo respeto, aceptando y agradeciendo su decisión, permitiendo que se retire en calma. Os sugiero que reflexionéis con un mensaje que proviene del Alma del Mundo:

Mensaje para el amor en pareja

"Yo quiero estar con quien me ame, con quien me desee, con quien me respete. Si no me aman como quiero que me amen le daré las gracias por el tiempo compartido, por las situaciones vividas, y seguiré mi camino en paz".

—¿Existe cura o vacuna contra el desconsuelo por la pérdida de la persona amada?

—*Las hay. El principal antídoto es el amor por vosotros mismos y el agradecimiento por lo sucedido. Pero este tipo de vacuna es tan rara que afecta a cada individuo de una forma distinta. A algunos os influye rápidamente, y en ocasiones,* el dolor y la ansiedad se curan de manera vertiginosa; sin embargo, otros necesitáis más tiempo, y grandes dosis de autoestima para salir de ese pozo oscuro en el que os encontráis. En ese caso el proceso se hace lento y con varias etapas:

El primer paso es comprender que vuestra vida cambiará si hay gratitud. Tened presente que las heridas sanan cuando se afrontan, cuando las sacáis fuera. Es prioritario hacer una sanación profunda; limpiar todo lo infectado, tratar la zona de dolor y aplicar la medicina adecuada: el amor, la alegría, la amistad…, y con ayuda del tiempo, os curaréis.

–¿Es posible que después de una ruptura nazca el amor de nuevo en nuestra vida?

–¿Lo dudáis? El amor vivirá de nuevo en vosotros, y será otro tipo de amor. Una sensación que se abrirá paso con otro sentido, una emoción que está ahí, en vuestro interior y será otra vivencia con características propias. Si buscáis que sea igual a lo vivido, os equivocáis, siempre habrá algo que lo hará único. Para que el amor nazca de nuevo en vuestra vida es fundamental que paséis el duelo.

–¿Qué es el duelo?

–Es la aflicción que sentís cuando un ser querido ha muerto, o cuando se produce la separación del ser amado. Es un sentimiento, en ocasiones enloquecedor, que destruye vuestras convicciones, vuestras creencias y vuestra fe.

–¿Alguien nos ayudará a pasar el duelo?

–Por supuesto. Tenéis herramientas maravillosas: Cuando estáis en un proceso de aflicción, necesitáis que transcurra un tiempo para hallar de nuevo la calma, la serenidad, la paz. En vosotros está la capacidad de avanzar y de crecer disfrutando de una nueva oportunidad, o de repetir, muriendo poco a poco, y quedarse para siempre pegados a esa pérdida, a ese dolor, a esa privación…

–¿Qué sucede si queremos quedarnos ahí? ¿Si nos resignamos a permanecer apegados al sufrimiento, al desconsuelo, a la nada…?

–Tenéis dos opciones: La primera; Si queréis desperdiciar la vida, si deseáis permanecer en ese agujero tóxico, donde el sufrimiento os inundará y se adueñará de vuestra alma, vuestra decisión será legítima. De optar por ello, será como morir cada día…

La segunda: podéis caminar hacia un nuevo horizonte, descubrir las infinitas posibilidades maravillosas que os regala el Creador, vivir… La elección hacia un lugar u otro, es únicamente responsabilidad vuestra.

–¿Qué ocurre cuando termina una relación? ¿Dónde va el amor, las promesas y los recuerdos que había en esa pareja? ¿Dónde quedan los besos, las caricias y las frases de amor eterno…? Creo que cuando sucede una ruptura lo único que permanece unido a nuestro cuerpo es el sufrimiento, la sensación de pérdida y de fracaso.

–*Es normal ese estremecimiento de desconsuelo, sois humanos. Sin embargo, es conveniente que aceptéis que el amor que había, el sentimiento que vivísteis, las emociones disfrutadas, quedan para siempre en vuestro espíritu, forman parte de los momentos pasados, y permanecen, a veces en vuestros gestos, en una canción, o en un pensamiento… Esa emoción no se pierde, se transforma en una nueva energía y será la que os impulsará a dirigiros hacia donde tenéis que estar, en otro lugar, con otro corazón, con otra alma…*

–¿A qué se debe que solo se recuerde lo malo: la incomprensión, los malos momentos y el dolor?

–*Porque la memoria es selectiva. Sucede porque no amáis sin regateo, y entran en juego los intereses materiales, la ansiedad y la venganza. Es vital que aprendáis en qué consiste el auténtico amor y desear que la persona con la que compartís la vida alcance la felicidad. Aprended a cultivar el amor leal, y si se produjera una separación o una ruptura, aunque habría sufrimiento por lo vivido, habría deseo de que la persona que os ha acompañado en la vida sea inmensamente dichosa, sea libre para tomar sus decisiones y siga su camino en libertad.*

–¿A qué se debe que el enamoramiento y los proyectos desaparezcan?

–*Se atascan cuando no se cuidan, no se nutren, y no se alimentan, se terminan cuando sembráis malas semillas en el terreno donde vivís. Consecuentemente, recogéis pésimas cosechas.*

–¿Sembrar, cosechar, recoger…? Ni que fuéramos agricultores.

–*Todos sois sembradores de la vida: lo que sembráis, recogéis. Si esparcís amor en la pareja, en los hijos, en los amigos, cosecharéis cariño; si derramáis rencor y odio, recolectaréis agresividad y rabia; si cultiváis alegría y felicidad, captaréis armonía y paz; si transmitís rutina y sufrimiento, reuniréis dolor, cansancio y enfermedades…*

–¿Vienes a decirme que si las relaciones se estancan o se obstruyen se debe a nosotros, a lo que sembramos?

–Como suena, pero no solo en las parejas, "ocurre en todos los campos de la ". Es imprescindible que asumáis, que solo desde el cuidado, la nutrición y la entrega a la pareja, a la familia, a las amistades, o al trabajo, estos sobreviven en el amor, en la prosperidad y en la alegría.

Una relación comienza por una siembra de ingredientes positivos –afecto, respeto y comunicación entre otros que dan lugar a un crecimiento– o, como bien has dicho, a esparcir emociones negativas; odio, ira, rencor, que os ofrecerá una

Una pareja es como un río, o un caudal de agua, si lo cuidáis, si lo atendéis, si lo limpiáis, fluirá transportando el líquido elemento y permitiendo la vida. Sin embargo, ¿Qué hacéis vosotros para que las relaciones fluyan como el agua? ¿Le quitáis las piedras que obstaculizan el curso del río del amor? ¿Vivís en la alegría y en la actividad para eliminar la rutina de vuestra vida? ¿Contamináis la armonía y la calma, con desorden y conflictos?

Os sugiero que le dediquéis el tiempo que requiere para la limpieza, para la sanación, y para el fortalecimiento de la pareja, si lo hacéis, la relación vivirá llena de amor, de proyectos, de sueños...

–¿Cómo podemos sanar los problemas de rutina en la pareja?

–Teniendo una mejor comunicación y descubriendo qué os gusta. Sacad a pasear a vuestro niño interior, jugad más y utilizad la diversión (el senderismo, el baile, el teatro, la naturaleza...) para estar llenos de vida. Cuando el ser humano se deja secuestrar por la monotonía, que se despida, está muerto en vida. Por ello, divertíos, disfrutar, reír, vivir...

–¿Qué hacer para recuperar una relación de pareja que está deteriorada o a punto de desmoronarse?

–Lo primero es empezad por comprobar en qué situación vive la relación. Descubrid si lo que sentís es amor o cariño; si es crecimiento o solo comodidad; si hay respeto o una falta de consideración total; si vivís rodeados de diversión o de rutina, si sois fieles o se ha producido una infidelidad...; todo tiene remedio siempre que exista una pizca de amor, y estéis dispuestos a colaborar. Si ambos decidís realizar un cambio, aún hay esperanza.

Las relaciones de pareja se recuperan cuando las personas se conocen, se aceptan, y se aman. Más tarde, se llega a un nuevo reencuentro basado en la tolerancia, en el perdón y en la lealtad. *Es imprescindible sentir que de los errores cometidos sacaréis un aprendizaje necesario para la nueva pareja que emergerá a partir del amor, de la comprensión, de la paciencia...*

–¿Qué sucede cuando una persona ama y su pareja le engaña?

–Fácil se lo pones al corazón. Si miráis al interior de esa decisión entenderéis que la resolución perfecta para la pareja es informaros de esa infidelidad, y agra decer que haya sucedido.

>>Después de la gratitud porque vuestra pareja es infiel, y utiliza su cuerpo para compartirlo con otras personas, allá ella. Una vez enterados, lo consecuente es afrontar la situación y decidir; o permanecéis allí desde el perdón, o dais gracias por el tiempo compartido en esa relación y seguís vuestro camino en solitario sin volved la vista atrás.

–¿Es posible restaurar una relación donde existan o hayan existido infidelidades?

–Si existe una gota de amor en ambos; "SI". Para recrear una relación –por rotura de la anterior– se debe volver al inicio. Se trabajará el retornar a enamo rarse, el conocer realmente aspectos interiores de la otra persona que han sido escondidos en secreto, el disfrutar de nuevas experiencias dentro de la relación, el tener una mejor sexualidad, el escuchar más, el perdonar, el comprender y agrade cer lo sucedido...

>>Si os decidís por recuperar la pareja, es el momento de consagrarse en cul tivar la comunicación, la honestidad y la gratitud con la persona que comparte la vida con vosotros, recordando que todos los seres humanos sin excepción, sois imperfectos, que cometéis errores, y que solo desde el perdón a vosotros mismos, y a los demás os liberaréis del peso que soportáis.

–¿Y si no podemos olvidar? ¿y si lo sucedido nos atormenta día a día y con vierte nuestra vida en un infierno?

–Si no podéis olvidar y os arrastráis en las llamas del tormento, viviréis en la desolación, en la amargura, en el rencor... Por ello, si eso sucede, os sugiero que os ale jéis en paz, o permitid que se retiren desde la calma y la gratitud. Decidid ser felices...

–¿Se puede amar a dos personas a la vez?

–Y a mil. Pero si me cuestionas si se puede amar a dos personas al mismo tiempo para compartir la vida como pareja, la respuesta es no. Si un ser humano se hace esa pregunta y cree que ama a dos, lo ideal es ser íntegro y hablarlo con

ambos. Lo mejor es informar a la primera persona con quien se compartió la vida que dicha relación ha pasado a un segundo plano transformada en cariño, amistad o afecto, sin embargo, dejó de ser amor carnal. La persona relegada debe estar al tanto de qué posición ocupa, tiene que conocer vuestros sentimientos, vuestras emociones, vuestros deseos…, y decidir si quiere continuar allí, o no.

–¿Es posible mantener una relación cuando las dos personas o una de las dos no es libre y tiene otra pareja?

–*Quién emprende una relación estando comprometido o teniendo conocimiento de que la otra persona no es libre, pagará un precio en forma de sufrimiento, de miedo o de ansiedad. No disfrutaran de la vida. Gozarán de momentos de pasión sexual y de fuego físico muy intenso, pero su parte emocional los hará descubrir sus infiernos particulares debido al sentimiento de culpa.*

En ocasiones, uno de los dos es quien está atado, mientras el otro acepta su posición y consiente "<u>mentiras piadosas</u>": "No amo a mi pareja, pronto la dejaré, todavía no es el momento", "No me entiende. Tú eres el amor de mi vida. A la primera ocasión, terminaré y estaré contigo", "No podemos permitirnos el lujo de perder la posición económica que disfrutamos, pero que te quede claro: tú eres a quien amo",

Estas son algunas de las excusas que se esgrimen en una relación basada en la traición, en la falsedad y en el dolor. Sin embargo, recordad que: "<u>cada uno recibe lo que da</u>". Quien ofrece mentiras o conflictos, se hará cargo de lo mismo y ensuciará su vida. Quien consiente formar parte de la deshonestidad, recibirá en su caminar, tristeza y desconsuelo.

–Pero algunas parejas ya no se aman y comparten su existencia por el qué dirán, por los hijos, o por no perder los bienes materiales…

–*Cierto. A muchos de vosotros os aterra el cambio. Algunos lo hacéis por comodidad, y aunque no os queda ni rescoldos del amor, creéis poseer casa, gente, amigos, y os resignáis a vivir con esa pareja. A esa resignación la llamáis bienestar, o tal vez, cobardía…*

–¿Por qué aun sabiendo que somos infelices y no amamos, continuamos en esa relación?

–*Por miedo a sufrir. Una separación se interpreta como un fracaso, una pérdida de tiempo, un malgasto de vuestra vida con alguien que ya no amáis, y eso os enloquece, os destruye.*

–¿Existe alguna manera de desenmascarar esa impostura?

–*Alcanzáis la luz cuando respondéis a estas siete preguntas:*

>*primera; ¿Amáis a vuestra pareja en este momento?*
>*segunda; ¿Sois felices en esta relación?*
>*tercera; ¿Experimentáis atracción sexual por ella?*
>*cuarta; ¿Hay respeto y fidelidad entre vosotros?*
>*quinta; ¿Os sentís libres?*
>*sexta; ¿Hay buena comunicación?*
>*séptima; ¿Os divertís juntos?*

–¿Qué sucedería si nuestras respuestas fueran negativas a todas o a la mayoría de estas cuestiones?

–*Sería el momento de reflexionar, de ser honestos y de marchar en otra dirección. Aquí y ahora, alejaros desde el respeto y el cariño, y buscar el amor en otro lugar.*

–¿Qué sucede cuando una persona ama y la otra solo la desea físicamente para tener sexo?

–*Que normalmente se producirá un apego, una dependencia, o una sumisión. Ocurre que el dolor y el sufrimiento se unirán al juego amoroso; El que desea sexualmente es quien tiene el control de la relación, y decidirá, qué hacer, cómo hacerlo, y sobre todo, cuándo terminar.*

–¿A qué se debe que una relación sea tormentosa y que se maneje entre rupturas y reconciliaciones?, ¿entre cama y sexo?, ¿entre lágrimas y dolor?

–*A que el amor auténtico se alejo de esa pareja, y solo permanece la atracción sexual... Si esto sucede, os sugiero que os preguntéis:*

>*¿Sois felices en esa historia? ¿Queréis estar con quién no os ama y os utiliza como un muñeco, como un objeto que usa en la cama y luego desecha? ¿Deseáis compartir con quien solo quiere piel, y no quiere disfrutar de sentimientos, ni de emociones, ni de amor, y solo atiende a sus instintos más primarios...?*

>>*Si eso es lo que queréis, adelante, ese es el tipo de vida que os espera. Si esa es vuestra decisión, seguid en ese juego, pero no os escondáis, ni culpabilicéis a otros, vosotros sois los únicos responsables.*

—La mayoría pensamos, que cuando amamos a una persona, aunque ella no nos ame, algún día, ella se dará cuenta de nuestros sentimientos y de cómo la hemos esperado, y decidirá compartir su vida con nosotros.

 —Actuando de esa manera, podéis permanecer allí toda la vida. *La espera es cruel, es terrible, es desgarradora, y os hace morir en vida, malgastando vuestro tiempo, vuestra energía y vuestro cariño. Yo os sugiero que viváis en el amor del que no espera, del que cree, del que vive. No esperéis y vivir...*

 —¿A qué se debe que una persona no quiera tener relaciones sexuales con su

 —*Por varios motivos:*

 <u>primero</u>; *la ha dejado de amar y no existe atracción sexual,*

 <u>segundo</u>; *desea experimentar otras relaciones; la actual ya no le satisface,*

 y <u>tercero</u>; ha caído en el socavón de la rutina, de la monotonía, del aburrimiento, y en el horizonte inmediato aparece la muerte del vínculo.

 —¿Hay soluciones?

 —*Todas las que queráis. Para ello, se debe comprobar en qué parte del proceso se encuentra y qué motivo está causando los problemas:*

 si es porque el amor se esfumó, la relación está muerta. Tardará más o menos tiempo en ser enterrada, pero el vínculo pertenece al pasado; si la causa es porque quiere experimentar otras relaciones por ausencia de deseo, habrá que buscar el origen y trabajar en su solución, con ayuda de un sexólogo; si el impulso es porque ha entrado en juego la rutina y la pareja está a punto de deshacerse, es cuestión de elaborar la parte creativa junto a un guía de parejas o un ayudador sexual. En esta última causa la solución es la más fácil y divertida de tomar.

 —¿Es imprescindible estar en pareja para vivir en el amor?

 —*No es necesario vivir en pareja, para estar llenos de amor por la vida, por el mundo, por vosotros..., sin embargo, el amor auténtico en una relación, os eleva al cielo, os llena de energía, de luz.* -respondió serenamente la voz. – *Los seres humanos habéis nacido para amar, para ser libres, para compartir... y tenéis la libre voluntad de vivir en pareja o no, y ambas decisiones son perfectas, en ambas el amor os acompaña.*

 —Sin embargo, hay personas que se obsesionan con tener pareja, y se ofuscan con mantener una relación a cualquier precio. ¿A qué se debe?

—Tenéis razón. Muchos de vosotros tenéis pareja, pero no para compartir el amor, ni para crecer, ni para sentir, sino para estar en compañía, para sentiros queridos, para saber que estáis vivos, que existís... Estas personas, os sentís solas, abandonadas, o perdidas, y buscáis desesperadamente asirse a una tabla de salvación, a otra persona, a un hijo, a un perro..., para tapar ese vacío, esa falta de cariño en uno mismo...

>>Es básico que entendáis que el amor siempre emerge de dentro hacia fuera, que vive en vuestro interior, y solo cuando se busca allí, os encuentra. Existen personas que han encontrado el amor autentico que vive en su interior viviendo solas. Son personas que viven como hablan, que escuchan su corazón, que hacen lo que les gusta y le produce felicidad sin dañarse, ni dañar a nadie. Ese es el camino. Una vez que os sentís completos, es el momento si se quiere, de compartir la vida con otros ser humanos para potenciar ese amor.

—¿A qué obedece el incremento imparable de separaciones, infidelidades y abandonos?

—Se da principalmente por la instalación en la pareja de los venenos más tóxicos conocidos: la rutina, la incomunicación, la no atracción sexual, sucede porque no disfrutáis del tiempo juntos, carecéis de proyectos comunes, y sobre todo, con la llegada a vuestra vida del desamor.

>>A partir de ahí, ya no os importa la otra persona, no estáis allí, solo está vuestro cuerpo físico y vuestra mente, pero vuestra alma emigró hace mucho tiempo. Ahora compartís las soledades, no el amor.

—¿Cómo afecta a una relación si no se acepta a la familia del otro o viceversa?

—El respeto es clave en vuestras relaciones. La vida se vive desde el amor, pero con visitantes ocasionales, no permanentes, normalmente la familia. Un grupo lo es por razón de sangre o de alma. Por ello, os sugiero que ofrezcáis amor a los familiares que se acerquen y no pedir nada a cambio. Quienes están en vuestra sintonía se quedarán, y los que no, se alejarán solos, sin esfuerzo, sin lucha, sin guerras...,

—¿Qué ejercicios de parejas nos aconsejarías para que nuestra relación mejorase?

—Aquí tenéis algunos ejercicios:

>>en primer lugar el "*círculo de los masajes*": Cada semana explorar un tipo de masaje: En los pies, en la cabeza, en las manos, en la cara, en la espalda, y el más utilizado en todo el cuerpo. Por supuesto, este último totalmente desnudo.

Los masajes serán individuales, uno lo realiza un día y en la misma semana, el otro. Una duración mínima de veinte minutos, y cada pareja elije el final del masaje... Os recomiendo que en la habitación arda incienso, alguna vela y música relajante, que estéis en silencio todo el tiempo que dure el tratamiento, sintiendo, oliendo, percibiendo...

–Comenzamos bien – dije con una suave risa que escapó sin control de mis labios. –Continúa por favor.

–*En segundo lugar cada siete días disfrutad durante una hora de un paseo por la ciudad, si es posible en la naturaleza, cerca del mar, o en la montaña, en un bosque... Se hará cogidos de la mano, sin hablar durante todo el recorrido. Sentir la proximidad de vuestra pareja, cada uno con sus pensamientos, con sus sentimientos. Cada cinco minutos aproximadamente os paráis, la miráis a los ojos y mentalmente le enviáis amor, gratitud, salud..., lo que deseéis. Al terminar tener un dialogo acerca de lo sentido, de lo experimentado.*

En tercero, buscad un lugar cómodo fuera de vuestra casa, a ser posible cerca de un árbol, o en la orilla del mar, os sentáis juntos y os miráis a los ojos. Uno habla de sus sueños, de cómo es su vida, de lo que le gustaría cambiar, de cómo mejoraría en la relación. El otro lo mira en silencio con amor, con respeto, con la máxima atención. Sin reproches, ni recriminaciones, ni críticas, solo escucha. Después lo hace el otro y conversa de lo que desee. Cada uno durante quince minutos. Al terminar, se hace un balance constructivo, se anotan sueños, proyectos, sensaciones...

–Apenas puedo hablar, soy muy feliz con los ejercicios que nos planteas.

–*Aquí te dejo algunos más: Uno se acuesta en la cama, inmóvil, con los ojos cerrados. El otro juega en todo momento con su pareja; besos, caricias, roces, abrazos... Es importante que en todo instante os acerquéis y respiréis el mismo aire, el que uno exhala y el otro inhala, para uniros como hermanos de alma que sois. El que está con los ojos cerrados no responde en ningún momento, solo siente, solo respira, solo ama... Su compañero decide como termina el juego...*

–Nos alimentas el alma–dije entre risas. – Nos puedes ofrecer todos los que quieras, porque nos enriquecen.

–Existen miles de ellos, e incluso vosotros podéis inventar otros o buscar asesoramiento. Para ello es importante que mejoréis vuestra comunicación. Ahora os *enseño uno íntimo: Los últimos minutos del día, miráis a los ojos a vuestra pareja y le dais las gracias. Por ejemplo:* "Si hoy no despierto, eres la persona a quien amo, agradezco todo lo vivido, todo lo aprendido, y el amor que me haces sentir *la mañana al despertar, se recita un nuevo mensaje:* "Gracias por nacer conmigo. Te amo. No me quiero perder ni un solo segundo a tu lado"

–¿Existe alguna oración para que crezcamos como pareja?

–*Si. Os ofrezco una que colocaréis detrás de la puerta de vuestra habitación. La leeréis durante veintiún días, y después la dejáis allí para que se integre en vuestras células:*

Oración de pareja

- *Hoy decido convertirme en la pareja que siempre he deseado ser; más amoroso, más comunicativo, más respetuoso, más alegre, más honesto...*

- *Aquí y ahora voy a ser más generoso, más paciente, más comprensivo y a disfrutar más del tiempo con mi pareja. En este segundo desaparecen historias del pasado con mi pareja y las dejo atrás, y dejo que el futuro llegue en su momento.*

- *Aquí y ahora decido vivir el presente como el regalo que me ha sido concedido y lo viviré con la máxima pasión junto a quien he decidido compartir la vida. En este momento elijo vivir escuchando el corazón, ser libre y que mi pareja viva en libertad.*

- *Hoy decido amar sin condiciones*

Te Rima O Te Atua...
(en manos de Dios en lengua rapanui. De la Isla de Pascua)

–Que ejercicios tan extraordinarios, las parejas que los hagan se llenaran de energía. Nos ofreces fuerzas para seguir creyendo en el amor.

–*Los caminos de la Energía que os regaló la Vida son inescrutables. Ahora deseo que sigáis con los ojos cerrados. Revisa lo fundamental que has aprendido y como verás, solo serán unas cuantas preguntas y unas pocas respuestas. En la vida eso es lo único imprescindible que necesitáis. El resto lo dejaréis que se aposente en vuestro interior a su ritmo. Respira profundamente y disfruta de las enseñanzas en el silencio...*

Cuartas enseñanzas
que aprendimos en el Círculo Sagrado

***

El antídoto contra la pérdida de la persona amada es el amor por uno mismo, es darse grandes dosis de ternura, de autoestima, de alegría, de naturaleza, de amistad...

***

Una ruptura desde el amor y el respeto nos ofrece paz, nos libera de la carga que soportamos y nos inunda de libertad

***

Una relación se nutre, se alimenta, y se enriquece cada día con pensamientos, palabras y actos positivos...

***

Seamos creativos y exploremos nuevos ejercicios de pareja para disfrutar del amor...

***

Es vital que aprendamos en qué consiste el auténtico amor y desear que la persona con la que compartimos la vida alcance la felicidad –esté con nosotros o se aleje en otra dirección–

***

Es fundamental que aprendamos a cultivar el amor, y si se produjera una separación o una ruptura, aunque habría sufrimiento por lo vivido, por lo sentido y por lo compartido, habría deseo de que la persona que nos ha acompañado en la vida sea inmensamente dichosa, sea feliz, sea libre....

***

Queremos estar con quien nos ame, con quien nos desee, con quien nos respete. Si no nos aman como queremos que nos amen le daremos las gracias por el tiempo compartido, por las situaciones vividas, y seguiremos nuestro camino en paz".

Los proyectos, los sueños, la felicidad…

De mil que les abro la puerta,
uno permanece a mi lado...

A pesar de no poder abrir los ojos, me sentía con fuerzas para continuar con mi aprendizaje:

–¿Qué sucede cuando ayudamos a otras personas?

–*Cuando socorréis a otro ser humano estáis ofreciendo auténtico amor, os auxiliáis a vosotros mismos, y comenzáis a trabajar en vuestra sanación y en la sanación del mundo. Cuando ayudáis, salváis la vida a quien se aproxima a vuestro lado.* "Y cuando una persona salva una vida, salva su propia vida…"

–Interesante pensamiento. ¿Qué nos recomiendas para comenzar a socorrer al prójimo?

–*Os ruego que ayudéis a los demás sin esperar nada a cambio, solo por el placer de dar, únicamente por el éxtasis de ofrecer. Os suplico que entreguéis toda vuestra energía para que el mundo se convierta en un lugar maravilloso para vivir. Si lo hacéis, os llenaréis de amor, si creéis en mis palabras, estas se harán realidad…*

–Afirmas a menudo que si crees, lo creas; que si confías, alimentas esa creencia, que si crees con lo más profundo de tu corazón, lo creído se hará realidad. Pero ¿siempre es así? ¿Basta pensar en ello para conseguir nuestros deseos? ¿Solo con lo que piensas el futuro se cumple?

–*Estas palabras hablan de un Precepto Universal: "<u>lo que piensas lo atraes, lo que ofreces vuelve a ti…</u>". Pero a esas afirmaciones le falta un matiz importante: Las peticiones tienen que ser hechas desde el órgano vital que bombea vuestra sangre, y siempre realizada con energía positiva para vosotros y para el mundo. Si por el contrario lo que solicitáis es negativo o destructivo, vuestra existencia será un caos, estaréis en un desequilibrio y en un desorden continuo. Vosotros sois libres para elegir vuestro camino, para decidir vuestros proyectos…*

–¿Qué son los proyectos?

–*Son el motor de vuestra vida, son emociones que os aportan las ganas de vivir, son los sueños que os inundan de esperanza y de fe… Cuando fantaseáis proyectos vivís con la placentera sensación de que vuestra existencia hospeda un sentido, y, sin pretenderlo, lo transmitís y os convertís en una luz para los demás. Si un ser humano tiene sus propios sueños, tendrá planes con otras personas, si ofrece todo su amor y su energía para conseguirlos, el Creador conspirará para que se cumplan.*

–¿Existen diferentes tipos de proyectos?

–*Sí. Son cuatro:*

<u>Mentales</u>: *Para alcanzar prosperidad, y la abundancia en todos los campos, objetivos materiales, de conocimientos…;*

<u>Físicos</u>: *Para mejorar la alimentación, el cuerpo físico, la sexualidad, la diversión y el descanso;*

<u>Emocionales</u>: *Para amar, para disfrutar de vuestra libertad, para tener una buena comunicación…,*

<u>Espirituales</u>: *Para activar la consciencia, para conectar con la Energía, para alcanzar la paz…*

–¿Cuál es la duración de los proyectos?

–*Existen proyectos a corto, a medio, y a largo plazo. Los primeros se conciben de un segundo hasta tres meses humanos; los de medio plazo van de cuatro a siete meses; y los de larga duración ocupan de ocho a veintiún meses.*

–¿Qué sucede si no tenemos proyectos, si nada de lo que hay en nuestra vida nos ilusiona?

–<u>*Si carecéis de sueños, si no tenéis ilusión, si no existen objetivos, no tenéis vida.*</u> *Contar o no con ellos es un termostato indicativo de si estáis viviendo o vegetando; si* los dejáis de desear, vuestra existencia se debilita, se apaga, se muere... Si eso sucede os convertís en muertos vivientes que se arrastran en la nada, en el vacío...

–Pero a veces, debido a lo que sucede en nuestra vida; enfermedades, sufrimiento familiar, un accidente o una ruptura, no tenemos fuerzas para seguir viviendo y nos falta la ilusión.

–*Cuando eso ocurre, la mayoría de vosotros no sabéis qué hacer con vuestro día a día; os sentís perdidos y sin rumbo. No le encontráis un sentido claro a vuestra existencia, no halláis vuestro lugar en el mundo y además, las complicaciones aumentan: Los problemas emocionales, mentales, físicos y espirituales os llevan al desamparo; las dificultades de desarraigo, de abandono y de falta de amor terminan con las consultas llenas de psicólogos, psiquiatras, curanderos...*

>>*Es prioritario que asumáis, que cuando las personas poseen ilusiones, o tienen proyectos iluminan el camino de otros que están perdidos. Os sugiero que os inundéis de esperanzas, de objetivos, de metas, y sigáis el camino que os marca el corazón... Si lo hacéis, una fuerza misteriosa os empujará en dirección de vuestros sueños, de vuestras peticiones...*

–¿Qué son las peticiones?

–*Canalizaciones conscientes de energía con el fin de conseguir un propósito determinado. Cuando deseáis algo desde lo más profundo de vuestra alma y lo pedís con fe, lo atraéis y el universo se une a vuestro corazón para que se cumpla.*

–¿Siempre se cumplen?

–*No. A veces la petición no se plasma con inmediatez, puede que hasta os lo niegue, pero siempre con un motivo beneficioso para vosotros, una razón que en un principio probablemente no veáis, ni comprendáis. Por ello, pedid y permitid que la Energía del Creador que os proporcionó la Vida, decida si os lo concede o no, y cuando ella lo crea oportuno.*

–¿Cómo podemos albergar proyectos que no nos controlen?

–*Viviendo libres; siendo dueños de vuestro tiempo y de vuestra vida. Es imprescindible que os motivéis en cumplir los sueños, para ello los tenéis que enfocar bien, porque una vida sin proyectos, sin ilusiones, sin energía, es la nada, es el vacío, es la inexistencia... Os sugiero que viváis vuestros sueños más profundos, que los persigáis, que no os rindáis, porque siempre vienen en forma de mensajes o de señales para que los sigáis, para que no los abandonéis.*

–¿Y si dejan de venir?

–Los sueños siempre se manifiestan, siempre os buscan, y ese es el problema, porque si no los seguís, si no los cumplís, si los abandonáis, continuarán viniendo a visitaros, haciendo sentir lo que dejasteis atrás.

"Os sugiero que exploréis lo que os aporta amor, lo que os ofrece paz, lo que os hace felices, y cuando lo descubráis, no lo abandonéis por nada ni por nadie y seguidlo con todas vuestras fuerzas".

–¿Qué significa la palabra ilusión?

–Son vitaminas para el alma, son gotas de energía que os llenan de fe, de esperanza y de fuerza. Tener ilusión es colmaros de vida, es disfrutar lo que merece la pena, es vivir en la alegría, es hacer lo que os gusta y os hace feliz, ilusionarse es respirar, es amar, es creer que Dios está de vuestro lado...

–¿Qué sucede si no tenemos ilusión por nada, ni por nadie?

–Que estáis muertos en vida, y os arrastráis perdidos por este mundo tan maravilloso.

–¿Nos puedes enseñar algún ejercicio que nos ayude a tener ilusión, y que nos motive en alcanzar nuestros sueños?

–Aquí tenéis uno:

Dinámica para descubrir los sueños

Anotad cinco cosas que os gustan, que os aportan alegría, o que deseáis hacer. Colocarlos en un lugar visible de vuestra casa. Los leeréis una vez al día durante veintiuna jornadas y las integraréis en vuestra vida.

Después las dejaréis en el mismo lugar sin prestarle atención, sin atenderlas, para que fluyan... A los tres meses, revisad las anotaciones. Os llevaréis una grata sorpresa; la felicidad volara a vuestro encuentro.

–¿Puedes explicarme realmente qué es la felicidad?

–Es un estado de ánimo que os produce satisfacción, alegría y bienestar. Es un sentimiento mágico que aún habitando en vuestra naturaleza humana, buscáis desesperadamente fuera.

Todas las personas deseáis ser felices, y cualquier cosa que realizáis a lo largo de vuestra vida: tener pareja, hijos, amigos o un trabajo, es anhelando conseguir la felicidad. Igual sucede cuando os separáis, o cambiáis de ocupación, o de país, o de existencia, es porque no sois felices y queréis un cambio que os la proporcione.

–¿Afirmas que hemos venido a este mundo a ser felices? Enloqueces por momentos.

–Existe una Verdad Universal: Los seres humanos nacéis para ser felices, para comunicaros; para ayudar a los demás, para ser generosos; para ser libres, para amar… Llegáis a este mundo para cumplir vuestros sueños, para ser fiel a vuestras ideas, para divertiros, para hacer lo que os gusta y os nace en el corazón. Nacéis para conectar con el Creador, con el Universo, con la Luz…

–¿Realmente crees que es posible vivir en la felicidad continua?

–Según el concepto recibido a través de vuestra cultura, libros, películas, can ciones…, es un peldaño casi inalcanzable, un concepto idealizado e imaginario que siempre depende del exterior, con lo cual os imposibilita que lo alcancéis. Al condicionar vuestra felicidad a conseguirla externamente, se os escapa la vida. Perseguís ser felices sin saber ni dónde ni cómo conseguirlo y os perdéis en la noche oscura del alma. Sin embargo, os han enseñado que vuestra felicidad depende de:

>"poseer un trabajo mejor", "que vuestros hijos crezcan", "acumular mucho dinero, o una casa más grande, o un vehículo deportivo", "tener una pareja u otra diferente a la que ya tenéis…", "a que os quieran…".

>>La felicidad no se consigue con el éxito, ni con las posesiones ni con la fama. En todo lo anterior solo prosperan placeres efímeros, satisfacciones que, pasado un tiempo, ya no se quieren, que apenas ni se miran, y que se necesita cubrir ese vacío con la búsqueda y consecución de otros factores externos: drogas, alcohol, juego, sexo… Andáis a la caza de la felicidad en el exterior y no os dais cuenta de que solo la podréis encontrar donde no la buscáis; en lo más profundo de vuestro corazón, en cada respiración, en cada risa…, por eso nunca se aleja de vosotros, por eso jamás os abandona.

–¿Por qué si leemos libros de autoayuda, si asistimos a diferentes talleres y charlas de crecimiento personal o vamos a consulta de psicólogos, psiquiatras, terapeutas, no encontramos esa felicidad de la que hablas?

–¿De qué os vale leer esos libros de ayuda personal, de crecimiento interior, o de psicología, si no sois capaces de conectar con la Energía de la Vida?, ¿De qué

os sirve asistir a talleres, a seminarios o a conferencias si no os comunicáis con vosotros mismos?, ¿de qué os aprovecha el ir a consulta de profesionales de la mente si no escucháis a vuestro corazón?

Alcanzáis la auténtica felicidad cuando os asomáis dentro de vosotros, en el pozo de los deseos interiores, y la encontráis en el contacto con vuestra alma, en la unión con ese ser llamado Dios... Nada de lo que se consigue exteriormente puede comparase al contacto con esa Energía Vital. Esa es la máxima sensación de felicidad eterna, la del reencuentro con vuestro espíritu, la del regreso al hogar, la del contacto con la naturaleza...

–¿Se puede ser feliz toda la vida?

–Lo natural sería que las personas que habitáis este mundo fuerais felices todos los días de vuestra existencia.

–Pero Sigmund Freud, el creador de la nueva psiquiatría, dijo que la felicidad es una ficción, una mentira, una locura. Él afirmó que el ser humano no puede ser feliz, que es imposible, que solo los locos se creen felices. A su vez, Daniel Gottlieb Schreber, y Thomas Jefferson, entre otros, afirmaban que era normal ser infeliz, sentirse insatisfechos, frustrados…

–Observad en vuestro círculo de amigos, de familia, de trabajo… ¿Quién habla de felicidad?, ¿quién dice que es feliz?, ¿quién tiene una sonrisa en sus labios todo el día? Si alguien lo insinúa, si una persona lo comenta en voz alta, es criticado sin piedad, lo tachan de embustero, de farsante, o de lunático…

el hermano de la luz, el profesor Leo Buscaglia, afirmaba horrorizado, como prueba de la oscuridad en la que vive el ser humano: "Si usted ama, lo consideran ingenuo. Si dice que es feliz, lo consideran frívolo y simple. Si es generoso y altruista, lo consideran sospechoso. Si es indulgente, lo consideran débil. Si es confiado, lo consideran tonto. Y si trata de ser todas estas cosas, con toda seguridad la gente lo considerará un embustero…"

–Pero el señor Freud, y el resto de científicos eran personas inteligentes, cultas, con una carrera universitaria… No creo que estén equivocados.

–Sus deducciones eran erradas. Esas personas se consideraban normales, excelsos, ilustrados, sin embargo, estaban gravemente enfermos, y su enfermedad era la falta de amor, la carencia de fe, la ausencia de esperanza… Tened en cuenta que quienes hablaban de que el amor y la felicidad eran imprescindibles para una

existencia sana y saludable, eran considerados unos locos, unos antisociales, o unos excéntricos, con nombres bien extraños: Jesucristo, Anthony de Mello, Teresa de Calcuta, Nelson Mandela, Martin Luther King...

>>*Yo os digo que en este momento debéis elegir quién miente y quién dice la verdad, quiénes son unos locos y quiénes unos cuerdos. Os invito a que en este mundo viváis en una "Bendita Locura".*

–Tus palabras son difíciles de aceptar, no existen personas felices de forma permanente.

–*La felicidad está formada por millones de momentos, y esos instantes os conducen a una emoción maravillosa, constante e inagotable... os puedo asegurar que nacen seres humanos que viven con la felicidad como bandera, que sonríen, que juegan, que aman...*

–¿Existe alguna fórmula para alcanzar la felicidad plena?

–*La receta es tan sencilla como sencillo es el mundo: cuando respiréis sed conscientes del aire que entra en vuestro cuerpo y del que sale, cuando améis, sed conscientes de amar, cuando caminéis, dedicarle la máxima atención a caminar..., y así con todo lo que hacéis en vuestra vida.*

>>*Una vez que conectéis con vuestra consciencia, es fundamental que comprendáis que la felicidad es personal y que cada uno de vosotros la alcanzáis de una forma diferente. Os ofrezco un tratado que os ayudara a ser felices:*

Tratado para alcanzar la felicidad

- primero: *amaros en cuerpo y alma; viviendo en el amor, ayudando a los demás, siendo generosos, aportando energía positiva,*

- segundo: *Ocuparos de ser mejores personas; de ser excelentes parejas, de convertiros en los mejores amigos...*

- tercero: *Tened pensamientos, palabras y actos positivos en todo momento; y no permitáis que la negatividad, destruya vuestra vida.*

- cuarto: *Conoced quienes sois realmente; qué os gusta, qué os llena de amor, qué os produce satisfacción, y realizadlo.*

> *Aceptad cómo sois y disfrutad de ello.*
>
> séptimo: *Perseguid vuestros sueños; cumplid vuestros proyectos y fluir,*
>
> octavo: *Vivid el presente; el aquí y el ahora, y disfrutad cada día como si fuera el último*
>
> noveno: *No rendiros nunca: sentir que todo es posible, y que podéis conseguir lo que os propongáis,*
>
> décimo: *Vivid en la alegría; en la diversión, en la risa, en el sentido del humor...*

–¿Nos aseguras que si vivimos de acuerdo a ese tratado seremos felices?

–*Alcanzar la felicidad es personal e intransferible, no obstante, si vivís atendiendo a este decálogo, os aseguro que la felicidad encontrará acomodo en vuestra vida. Os pido que le ofrezcáis a quien se acerca a escucharos la posibilidad de crear un método personal para ser feliz y que anote diez pasos para conseguirlo.*

–Te aseguro que lo hare, pero tienes que comprender que es difícil creer en lo que transmites. La mayoría de personas que conozco no somos felices, caminamos acompañados de la tristeza, nuestros ojos no brillan, miramos al suelo, se nos olvida sonreír, no nos cuidamos, ni nos amamos... Cada día somos más lo que vivimos sin energía, sin amor, sin alegría. Siempre nos estamos quejando de lo que no tenemos, nos sentimos vacíos, perdidos y sin fuerzas para vivir, y el tiempo va transcurriendo. Vamos cumpliendo años y el sufrimiento interior se adueña de nuestros corazones. Lo siento, no me convencen tus palabras, necesitaría otros argumentos.

–*¿Qué sentimientos aflorarían en vosotros si constantemente tuvierais recuerdos tristes, si vivierais en la ira, si os dominara el miedo, el rencor, o la envidia...?*

–Sin lugar a dudas: infelicidad, insatisfacción, ansiedad, y en ocasiones: desconsuelo, malestar, odio...,

–*¿Y si cada día expresárais alegría, si disfrutárais de la naturaleza, si viviérais en el amor, si ayudárais a los demás..., que sucedería?*

–Que la felicidad, el bienestar y la prosperidad, inundarían nuestra vida.

–*Ese es el camino, daros cuenta que si vivís con ideas y actos constructivos ofre-*

ceréis energía limpia al mundo. Cada vez que os llegue un pensamiento negativo que os provoque dolor y sufrimiento lo cambiáis por otro que os cause paz.

>para realizar el cambio e integrarlo en vuestro interior, las ideas positivas las repetiréis siete veces en voz alta, o las escribiréis. Después las dejaréis en lugares visibles para que las contempléis y se conviertan en mensajes subliminales que activen vuestra consciencia.

–¿Nos enseñarías un ejercicio, para calmar nuestra mente que nos atormenta?

–*Aquí tenéis uno: Imaginad que os vienen a vosotros una cadena de pensa mientos destructivos hacia vuestra pareja actual, una reflexión nacida de la desconfianza, de los celos, o del odio:*

>"*No me ama*", "*Ahora le apetece salir más con sus amigos*", "*Seguro que hay otra persona en su vida...*"

>>*Cuando eso suceda, parar unos segundos, respirar profundamente y cambiarlos por opiniones positivas. Si tomáis el ejemplo anterior, afirmaréis en voz alta, y anotaréis siete veces en sitio visible:*

>"*Gracias por el tiempo vivido conmigo*", "*Ahora estoy preparado y habrá otra persona maravillosa en mi vida*", "*Yo amo la vida y doy las gracias por lo que aprendí...*"

–¿Qué solución adoptarías para cambiar nuestros pensamientos dañinos con otras personas de nuestro entorno familiar o social?

–*Suponed que llegan a vosotros algunos como:*

>"*Odio a mi madre, siempre quiso más a mis hermanos que a mí, deseo su muerte*", "*Mi padre es un desalmado que me abandonó, que me causo dolor, ojalá contraiga una enfermedad grave y se muera*", "*Todo lo malo que le suceda lo tiene merecido, por el daño que me causó...*"

>>*Y lo cambiáis por:*

>"*Le deseo que viva en paz*", "*Me perdono y perdono al que me ofendió*", "*Ojalá sea feliz y encuentre su camino*", "*Gracias a mis padres nací y estoy disfrutando de esta vida tan extraordinaria, ahora me alejo en paz*"

–¿Y si tenemos pensamientos tóxicos hacia el mundo en general?

>"*Esta Tierra es un desastre, la sociedad nos lleva al infierno y a la destrucción*",

JUAN CAYUELA

"Esta crisis económica nos hará quedarnos sin trabajo, sin dinero, sin nuestros bienes materiales...", "El mundo está lleno de corruptos, de ladrones, de asesinos...", "Estamos destruyendo el planeta con tanta contaminación", "Tantos niños víctimas de hambruna y de sed en el mundo y nadie los ayuda..."

–*Los transformaréis en positivos, y de igual forma los anotaréis siete veces:*

"*Con esta crisis económica nos ayudaremos más, será una gran lección y tendremos trabajo y abundancia en todos los campos*", "*Disfrutamos de lo que tenemos, y el dinero que poseemos nos llega para vivir bien*", "*Vamos a contaminar menos en casa, para auxiliar al mundo y construir una forma nueva de vida sana y saludable*", "*Hay gente honesta, solidaria y generosa en este planeta*", "*Vamos a colaborar con nuestra ayuda económica, de tiempo de trabajo para que los niños vivan, puedan comer y beber en Somalia, para que accedan a la salud en la India...*"

–Tus palabras rebosan esperanza, pero no creo que estemos preparados para aceptar la forma de vivir que nos propone. Existe una crisis económica y hay gente que se queda sin trabajo, sin vivienda, sin alimentos... La felicidad no existe.

–*Podéis aceptar la realidad, y a la vez, vivir en calma. De vosotros depende la actitud con la que afrontáis la vida: ¿Creéis que si vivís en la negatividad, en el desanimo y en el caos vais a conseguir que mejore la situación económica?, o ¿pensáis que si actuáis de forma constructiva vais a ayudar a los demás a mejorar su vida?*

–No lo tengo claro. No sabría qué decisión tomar. ¿Qué nos aconsejas que

–*Yo no soy quien para daros consejo, yo os sugiero que os paréis y elijáis desde el corazón. No permitáis que nadie os condicione, ni os manipule..., sed libres para tomad vuestras decisiones.*

Durante mucho tiempo os han inculcado que una manzana podrida, es capaz de contaminar un cesto de manzanas sanas, o que una persona tóxica es capaz de intoxicar a un grupo de seres humanos con sus pensamientos. Yo os digo que es el momento de cambiar esos dogmas y os ofrezco la verdad:

<u>*Una persona positiva puede con sus palabras y actos provechosos transformar a un grupo de personas que piensen, hablen y actúen de forma negativa. Si vosotros os sanáis, con un efecto dominó, sanáis a vuestro entorno, a vuestra familia, al mundo... Sed manzanas sanas, convertirse en seres humanos sanadores*</u>"

–Me encanta lo sencillo que lo planteas y cómo has cambiado lo negativo en positivo, lo pesimista en optimista. Es sugerente tu propuesta.

–Cuando transformáis vuestros pensamientos, estáis cambiando vuestra vida y estáis ayudando a la renovación del planeta. Cuando cambiáis, siete personas cercanas a vosotros comenzarán el proceso de transformación en su existencia.

>vosotros lo podéis hacer ya, aquí y ahora: Ofreced vuestro amor y vuestra ayuda para lograr un mundo mejor, para crear una nueva forma de vivir. Solo es cuestión de que seáis conscientes de vuestro propio poder personal...

–¿Qué es la infelicidad?

–Es no amaros a vosotros mismos, es hacer lo que os disgusta, lo que os aporta insatisfacción, lo que os produce sufrimiento. Vivir en la infelicidad os conduce a la apatía, al cansancio, a la enfermedad; es alejaros de la Energía de Dios. Ser infeliz es actuar con agresividad, es consumir drogas, es ser deshonesto con uno mismo, es odiar, es vivir en la tristeza.

>>Sois infelices, cuando tenéis pensamientos destructivos, cuando os expresáis con palabras tóxicas, y cuando actuáis de forma dañina para el ser humano y la Madre Tierra. El que opte por ser infeliz, cargará con un pesado lastre que arrastrará en esta y en las próximas encarnaciones.

>>Cuando vivís infelices, aportáis infelicidad a quien se acerque a vosotros y seréis los únicos responsables de vuestra elección, y aún así, todo será perfecto. Cuando acontece un suceso terrible, o trágico: un fallecimiento, una grave enfermedad, una ruptura..., referente a vosotros mismos o a vuestra familia, es algo normal que estéis infelices un tiempo. Sois seres humanos, y como tal, el dolor en ocasiones os golpea, llegando a dudar de Dios..., pero lo natural es que el sufrimiento y la infelicidad, pasado ese tiempo, desaparezca, no se quede a vivir en vuestros corazones.

–¿Cómo podemos solucionar la infelicidad del ser humano?

–Para conseguirlo necesitáis recargaros de energía positiva, para ello utilizar un entrenamiento, un trabajo con alguien que os oriente en transformar vuestros pensamientos. Pero una orientación no es seguir sus palabras al pie de la letra, no es elevarlo a las alturas, no es idolatrarlo. Ser orientados supone una referencia que os servirá para vislumbrar el camino.

–¿Esa persona puede ser un psicólogo, un guía espiritual, un entrenador personal...?

–Vosotros decidiréis quien es el más adecuado. Vivís en un gimnasio gigantesco que se llama vida. En él podéis entrenar el cuerpo físico, con todo tipo de deporte: correr, nadar, saltar..., pero ese gimnasio es muy especial. En él también podéis adiestrar la mente con cursos mentales, o dinámicas de prosperidad... A la vez, entrenaréis las emociones y al espíritu mediante estudios de crecimiento y conocimiento personal, o el trabajo con el Puente de la Vida...

Eso es lo que hace un ayudador, un terapeuta, e incluso un chamán, es alguien que os ofrece la oportunidad de descubrir herramientas para encontrar vuestro camino, para ser alcanzados por la luz, para hallar la paz...

–¿Por qué a veces lo que sucede en nuestra vida nos sale mal, o nos causa dolor? ¿Por qué en ocasiones todo se derrumba a nuestro alrededor: la pareja, el amor, el trabajo, el dinero, y nos sentimos perdidos y desamparados?

–Decís que todo se destruye en vuestro entorno. Verdad será. Recordad que solo recibís lo que dais a la vida. Si ofrecéis amor, ternura y generosidad a los demás, es porque se encuentran dentro de vosotros, y recibiréis lo mismo. Si dais felicidad, alegría y tranquilidad a vuestra, familia, hijos, amigos, lo obtendréis, si entregáis lo contrario, dolor, oscuridad e insatisfacción, seréis respondidos de igual manera.

alcanzaréis la felicidad cuando lo deseéis realmente, para ello, es necesario que creáis en vosotros, que confiéis en la vida, que viváis de acuerdo al camino que el corazón os señala, que estéis en paz.

–¿Qué representa para ti la palabra paz?

–Es el contacto con la Energía serena de Dios, es el encuentro con el latido de vuestro corazón, es la oportunidad de vivir en armonía. Cuando la alcanzáis, todas las emociones y sentimientos que albergáis en vuestro interior, afloran a la superficie y os convertís en un oasis para quienes se acercan a vosotros.

–¿Cómo se consigue esa paz interior?

–Os ofrezco una norma sagrada:

Cuatro pasos para alcanzar la paz

En primer lugar; *aprender a bajar el ritmo frenético al que os sometéis en el día a día y que os impide establecer ese contacto tan necesario con vuestro interior. Es indispensable bajar esa velocidad de vértigo de la sociedad actual que os aturde, que os provoca estrés, ansiedad, e inquietud, y caminar a un ritmo tranquilo, sereno, placido...*

- *en segundo; ser conscientes de todo lo que ya poseéis sencillamente por estar vivos, y sentir verdadero agradecimiento por ello.*

- *el tercer paso: apartar la mirada frustrante de aquello que os falta, y disfrutar con la máxima pasión de lo que hacéis y tenéis, dejándose guiar por vuestra sabiduría interior.*

- *el cuarto: calmar la mente, descubrir el silencio del alma, visitar la naturaleza, permanecer en la quietud, en la tranquilidad...*

>>Buscáis durante toda vuestra vida sentimientos que os llenen el alma, vais detrás de cosas exteriores creyendo que os dará la plenitud, viajáis hacia el exterior, y mendigáis de limosna en forma de sonrisas, de contactos, de besos, y lo queréis conseguir a cualquier precio; y sin embargo os olvidáis de serenar vuestra mente, de tranquilizar vuestro interior, de prestar atención a la respiración...

>>Descubrís la paz cuando conectáis con vosotros mediante la meditación, la oración o la reflexión. Tocáis con vuestros dedos esa emoción tan pacifica cuando estáis en calma constante, cuando dialogáis, cuando ayudáis a otras personas, cuando tenéis el control de vuestra vida, cuando vuestros pensamientos son beneficiosos. La paz os encuentra cuando os instruís en escuchar el silencio, cuando la energía de la Tierra penetra en vuestro interior, la conseguís cuando os unís al Creador...

–¿Existe algún sistema eficaz para llegar a ella?

–Indudablemente: Uno de ellos es hacer un retiro de silencio. Se puede comenzar en casa con una hora. Más tarde, realizar uno más largo con una duración diferente, os propongo recogimientos de tres o de siete días. Donde os conectaréis con la esencia de vuestra vida, con la calma interior...

>>Otro ejercicio eficaz lo hallaréis cuando os paráis, respiráis profundamente y paseáis junto al mar, en una montaña, en un bosque...

>>Uno importante es: Durante un día a la semana, guardar el reloj, esconder el teléfono móvil, no ver la televisión, desconectar el ordenador. Solo serán veinticuatro horas de calma, de serenidad, de sosiego...

–Sugerente tus propuestas. ¿Cómo podemos proyectar paz para que la humanidad también la pueda obtener?

–Cuando un ser humano vive en paz, el mundo cercano a él se pacifica y se ordena. Tened en cuenta que esa emoción vive dentro de vosotros, aunque se oculta cuando tenéis mucho ruido en vuestra mente inferior, cuando las dudas os acosan, o cuando el miedo os provoca desequilibrio. Si trabajáis la calma, si os entrenáis en pensamientos tranquilos, si expresáis palabras y ofrecéis actos de armonía, la paz regresará a vuestra vida con más fuerza.

–¿Por qué los seres humanos estamos casi siempre enfadados?

–Una cosa es "estar" enfadado por una situación, y otra totalmente distinta es "vivir" enfadado en todo momento. El enfado es una prueba palpable de que vuestra alma no está en paz, que la ira os vence, que el rencor se apodera de vosotros...

Si queréis vivir desde el odio, la rabia, o la violencia, hacedlo conscientemente. Aceptando, eso sí, que pagaréis un precio, en ocasiones muy elevado por vuestras decisiones, pero si actuáis de forma cariñosa o cordial, recibiréis un pago diferente al anterior, un recompensa en forma de luz, con apariencia de amor...

–¿Por qué a veces no podemos controlarnos y explotamos llenos de ira? ¿Qué podemos hacer para evitarlo?

–Si veis un incendio, ¿qué utilizaríais para extinguirlo, agua o gasolina?

–La respuesta es obvia: agua.

–El fuego solo se apaga con agua, no con más fuego. Si le añades gasolina, se produciría un incendio más grande o una explosión causante de mayores daños. Sucede lo mismo cuando no os controláis ante alguna situación o idea que os produce sufrimiento. Correlativamente salen a vuestro exterior la agresividad y la violencia. Cuando no os amáis se produce un estallido en vuestro interior, y os aseguro: los más dañados siempre seréis vosotros mismos.

Es indispensable que comprendáis una enseñanza fundamental: cuando estéis enfadados, llenos de rabia o de odio, no toméis decisiones que puedan provocar dolor, no contaminéis con vuestras palabras a quien se aproxime a vuestro lado, no digáis algo que puede destruir la confianza, la amistad, o el cariño. Mordeos suavemente la punta de la lengua, respirar y alejaros en silencio; no saquéis ningún tema al exterior si no es para aportar algo positivo: amor, concordia, alegría...

—Me gusta tu punto de vista, es fascinante ¿Algún día viviremos todos en paz en este mundo?

—*¿Hay auténtica paz en vuestro yo más íntimo, en vuestras familias, en vuestras parejas, o en vuestros amigos…?*

—Es casi improbable. Los seres humanos tenemos muchos frentes abiertos: problemas con las relaciones, con los hijos, con y en el trabajo, con la familia… Me temo que nunca habrá una paz completa entre nosotros.

—*Si os paráis un segundo a escuchar vuestras propias palabras os daréis cuenta de que existe un único y grave problema: Que vosotros vivís en un conflicto continuo, que no calmáis vuestra mente, y que estáis desequilibrados debido al ritmo tan acelerado que lleváis.*

>>*La paz os alcanzará, cuando viváis en el amor, cuando saquéis al exterior la energía positiva que vive en vuestro corazón.*

—Por tus palabras creo deducir que es conveniente esconder el enfado, la rabia, la ira…

—*Estáis equivocados. Todo lo que guardáis en el interior se reproduce en el exterior con toda su fuerza. Si guardáis rencor, violencia y agresividad, estas emociones os envenenarán, y en algún momento saldrán de la boca contaminando el lugar o a las personas donde lleguéis.*

—No te comprendo —le señalé.

—*Os ofrezco unos preceptos que clarificaran esta visión:*

>>*¿Infectaríais conscientemente un río, una playa o un bosque con productos tóxicos, venenosos o radiactivos, que afecten a vuestra salud y a la de vuestros hijos, familia, amigos…?*

—No, ¡qué locura!

—*Igual sucede cuando contamináis o intoxicáis al planeta con vuestros pensamientos, palabras y actos negativos: Lo destruís, lo arrasáis lentamente. Asumid de una vez por todas, que sois los únicos responsables de lo que pensáis, habláis y hacéis. Vosotros sois libres para elegir como queréis vivir, si en la destrucción o en la plenitud…*

—¿Qué es la plenitud?

–*Representa la conexión entre vuestra alma y vuestro corazón. Expresa sentirse completo, es vivir en el amor, es ser feliz con lo que hacéis, es disfrutar de cómo*

–¿Crees que estamos preparados para alcanzar la plenitud?
–*Sin lugar a dudas. Vivís plenamente cuando hacéis lo que os gusta y os hace feliz en cada momento, camináis de su mano cuando disfrutáis de respirar, de sentir, de ser… Alcanzáis la plenitud cuando amáis con el alma, cuando sois alegres, cuando os respetáis, cuando tenéis una alta autoestima…*

–¿Qué es la autoestima?
–*Es el amor, el aprecio y el afecto que sentís por vuestro corazón, es la aceptación de vuestras debilidades, y de vuestras fortalezas, es asumir la responsabilidad de vuestra vida, es la fuerza para seguir vuestros sueños…*

Cuando a la palabra estima se le añade inquebrantable, representa que el amor por vosotros mismos no puede ser destruido, ni quebrado, ni hacerlo desaparecer, por nada ni por nadie

–¿A qué es debido que muchas personas no tengamos autoestima?
–*Porque no os amáis a vosotros mismos incondicionalmente, ni os aceptáis ni os respetáis. Ese es el principal problema en el ser humano, ausencia de amor, estima quebrada, miedo a estar solo, a no ser querido, ni valorado, ni reconocido…*

Es indispensable dejar que los demás, familia, amigos, jefes…, opinen lo que quieran de vosotros, cada cual es libre de pensar, de hablar y de actuar como desee, su opinión es importante, pero que no condicione vuestra vida. Vosotros decidís como, donde, y con quien vivir.

–¿Existe algún sistema para que mejore nuestra autoestima?
–*Si. Existe un sistema basado en siete puntos:*

Siete reglas para mejorar la autoestima

primero: *Amaros a vosotros mismos: explorar quienes sois, sorprenderos, perdonaros, creer en vosotros…*

segundo: *Amar a los demás: ser solidarios, generosos, compasivos…, sin esperar nada a cambio,*

- tercero: *Comunicaros con vosotros a través del silencio: de la meditación, de la oración, de las peticiones...*
- cuarto: *Respetaros y ser fieles a vuestra alma: a vuestras ideas, a vuestros sentimientos, a la luz que habita en vuestro interior...,*
- quinto: *Aumentáis vuestra energía si os divertís: si vivís alegres, contactáis con vuestra esencia infantil, visitáis la naturaleza, escucháis el corazón...*
- sexto: *Ser libres para vivir de acuerdo a lo que os gusta, a lo que os hace feliz, a lo que os aporta amor...:*
- séptimo: *Tener gratitud por la vida, sed pacientes, vivid en paz, agradeced lo que sucede, porque todo lo que ocurre es perfecto,*

–¿Cómo escuchamos a nuestro corazón?

–*Permaneced tranquilos. Queréis aprender demasiado rápido. Ahora os sugiero que os relajéis, que respiréis profundamente y que recopiléis dentro de vosotros todos los datos que estáis recibiendo. Cuando lo hagáis os responderé...*

Sin dudar ni un segundo, seguí las instrucciones de la voz. Con suavidad me fui tranquilizando. Pensé en las lecciones escuchadas, y acompañado del sonido del mar, me sentí en casa.

Quintas enseñanzas
que aprendimos en el Círculo Sagrado

***

Los proyectos son los sueños que nos aportan las ganas de vivir,
son el motor de nuestra existencia y vivimos para conseguirlos.

***

La Ley de la Atracción indica que lo que pedimos de corazón,
la Energía conspira para que se cumpla.

***

La ilusión es la vitamina para el alma. Cuando tenemos ilusiones
nos llenamos de fe, de esperanza, de energía...

***

La felicidad es amor, es ternura, es comunicación con quien se acerca a
nosotros; es ayudar a los demás, es generosidad, es plenitud.

***

La felicidad está formada por millones de momentos,
disfrutemos de ellos...

***

La paz es el contacto con la Energía de Dios...

***

Cuando alcanzamos la paz, encontramos la serenidad
que habita en nuestro corazón.

***

La plenitud representa la conexión entre el alma y el corazón. Expresa
sentirse pleno, ser feliz con lo que hacemos y disfrutar de cómo vivimos...

***

La autoestima, comienza por amarnos, aceptarnos y respetarnos a
nosotros mismos, asumiendo que somos los responsables de nuestra vida.

Escuchar el corazón, el perdón, la gratitud…

Donde pones el corazón, allí diriges tu energía…

–*Es el momento de que continúes con tus preguntas* – *susurró la voz que nacía de la oscuridad.*

–¿Qué significa escuchar el corazón?

–*En primer lugar representa respirar profundamente, sentir que estáis vivos, hacer lo que os causa felicidad, y no provocar dolor a nada ni a nadie,*

>*en segundo simboliza, ser honesto, ayudar al prójimo, sentir compasión por los demás, vivir en la alegría y en la diversión,*

>*en tercero os indica que seáis generosos, a que actuéis altruistamente, a que tengáis ideas impecables, y a que expreséis palabras útiles,*

>*y en último lugar, y sobre todo, os enseña a que seáis un referente, un ejemplo de paz, una luz de amor al mundo.*

>>*Cuando atendéis a su latido, alcanzáis vuestro hogar, vivís conectados a vuestra alma, y estáis en contacto con Dios. Cuando le prestáis atención, encontráis el camino, ese que la vida tiene reservado para cada uno de vosotros, ese que os conduce a la felicidad de ser y de existir.*

–¿Cuando hablas del corazón te refieres al órgano físico? ¿Al que bombea nuestra sangre por todo el organismo?

—Os hablo del punto energético que lo representa. Pero además, el corazón es un órgano físico, que se encarga de suministrar la sangre a todo vuestro cuerpo, y su labor es indispensable.

—¿Qué contiene ese punto de energía llamado corazón?

—En él únicamente existe el Amor. Si lo atendéis, actuáis con el "<u>QUIERO</u>", con "   ", o con el "<u>DECIDO</u>", y las palabras que ofreceréis en vuestra vida serán: lo quiero hacer..." "estoy en ello..." "elijo ser feliz...", "decido ocuparme de mi y de mi sueño..."

—¿Qué sucedería si todos los seres humanos escucháramos el corazón?

—Que vuestra forma de vivir sería extraordinaria, que disfrutaríais de cada amanecer, de cada gota de lluvia, que os llenaríais de fuerza, de amor y de energía. Que os convertiríais en un faro e iluminaríais el camino a otros que deambulan perdidos.

—¿Qué es vivir conectados con el alma?

—Es escuchar a la fuerza interior que os empuja hacia el Creador, es actuar con el sentir, con el "<u>SER</u>". Cuando vivís con el alma recuperáis vuestro poder personal, os conectáis con la luz que lleváis dentro, e integráis que la sabiduría Universal se encuentra en todas las cosas: en el silencio, en la naturaleza, en ti...

—Repites continuamente, que la zona mental es poderosa e intenta controlar todo lo que pensamos y hacemos ¿Estás seguro?

—Si. La mente está formada de dos partes: la inconsciente y la consciente. La inconsciente es despiadada, fría y calculadora, y en todo momento intenta dominar vuestra vida, sin embargo, la mente consciente se opone al control, y se convierte en la herramienta más irresistible de crecimiento personal cuando se conecta con el corazón.

—¿Qué sucede cuando atendemos a la mente inconsciente?

—Que visitáis el lugar donde viven los miedos, donde se aloja el ego. La mente inferior es una zona oscura que os domina, os esclaviza y quiere controlar vuestra vida.

Si os dejáis conducir exclusivamente por ella, entráis en una espiral sin fin, en un agujero profundo dominado por la oscuridad donde os aferráis al dinero, al poder y a las posesiones materiales. Si únicamente utilizáis la mente inferior, intentaréis que todo esté planificado, y no dejaréis lugar para lo imprevisible, ni para la sorpresa, ni existirá la naturalidad, ni la autenticidad, y os convertiréis en autómatas, en seres mecánicos. Si la escucháis, os refugiaréis en la apatía, en la resignación y en la ansiedad. Vegetaréis por la vida desatendiendo vuestras verdaderas necesidades internas, y las sustituiréis por cosas externas: sexo sin amor, poder, drogas..., actividades vacías que os impiden el alcanzar la auténtica felicidad.

>>Cuando vivís exclusivamente con vuestra mente inconsciente, actuáis con el «DEBERÍA», con el «TENDRÍA», con el «DEBO» o el «TENGO», pero jamás con el «QUIERO».

–¿Qué nos ofrece nuestra mente consciente?

–Si la escucháis os convertís en un ser inundado de buena energía y seréis capaces de vivir en el perdón, en la gratitud, en la compasión, en la paciencia..., si seguís sus mensajes os transformaréis en un guía energético que aportará luz al mundo.

–¿Qué es el perdón?

–Es una emoción con la que sanáis, tanto física como anímicamente. Perdonar es soltar, es un regalo que os ofrece el Creador, el cual os da la oportunidad de levantaros cuando habéis caído. Perdonar no es dar la razón a la persona con quien habéis tenido el conflicto; es aceptar que todo lo acaecido es perfecto para vuestro crecimiento y para la evolución del mundo,

>>Que no os importe pedir perdón una y mil veces de corazón, tanto si sois ofendidos como ofensores. Ese perdón constituye un acto de humildad y de amor para vuestra alma, porque sana vuestras heridas y limpia lo realizado en esta vida o en las anteriores. Por ello, no esperéis más, perdonar, porque en ese momento comienza vuestra auténtica sanación interior.

–¿Tan significativo es el perdón?

–Más que significativo, es "trascendental". El perdón permite poder mirar a los ojos a quien se acerca a vuestra vida y darle gracias por todas las enseñanzas que recibís de esa situación. Cuando perdonáis y olvidáis os liberáis de la carga que lleváis en vuestra alma, os rescata del sufrimiento que ahoga vuestro corazón y seguís caminando en el amor.

–Nosotros somos capaces de perdonar, pero olvidar lo que nos han hecho es casi imposible.

–Una de las frases más utilizadas por las personas es:"Perdono, pero no olvido", y quien realiza esa frase está mintiendo. Si no olvida, es imposible perdonar. Solo con el olvido absoluto de lo que os han hecho podréis liberar vuestra alma del miedo, del rencor. Cuando un ser humano perdona de corazón y olvida lo sucedido, da el primer paso de la sanación personal.

–¿De verdad crees que el perdón es la solución a los problemas y conflictos que suceden en nuestra vida?

–*Sin ninguna duda. Sois y vivís de una forma determinada a consecuencia de lo sucedido en vuestra vida actual y en vuestras anteriores reencarnaciones. Tal vez en ellas hayáis cometido delitos, injusticias, e incluso habéis sido miembros de la oscuridad. Por tal causa, todo comienza cuando os perdonáis por los pensamientos, las palabras y las actitudes destructivas que habéis tenido y que tenéis en este momento. Cuando lo hacéis, vuestra vida comienza a sanar.*

–¿A qué se debe que nos equivoquemos tan a menudo?

–*A tres situaciones: Lo primero es que no sois perfectos, todos os equivocáis, todos cometéis errores. Ese será el principio para curar vuestras heridas. Lo segundo, es que perdonéis, que solicitéis el olvido de vuestros actos a quien se acerca a vosotros, y lo tercero es que pidáis humildemente a Dios su compasión por lo que hayáis realizado o dejado de realizar.*

Recordar lo dicho por el Maestro hace más de dos mil años: "<u>Quien esté libre de pecado que tire la primera piedra…</u>"

–¿Nos puedes enseñar algún ejercicio sobre el perdón?

–*Os ofrezco dos: El primero: respirad profundamente, cerrad los ojos y pensad en algún dolor que permanece en vuestro interior a causa de alguna persona: padre, madre, pareja, hijo, amigo… Visualizad la cara de esa persona, por quien sintáis algún tipo de rencor, de odio o de rabia.*

durante unos minutos mentalmente le reprocháis todo lo que os contamina, hasta la última gota de veneno que os destruye, todo lo que os intoxica. Una vez finalizado, volved a tomar aire durante unos segundos, después observad como esa persona está agonizando, como muere lentamente, como es la última vez que la veis. Visualizad su rostro y decid siete veces en voz alta, o para vuestro interior, un mantra sobre el perdón: "<u>Me amo, me perdono, te amo, te perdono</u>".

Esta antigua oración mediterránea os ayudará a cerrar las puertas al rencor, al odio y a la sin razón. Si lo hacéis una vez al día, durante veintiuna jornadas, sanaréis vuestra alma, curaréis vuestro cuerpo y fortaleceréis vuestra vida.

—¿Y el segundo ejercicio?

—*Si habéis cometido algún acto o habéis expresado alguna palabra que haya producido sufrimiento, o causado algún daño a otras personas, lo ideal sería pedir perdón personalmente para cerrar las heridas, para abandonar la carga que transportáis, pero si no es posible ese contacto personal, cerrad lo ojos, pensad en esas personas y solicitadles el perdón; la Energía del Creador hará el resto...*

—¿De cuanto tiempo disponemos para pedir perdón o perdonar?

—*Lo ideal es que lo hicierais aquí y ahora para estar en paz con vuestra alma. Si no es posible hacerlo en este momento, comprometeros conscientemente en realizarlo a la mayor brevedad posible. Si pedís perdón, si sois capaces de perdonar a quien os ofendió, y dais las gracias por lo sucedido, os liberaréis de un enorme peso que os atormenta, de una carga que os impide seguir avanzando, de una mercancía que os destruye y que os hace enfermar.*

—¿Por qué hay que agradecer lo malo o dañino que ha acontecido o que está aconteciendo en nuestra vida?

—*La gratitud es el segundo ingrediente imprescindible para vivir en el amor. Únicamente cuando agradecéis con lo más profundo del corazón todo lo que os sucede, lo llamado bueno y lo nombrado como malo, sois capaces de ver en cada persona y situación la enseñanza que os trae. Si queréis profundizar en la gratitud, os ofrezco una ley sencilla:*

Ley de la Gratitud

- primero: *Dad las gracias cada día por el aire que respiráis, por el sol que os ilumina, por la gente que se cruza en vuestro camino, por el amor que recibís de Dios... ,*

- segundo: *Disfrutad, aprended y agradeced todo lo que os llega, todo lo que descubrís, todo lo que sois y lo que no sois...*

- tercero: *Agradeced todo lo que ha sucedido en vuestra vida y en el mundo, Cuando lo hacéis os liberáis del peso que os impide seguir caminando, os desprendéis de la mochila del odio, del rencor, os llenáis de fuerza, de energía, de amor... .*

- cuarto: *Sentid agradecimiento por amar y ser amados, por contemplar, por acariciar, por existir...*

> quinto: *Dad las gracias por vivir, por ser vosotros los elegidos, por que os ofrezcan la oportunidad de sanar lo cometido en vuestras vidas anteriores, por limpiar vuestro karma...*
>
> *Agradecer todos los obstáculos, pruebas, y dudas que habéis tenido en vuestra vida...,*

–Recordar que los seis puntos que contiene esta Ley pueden ser cambiados o ampliados por los que cada ser humano desee. En cada vida, en cada reencarnación, sois libres para vivir en la gratitud o en el resentimiento, vosotros elegís...

–En ocasiones, pronunciás palabras extrañas: Reencarnación, ¿Qué significa ese concepto?

–*Es la vuelta a la vida del espíritu que os forma pero con un nuevo cuerpo físico, con una nueva mente y con una nueva alma. Habéis pasado por ese proceso en otras existencias, y la reencarnación es una prueba palpable de que venís de otros lugares, de otras situaciones, de distintos cuerpos, pero con el mismo espíritu. Por eso ya os conocéis, por ello soñáis con historias que no comprendéis o con lugares donde no habéis estado.*

–¿Cómo sabemos que hemos vivido en otras encarnaciones? –le reté.

–*En multitud de ocasiones recordáis cosas increíbles para la mente humana: "pensáis en alguien y ese alguien os llama"; "os cruzáis con una persona y cuando la miráis, sentís que la conocéis, aunque no la habéis visto jamás"; "a veces vais a lugares que nunca habéis visitado anteriormente y, extrañamente, sentís que vuestros pies, ya han recorrido esos caminos"; "hacéis algo y percibís que ya lo realizásteis en otros momentos"; "soñáis, y los sueños se cumplen..."*

–Tienes razón, en distintas ocasiones me ha sucedido lo que cuentas, pero, a pesar de notar cierta verdad en tus palabras, no termino de creer que hayamos vivido otras vidas

–*Algunos seres humanos negáis la posibilidad de la reencarnación. Sin embargo, la vida se vuelve sorprendente cuando estáis abiertos a la Energía. Comprendéis que venís de otras existencias cuando aceptáis que la muerte es el principio de la vida: Al producirse la muerte de la anterior figura física, salta el chispazo eléctrico que se origina en la unión del espermatozoide con el óvulo, y el espíritu en el momento de la transformación ya ha elegido al nuevo organismo y vivirá en la próxima encarnación como vive en esta;*

>*si sois un esclavo y no hacéis nada por cambiar esa situación, viviréis, moriréis y renaceréis como un esclavo; si sois infelices con vuestro día a día, seréis un infeliz; si habéis vivido en la oscuridad, moriréis en las tinieblas, y en la próxima vida actuaréis de nuevo en las sombras. Por el contrario, si ayudáis a los demás, seréis un ayudador de almas; si vivís en libertad, viviréis, moriréis y volveréis a nacer como un ser libre, si vivís con amor, os reencarnaréis llenos de armonía y de paz interior... Yo os animo a que disfrutéis de la vida, y a que seáis buenas personas.*

–¿Afirmas sin ninguna duda, que todos somos integrantes de miles de existencias?

–*Si. Todos los seres humanos participáis en este teatro cósmico llamado "VIDA" y habéis interpretado cientos de papeles a lo largo de vuestras presencias anteriores. En otras encarnaciones lejanas habéis sido actores, héroes, villanos... Habéis disfrutado de cientos de historias anteriores a esta, y en ellas erais monjas, ladronas, guerreras... En otras ocasiones habéis vivido de campesinos, de mendigos, de saqueadores..., y cada uno de los habitantes de este mundo almacenáis un karma que tenéis que sanar.*

–¿Qué significa la palabra Karma?

–*El equipaje que traéis a este mundo de vuestras existencias anteriores y que solo os pertenece a vosotros. Son los pensamientos, palabras y actos que habéis acumulado en las vidas que habéis consumido. Es un estado que puede ser sanado o contaminado dependiendo de cómo estéis viviendo en esta encarnación.*

–¿Existen diferentes tipos de karma?

–*Si. Se crea un karma personal, familiar, del país, o del mundo... Podéis llevar un karma positivo basado en la luz, en la verdad y en el amor, o uno negativo apoyado en el miedo y en la oscuridad.*

–¿Cómo podemos sanar lo que hemos cometido en esta o en otras vidas?

–*Lo sanáis cuando creáis una forma de existir basada en el amor, cuando ayudáis a los demás con una actitud de optimismo y de positividad, lo regeneráis cuando os nutrís de generosidad, de ternura y de alegría, lo curáis cuando optáis cada día por cuidar a la naturaleza, cuando sois solidarios y altruistas, cuando cambiáis vuestras reflexiones negativas en energía constructiva, cuando evolucionáis hacia la luz, cuando creéis, confiáis y os entregáis a la Energía del Creador.*

–¿Cómo podemos evolucionar hacía la luz que tan a menudo citas?

–*Lo hacéis cuando os amáis, ayudáis al prójimo y sois libres, evolucionáis cuando sois honestos, generosos y compasivos, vivís rodeados de bondad, de sensibilidad, y de afecto por vosotros y por todos los seres humanos. En ese momento se produce la transformación de vuestra vida.*

–¿Por qué mueren los jóvenes? ¿A qué se debe la muerte prematura de un niño? ¿Por qué se practican los abortos voluntarios?

–*Esas muertes suceden para que se produzca la sanación y limpieza del karma. Cuando un espíritu se encarna en un nuevo ser, viene a este planeta a cumplir sus cuatro objetivos o misiones descritas anteriormente.*

cuando se produce la encarnación, su vida tendrá en este mundo una duración limitada. Algunos mortales soportan años de sufrimiento, de ansiedad, y de desconsuelo; otros duran treinta primaveras de drogas, de dolor y de alcohol; unos pocos viven años de alegría, de aprendizaje y de amor..., Todas las personas pasan por distintos procesos particulares a lo largo de su vida hasta que llega su muerte, que es el principio de una nueva encarnación.

En el caso de un no nacido, de un niño muerto a tierna edad, o de un joven, la solución es la misma: Son seres encarnados que han venido con el propósito de unir y de limpiar su karma y el de sus familias. Ellos han regresado con una misión: estar un corto periodo de tiempo en esta existencia; Al cumplir su cometido, viajan para unirse a otro cuerpo mortal, a otra mente, a un alma nueva, pero en el mismo espíritu que le acompaña toda la eternidad..."

Mientras escuchaba esa respuesta, un aleteo se deslizó por mis cabellos y se posó en mi cabeza. Un escalofrío recorrió mi espina dorsal. Lo que fuera, se quedó sin moverse, como refugiándose en mí, como si quisiera compartir conmigo algún secreto. La sensación de unión y de éxtasis con aquel diminuto ser hizo que mis ojos se inundaran de lágrimas. Con su presencia y el contacto en mi piel, sentía que comenzaba a sanar lo dañino que hubiera hecho en esta vida o en las anteriores.

Absorbí el aire inundando mis pulmones. La emoción me hizo temblar, no sabía qué estaba sucediendo, sin embargo, era uno de los momentos más indescriptibles de mi presencia en este mundo. Estuve tentado de abrir los ojos, pero como si adivinara mi pensamiento, la voz me calmó:

—*Tranquilo. Permanece con ellos cerrados, recuerda que todo es perfecto y esa mariposa blanca que se une a ti, está en su hogar...*

Lleno de una paz desconocida, supe que decía la verdad. Asentí con la cabeza, me deje acariciar por ese pequeño ser que sanaba mi alma, y le pregunté:

—¿Es necesario sufrir en esta vida?

—*Salvo que goces sufriendo, no. Vuestra existencia está diseñada para amar, para disfrutar, para reír, para vivir en libertad, para crecer, para compartir...*

—Entonces, ¿por qué hay religiones que nos dicen que "sufrir es bueno para purificarnos", o que "este mundo es un valle de lágrimas", o que "si matamos en nombre de Dios o de Alá ganaremos al paraíso".

—*Son interpretaciones distorsionadas de la mente inconsciente y de las religiones que intentan dominar al hombre. La Energía que os otorgó la Vida afirma que todos sois sus hijos y que, como hermanos, os ayudaréis y no provocaréis sufrimiento, ni os mataréis los unos a los otros.*

—¿Dices que las religiones mienten? ¿Qué son dañinas?

—*Solamente si se apartan del camino del Amor. Si alguien; sacerdotes, ulemas, o gurús os enseñan que matar o crucificar a otro ser humano es beneficioso, que asesinar a otros semejantes os purificará, que si os suicidáis en nombre de una cruz o de una media luna os llevará al paraíso, os está mintiendo ¿Creéis de verdad que ese acto será bien recibido a los ojos de Dios o de Alá? ¿Ellos que son <u>AMOR</u> aman, y que os han creado van a desear que os matéis? ¿Qué os suicidéis o asesinéis a vuestro hermano?*

—Escuchado tus palabras, creo de corazón que nunca lo impondrían.

—*¿Sois buenas personas si asumís que destruir a otra persona; hombre, mujer o niño-sea por el motivo que sea- es perdonable si lo haces en nombre de un país, de un territorio, o de una religión...?*

—Yo siento que no, pero llevamos tantos siglos siguiendo esas indicaciones que lo vemos como algo normal.

—*El Creador os responde desde el principio de los tiempos, y lo hace a través de mensajeros sagrados.*

Jesucristo dijo: "Amaos los unos a los otros",
Mahoma enseñó: "Alá es justo y misericordioso, Alá es paz y amor",
Buda afirmó: "La vida es amor, y el amor es el abandono del sufrimiento".

–¿Qué insinúas?

–Si creéis en estos Avatares y en sus palabras llenas de sabiduría, comprenderéis claramente que en el amor no hay lugar para el odio, ni para la violencia, ni para el dolor. Es imprescindible enseñar a los niños –de cualquier raza, religión, o tradición– que Dios, Alá, Visnu…, se los llame como se quiera, significa "<u>AMOR</u>". Un amor puro, auténtico, real, y que en ese maravilloso sentimiento no existe lugar para el miedo ni para el rencor ni para la venganza….

Comprended que todo lo que en la vida no lleve incluido la palabra amor, es mentira, es un intento por parte de la mente inconsciente y fría del hombre –sea de la religión que sea– de dominar, de controlar y de someter a esclavitud a sus hermanos, a todos sus prójimos, sean católicos, musulmanes, budistas, o judíos…

–Entonces ¿Por qué estamos viviendo esta existencia de dolor, de conflictos, y de guerras? ¿A qué se debe tanta destrucción y que no nos ayudemos?

–Es lo que arrastráis de vuestras anteriores vidas, es lo que tenéis que vivir.

–No comprendo. Tus planteamientos son radicales.

–Son sencillos de entender y de integrar por quien abra su corazón. Si queréis llegar a su comprensión, responded a estas preguntas:

¿Por qué otros enferman y vosotros estáis sanos?

–Creo que por suerte.

–¿Por qué amáis a esta persona y no a otra?

–No lo se. ¿Por casualidad?

–¿Por qué nace vuestro hijo con una discapacidad y no le sucede a otra familia?

–Es posible que sea obra del destino.

–¿Por qué vosotros coméis todo lo que queréis y otros seres se mueren de hambre y de sed…?

–Tal vez por fortuna.

–Revisa tus respuestas y comprobarás que es la mente inferior quien habla por ti.

La mente inconsciente domina a la mayoría de los seres humanos que responden como tú. Recordar que todo lo que sucede en la vida provoca una causa y un efecto, que lo que acontece es "causal" y no "casual". Cada persona que habita este mundo, cada familia, cada ciudad, o cada país que forman este planeta tienen un karma que cumplir, donde cada uno recibirá recompensas o condenas debido a lo vivido, a lo pensado, a lo hecho..., a causa del dharma que realiza cada día.

–¿Qué es el Dharma?

–*Es cómo vivís habitualmente, es el trabajo diario para vuestra evolución o para vuestro estancamiento, es la única herramienta disponible para limpiar vuestro karma.*

\>>*Si basáis vuestro quehacer diario en el amor, en la ayuda a los demás y en lo que os hace feliz, vuestra vida cambiará. Si disfrutáis conscientemente de reflexiones constructivas, vuestro mundo se transmutará en luz, y el mundo global que os rodea, sanará...*

–¿Estas totalmente seguro?

–*Sin lugar a dudas. Cuando lo integréis, cerraréis la puerta de una de las enfermedades más comunes en este siglo: la depresión.*

–¿Qué es la depresión?

–*Es una enfermedad mental que afecta, en ocasiones totalmente, a una persona. Quien la sufre vive triste, aislada, ansiosa..., y en ocasiones ni sabe que sobrevive acompañada de un sentimiento depresivo.*

–¿Cómo podemos saber que tenemos una depresión?

–*Quien se halla deprimido, normalmente no tiene ilusiones, ni ganas de vivir, y carece de proyectos. A veces muestra tristeza, apatía y sufrimiento interior. La amargura es lo que enseña al mundo, llora –o muestra ganas de llorar– a menudo, y se siente incomprendido. En ocasiones se sumerge en una profundidad aún más grave: neurosis, psicosis, pánico. Incluso hay quien es incapaz de soportarlo, y se suicida.*

–¿Qué hacer cuando nos sentimos deprimidos?

–*Cuando vegetáis en una depresión es buen momento para tomar decisiones: Lo primero es agradecer esa alteración de vuestro ser, porque es lo que necesitáis para vuestro crecimiento, confiando que todo es perfecto.*

lo segundo es observar qué está sucediendo sin juzgar, sin tomar decisiones drásticas..., desde la calma y la tranquilidad.

lo tercero es practicar la paciencia, todo proceso depresivo requiere su ritmo y su tiempo, lo cuarto es retornar a la naturaleza; pasear, nadar, hacer senderismo, estar en compañía de gente cercana que os quiera y os valore,

y por último será comprobar si sentís amor por vosotros mismos. Si no existe, comenzar el proceso del amaros conscientemente.

–Comparto tus palabras, siento que la depresión es muy peligrosa y que esos pasos nos ayudarán. ¿Qué sucede cuando estando deprimido o enfermo alguien decide suicidarse?

–Cuando alguien elije quitarse la vida, es la prueba más palpable de la ausencia de amor por uno mismo, porque cuando uno se ama personalmente, no se concibe el suicidio. Esa persona no comprende que en la próxima encarnación recorrerá el mismo proceso de nuevo. El sufrimiento solo termina cuando el ser humano evoluciona partiendo del amor y la gratitud. Si alguien opta por el suicidio pagará por ello aquí en este mundo y hará pagar con dolor a sus seres queridos.

Los suicidas no entienden que sus próximos no lo van a asumir, que van a sufrir por su decisión, y él, en pago por sus actos, recibirá en sus próximas vidas el mismo castigo, repetirá la misma existencia que ha tenido en esta y pasará por el mismo trance: vivir o suicidarse. Esa situación se hará eterna, hasta que la persona que se quiere suicidar lo comprenda y decide amarse, elije vivir...

–¿Existen diferentes tipos de suicidios?

–Indudablemente. Los prototipos que acontecen son:

<u>el suicidio rápido</u>: ocurre cuando no podéis soportar la vida que lleváis, o cuando por un suceso traumático os arrebatáis la vida corporal en un instante: lanzarse por un precipicio, cortarse las venas, pegarse un tiro...

<u>los suicidios lentos</u>, que son seis:

<u>el primero</u>: Cuando vivís en el rencor, en el odio, en la envidia...

<u>el segundo</u>: Cuando os engañáis en relaciones no deseadas y os convertís en almas en pena.

<u>el tercero</u>: Cuando odiáis vuestro trabajo y convertís vuestra jornada laboral en una agonía, en una frustración.

>*el cuarto:* cuando vivís obsesionados por lo material, por el consumismo, por el dinero...

>*el quinto:* cuando no sois felices, no hacéis lo que os gusta, y os resignáis a vivir insatisfechos.

>*y el sexto:* cuando os autodestruís al consumir drogas, alcohol, fumar...,

–Tus palabras sobre el suicidio nos provocan inquietud y hace que nos plateemos como es nuestra vida. Existe algún método para disfrutar de energía positiva y que aumente nuestras ganas de vivir.

–*El comienzo para recuperar vuestra energía personal es que respondáis a las tres preguntas sagradas que nacen en el Principio de los Tiempos. ¿Estáis preparados?*

–Por favor. –afirmé con énfasis.

–*¿Eres feliz?*

–Creo que sí, pero no todo lo que desearía. Pienso que es casi imposible ser feliz en todo momento.

–*La segunda cuestión es: ¿Te gusta como vives?*

–No siempre. A veces el día a día me oprime, me crea dudas, me provoca ansiedad, y no encuentro el sentido a mi vida.

–*Y la tercera pregunta: ¿Si tu muerte fuera hoy, haces o has realizado lo que siempre has querido cumplir?*

–Por supuesto que no. Que pregunta tan ridícula es esa. Nadie ha hecho o está realizando lo que siempre ha querido. Creo que es imposible, casi una utopía que existan personas plenas, que hayan realizado lo que quieran, que acepten la muerte...

–*El que vosotros no viváis así, no significa que no existan personas que si lo hagan. Os propongo que le hagáis estas tres preguntas a quien se aproxime a vuestra vida, al responderlas os ofrecerán una guía de cómo se encuentra su alma.*

–Lo planteas de una forma muy sencilla, no siento que con la sola respuesta a esas preguntas encontremos ese camino del que hablas.

–*Creo que estáis recibiendo información con un nivel evolutivo difícil de aceptar. En consecuencia, más vale parar, respirar profundamente, y observar qué os dicen estas palabras. Cuando os sintáis preparados, recibiréis enseñanzas más profundas que transmitiréis a todos los que se acerquen a vosotros.*

–¿Qué sucede si no me creen o me desprecian?

–*Ese es el precio que habrás de pagar por difundir estos mensajes. Tú serás el cartero y después de ti, habrá miles, millones de locos que difundirán estos conocimientos. Esos entusiastas usarán su poder y enseñarán una nueva forma de vida basada en el amor. Ahora te propongo que estés en silencio, que integres lo escuchado y que confíes en la vida.*

Creí en sus palabras, confié en él…

Sextas enseñanzas
que aprendimos en el Círculo Sagrado

Cuando escuchamos la energía de nuestro corazón vivimos conectados a nuestra alma, estamos en contacto con Dios y alcanzamos nuestro hogar...

***

En nuestro corazón energético, únicamente existe el Amor. Si lo atendéis, actuáis con el "QUIERO", con el "ELIJO", o con el "DECIDO".

***

Cuando vivimos con nuestra mente inconsciente, actuamos con el «DEBERÍA», con el «TENDRÍA», con el «DEBO» o el «TENGO», pero jamás con el «QUIERO».

***

El perdón es una de las herramientas más poderosas de la vida, porque sana nuestras heridas, porque limpia nuestro karma, y porque nos libera del dolor y del sufrimiento.

***

Perdonar es aceptar que lo acaecido es perfecto para nuestra evolución y la evolución del mundo.

***

Únicamente cuando agradecemos con lo más profundo del corazón todo lo que nos sucede y somos capaces de ver en cada persona y situación la enseñanza que nos trae, encontramos el camino.

***

El karma es el equipaje que traemos a esta nueva vida, de encarnaciones anteriores

***

El dharma es como vivimos aquí y ahora. Es la herramienta que nos ayudará a limpiar nuestro karma

***

Nuestra consciencia se activa cuando respondemos a tres preguntas sagradas: ¿Eres feliz? ¿Te gusta como vives? ¿Si tu muerte fuera hoy, has hecho o estas realizando lo que siempre has querido?

Cambio, oportunidad, diseño de vida...

De mil que permanecen a mi lado, uno me escucha...

Mi mente tenía ganas de discutir, me sentía con fuerzas para enfrentarme a la voz:

–¿Por qué a los seres humanos nos dan miedo los cambios?

–*Es algo normal.* –fue la respuesta. –*Os han enseñado que cambiar es una situación traumática que os desconcierta y os arranca de vuestra zona de confort. Es fundamental que integréis que cambiar es positivo y constructivo mientras que la resignación significa estar muerto en vida mientras camináis, es suicidarse lentamente, es arrastrarse hacia la oscuridad, es no sostenerse por sí mismo. Quien se estanca o se resigna carece del poder sobre su vida y no disfrutará de la maravillosa aventura de amar, de vivir, de sentir... Por el contrario, cuando cambiáis recuperáis la ilusión por vivir, descubrís algo nuevo y encontráis un sueño...*

>>*Por ello, para decidir cambiar o seguir donde estáis, es importante que examinéis vuestra vida:*

>>*Si estáis en una situación personal que no os gusta, si permanecéis con una pareja a la que no amáis, si no sois felices en vuestro trabajo, si os sentís vacíos interiormente..., es el momento de una profunda transformación.*

–No creo que estemos preparados para aceptar tus palabras.

–¿Qué sucedería si vuestra vida es un desastre continuo?, ¿Si estáis desequilibrados, e infelices?, ¿Si vuestra pareja no os ama y os es infiel o no la amáis? ¿Si en vuestro trabajo os sentís como en una cárcel? ¿Permaneceréis allí u os marcharéis a otro lugar?

–Seria casi inaceptable. Puestos en esa tesitura, creo que casi todos nos alejaríamos e intentaríamos cambiar de forma de vivir.

–Ese es el principio del cambio, estar abiertos a lo que os envía la vida, ofreceros la oportunidad de ser felices, de aprender, de crecer…

–¿Qué sucede si a pesar de ser conscientes de nuestra infelicidad, de sentirnos frustrados y de no disfrutar de nuestros quehaceres diarios, consentimos en quedarnos por nuestros hijos, por el qué dirán, por no perder las cosas materiales que tenemos o por comodidad?

–Que la mente inferior tomará el control sobre vuestra vida, que solo veréis el lado oscuro de las situaciones y os convertiréis en muertos vivientes, somatizando enfermedades y renunciando a vuestros verdaderos sueños.

–¿De verdad crees que los que hayan tenido problemas con las drogas, con robos, o han causado muertes, o han sido corruptos…, pueden cambiar?

–No importa vuestro pasado. No concierne si protagonizáis o habéis figurado en conflictos de drogas, de alcohol o de violencia, no afecta si habéis robado o incluso matado a otro ser humano…, siempre que el cambio se quiera realizar desde el corazón, y pedir perdón por lo sucedido. Aceptad que siempre habrá una claraboya por la que os llegará "La Luz".

–Pero nos han enseñando que cada ser humano es como es y no cambia, también nos han inculcado que quien nace con una condición, muere con ella, o quien es borracho o consumidor de drogas, muere borracho o drogadicto…

–El Creador determina como Precepto Universal que todos podéis cambiar en cada instante, en cada segundo, en cada respiración. Bastará que lo deseéis con el alma y os pongáis en marcha hacia una nueva forma de vida.

–¿Por qué algunos seres humanos necesitamos cambios constantes en nuestra existencia: de pareja, de vehículo, de casa…?

–Eso le sucede a un gran número de personas, y os lleva a un vacío gigantesco que necesita ser llenado con elementos exteriores: multitud de relaciones, sexo sin amor, consumismo desenfrenado, alcohol…, pero ese agujero es imposible que lo pobléis, porque está en vuestro interior y vosotros lo queréis colmar en el exterior, y no comprendéis que lo externo se abarrota rápido, en compensación, se vacía más veloz que se completa. Los cambios, si los queréis duraderos, sólidos y firmes, se efectúan de adentro hacia fuera, del interior al exterior, del corazón a la mente...

–¿Crees de verdad que podemos cambiar y alcanzar la luz de la que hablas?

–Totalmente. En este planeta hay amor, ternura, generosidad, y también lo contrario: dolor, guerras, sufrimiento..., y únicamente depende de vosotros lo que aportáis al mundo. Si todo lo negativo que llega a vuestras vidas, lo cambiáis a positivo, podéis transformar vuestra vida.

>>Tened en cuenta que en vuestro interior más profundo se inicia el círculo de la positividad, del placer y de la prosperidad. Sois vosotros quienes comenzáis, desde que os despertáis, a levantar el jardín de las alegrías o de las tristezas... Sois los diseñadores de vuestra vida, para ello os propongo que iniciéis vuestra transformación en este punto. Porque cuando alguien cambia, engendra una nueva vida, con otros sueños, con nuevos proyectos, con diferentes ilusiones. Como decía el Hermano de la Luz, Steve Biko:"<u>Cuando cambia el modo de pensar de la gente, ya nada será igual</u>".

–Dejas sobre nuestros hombros una carga pesada.

–El peso que os entrego es muy liviano, es el lastre del amor por vosotros mismos y por esta Humanidad. Os cabe la responsabilidad de seguir mandando energía positiva o negativa al mundo. Si preferís enviar pensamientos de amor y sanar este planeta, hacedlo conscientemente, si por el contrario queréis mandar odio, ira, o rencor, urdidlo igualmente, pero no utilicéis más mentiras, ni más historias falsas, ni más cuentos. Quitaos la máscara de ser buenas personas. Que salga al exterior vuestra realidad más encubierta y asumid que vosotros sois los responsables de vuestra vida.

–Si aceptamos nuestra responsabilidad ¿Cuál es el siguiente paso?

–¿Qué sucedería si existieran millones de personas que ayudarán a los demás, que vivieran en el amor, que fueran más generosos...?

–Estoy seguro que la Tierra sería un lugar maravilloso. Que seríamos más felices y que habría paz...

–¿Qué ocurriría si la solidaridad y la generosidad fuera el principal objetivo de todos los gobiernos del mundo?

—Siento que la Humanidad se convertiría en un paraíso, en un mundo donde todos seriamos hermanos.

—*Esto es: "Aceptad que todo lo que acontece en este mundo depende de los pensamientos, palabras y actos de cada habitante de este trozo de asteroide que gira alrededor del Sol, comprended que lo que está sucediendo es un cambio de vibración de las personas, una activación de la consciencia, una estimulación de la energía femenina, para ser más solidarios, más pacientes, más hermanos, para ser mejor persona, para vivir en el amor...*

—Es posible que tengas razón, pero no creo que estemos dispuestos para vivir en un mundo como el que describes.

—*¿Creéis que cambiará la consciencia de los seres humanos algún día? ¿Necesitaréis experimentar más catástrofes personales o naturales para comenzar a cambiar?*

Una sonrisa se esbozó en mis labios:

—*Consigues con tus preguntas que nos enfrentemos a nuestros miedos, inseguridades y dudas. Intentas que tomemos el poder sobre nuestra vida. Creo de todo corazón, que a partir de tus enseñanzas, no necesitaremos enfermar para decirles a los que queremos, lo felices que nos sentimos a su lado, ni vamos a dejar para mañana lo que podemos hacer hoy: dar un beso, una llamada a un ser querido, un mensaje a un amigo que sufre...*

No vamos a precisar más azotes naturales para cuidar nuestro mundo, para proteger a este planeta, para ayudarnos los unos a los otros. No necesitaremos más muertes, ni más separaciones para tratar a los demás con respeto, con cariño y con alegría. Creo que a partir de ahora, cuando estemos en nuestro hogar, atenderemos a la vida y le dedicaremos más tiempo a las pequeñas cosas que nos alimentan: nuestra familia, nuestros hijos, nuestros amigos...; a partir de hoy llevaremos cuidado con nuestros pensamientos, con nuestras palabras y con nuestros actos, y si en algún momento sale a flote uno destructivo, lo volveremos constructivo. Lo haremos inmediatamente, no nos demoraremos ni un segundo.

—El Creador necesita vuestra ayuda, y os transmite un mensaje para que se lo hagáis llegar a quien se acerque a vuestro lado:

¿Queréis ayudarme?

Os propongo que me ayudéis a cambiar el mundo, comenzando por vosotros. Cambiad vuestros pensamientos, palabras y actos negativos por positivos. Si lo hacéis, me estáis ayudando, os estáis ayudando y estáis auxiliando al mundo.

Os invito a que cambiéis, si lo hacéis, transformaréis vuestro entorno. Comenzad por vosotros. Después, en casa, con vuestra familia, con vuestros amigos, en vuestro día a día. Haced las cosas con tranquilidad, con calma, con serenidad. Este planeta azul os ama y os necesita...

–¿Queréis ayudarme...?
–Yo te ayudaré, y lo entregaré a quién me quiera escuchar.
–*Ese es el camino. Ahora sigue con tus preguntas.*
–¿Por qué a veces los seres humanos no nos encontramos y nos sentimos perdidos y sin fuerzas?
–*Nunca os habéis extraviado. La Energía de Dios, que vive en vosotros y os ama, jamás os abandona. Os sentís desatendidos porque no os detenéis en el silencio, no respiráis profundamente, y sobre todo, porque no os amáis a vosotros mismos.*
–¿Por qué no encontramos nuestro lugar en el mundo?
–*Ya estáis en el lugar donde debéis estar, en ese trozo de tierra que pisan vuestros pies, mirando ese trozo de cielo que esta ante vuestros ojos, acariciando ese árbol... Vuestro sitio en el mundo, es aquí y ahora, es ese terreno donde camináis, da igual si es donde habéis nacido, o donde habéis sido exiliados, da lo mismo si es un pueblo, una aldea, o una isla... Vuestro punto en la Tierra es donde se encuentra vuestro cuerpo, vuestra mente, vuestra alma y vuestro espíritu. Ese es vuestro verdadero hogar, cuando lo aceptéis y lo integréis, hallaréis la paz...*

–¿Por qué algunos de nosotros estamos insatisfechos con la vida que llevamos?
–*¿Estáis total o parcialmente insatisfechos?*
–Qué importa la cantidad.

–Interesa y mucho. Si es una parte, cambiad la fracción que os hace sufrir; pero si abarca toda vuestra existencia, si os sentís frustrados, si sois infelices, si estáis sufriendo cada día por cómo vivís, si os dejáis llevar por las ideas de los demás..., cambiad de vida, de pareja, de lugar, de ciudad, de país, en fin, optad por la transformación rotunda, nada de medias tintas.

–¿Cuándo decidimos libremente y cuándo nos dejamos guiar por la inercia o los condicionamientos de nuestros semejantes?

–Decidís con la libertad que existe en vosotros, cuando atendéis al corazón, cuando hacéis lo que os gusta viviendo el momento presente, cuando sois felices. Respondéis desde la zona oscura, desde la apatía o siguiendo las ideas del prójimo, cuando escucháis a la mente inconsciente, cuando hacéis lo que os entristece, lo que os produce insatisfacción, lo que os causa ansiedad...

–Pero en ocasiones notamos que existen personas que nos transmiten energías tóxicas, envidia, ira, rencor, o que hay fuerzas densas en nuestra vida o en nuestra casa: mal de ojo, emociones contaminantes... ¿Cómo lo podemos evitar y protegernos?

–Hay diferentes métodos, os daré algunas claves o ejercicios:

De protección: Cuando recibáis una comunicación pesimista, cuando veáis o escuchéis a una persona negativa que pueda alterar vuestro estado de ánimo, cuando sintáis que intentan absorber vuestra energía, cuando notéis que alguien cercano a vosotros os envía violencia, agresividad, o cólera, o cuando en vuestro hogar sintáis energías densas, os propongo recitar una oración o mantra de protección que os salvaguarda de la oscuridad.

>>Es una oración que se remonta al principio de los tiempos y que os ayudará a preservar vuestro equilibrio, a mantener vuestro poder vital expulsando de vosotros las malas influencias y las bajas energías. Se realiza siete veces en voz alta o para vuestro interior:

Oración de protección

«Soy una antorcha de luz violeta y todo pensamiento, palabra y actitud negativa será transmutada en amor».

—Es impactante. ¿Existe alguno más?

—*El de sanación. Los antiguos sacerdotes arcanos, los druidas y los más grandes chamanes que han poblado este mundo afirmaban que la energía divina entra por la corona de la cabeza y se queda contaminada en los pies y en los órganos sexuales. Consideraban necesario realizar un ritual de limpieza sagrada para poder liberarse de esa fuerza en descomposición sirviéndose del agua. Aquí tenéis un ejercicio que se realiza preferentemente antes de dormir.*

>>*Se comienza con una limpieza con agua dulce de los órganos íntimos. Se utiliza una tela de algodón o las manos desnudas, y en los tres minutos que aproximadamente dura la limpieza se recita siete veces esta oración:*

Oración de sanación

«*Dios mío, si tu quieres, sana mi cuerpo físico, mi mente, mi corazón y mi alma de todo lo negativo y que permanezca en mí la luz y el amor*».

>>*A continuación se cambia el agua por otra limpia y se le añade sal (también se realiza este ejercicio en el mar). Se procede a la limpieza con las manos otros tres minutos desde el meridiano de la rodilla, y siempre en dirección a la punta de los dedos de los pies, sacando el agua por el punto final de las uñas con la intención de vaciar por ellos toda la energía negativa. Se repite la oración anterior otras siete veces. Se cierra realizando una espiral en el pecho con sal, del centro hacía fuera, mientras repetís el mantra descrito anteriormente.*

—¿Existe algún ejercicio para llenarnos de esa fuerza?

—*Os ofrezco uno: se lo denomina el árbol guía:*

>>*El primer paso es acercaros a un árbol (preferiblemente alguno de los tres árboles sagrados: el ciprés, el olivo o la higuera). En silencio comenzáis a establecer contacto con él. Le dais las gracias por el intercambio de energía que realizáis entre ambos: "Él os proporciona el oxígeno necesario para vuestra vida, en tanto vosotros le facilitáis el dióxido carbónico que él precisa".*

>*una vez realizado ese acto de gratitud, le pedís permiso para uniros a él.*

Con los ojos cerrados, colocáis vuestra mano derecha abierta sobre el tronco del árbol y la mano izquierda la ponéis en vuestra espalda. Mentalmente o en voz baja comenzáis a hablarle de los problemas que os agobian, de los miedos que os atemorizan, de todo lo que se desborda en vuestra vida... Vaciáis vuestro "saco de basura interior".

El árbol, vuestro guía, con su inmensa sabiduría, al igual que hace con el dióxido carbónico que os sobra, escucha esas dudas, ese dolor, esos miedos, y los transforma en amor y en paz interior. Una vez que estáis limpios de impurezas, y siempre con los ojos cerrados, cambiáis de mano. Ahora colocáis la izquierda sobre su tronco y la derecha en vuestra espalda. Respiráis lentamente, invocáis a la luz y comenzaréis a recibir la Energía Universal y los mensajes necesarios para vuestra vida en contacto con el árbol que os guía.

–¿De cuánto tiempo disponemos para realizar este ejercicio?

–No existe un periodo determinado en este ejercicio, hacedlo con calma, con tranquilidad... Cuando sintáis que habéis recibido la paz que necesitáis y que habéis integrado ese oxígeno emocional dador de vida, abrazáis al árbol para fundiros con él en un profundo agradecimiento, siendo conscientes de la perfecta armonía de la naturaleza con vosotros.

Tened en cuenta que este ejercicio carece de efectos secundarios y contraindicaciones; se puede hacer uso de él cada vez que se desee. Con este entrenamiento ancestral se sanan enfermedades que asuelan el alma.

–A pesar de tu planteamiento, existen personas que nos confunden y nos contaminan con sus ideas negativas.

–No perded el tiempo en discusiones nocivas, ni en guerras sin sentido, ni compartir con seres tóxicos que os intentan contaminar, poned límites desde el amor y el respeto, dad un paso a un lado, apartaros de esos vampiros energéticos, y vivid en la positividad, en la alegría.

–Pero habrá gente que se enfadará con nosotros, que nos dirá que a pesar de la crisis económica, de la desaparición de los valores y del sufrimiento que existe, nosotros vivimos en un mundo feliz, ajeno a los demás

–La realidad es la que es: Es posible que existan problemas económicos, que haya dolor, que se produzcan tensiones, pero vosotros elegís como lo afrontáis; si con amor, con esperanza, y aportando ideas positivas, para construir, para alimentar la ilusión, para generar confianza, o con reflexiones tóxicas que os contaminan y no dejan piedra sobre la que construir.

>>Recordar que las dudas atraen más incertidumbres, la negatividad, más pesimismo, la pobreza más escasez, sin embargo, la luz os aporta más brillo, el trabajo más ocupación, la prosperidad más riqueza... Vosotros sois libres para decidir.

–¿Qué podemos hacer para que haya más trabajo?, ¿para que mejore la economía?, ¿para que vuelva la prosperidad económica al mundo?

–La riqueza sigue estando, el dinero no ha desaparecido, sigue existiendo, la solución es vivir en conexión con el mundo espiritual, es confiar, es creer, es entregarse, y la abundancia se extenderá de nuevo. Parece cosa de magia, y es verdad, porque "la vida es mágica".

>>Antes el significado de la riqueza os llevaba a "GENERAR", (uno tenía una fábrica, o una empresa, y creaba otra para tener más fortuna, así se producía un efecto multiplicador: había más trabajo, más oportunidades, más proyectos a su alrededor) cuanto más generábais, más prosperidad había.

>>Ahora la riqueza es "ACAPARAR", un concepto erróneo. Cuanto más tenéis, más guardáis, más escondéis, y menos generáis. Hay menos trabajo, la economía sufre una crisis, y curiosamente, la fortuna del que no comparte es menor.

–Tu punto de vista me desconcierta.

–Es solo un cambio de visión para volver a generar riqueza, porque a nivel material, si tú tienes tres y entregas dos, te quedas con uno, en el mundo espiritual o emocional, si tu posees cinco y ofreces tres, dispones de siete...

–No comprendo que nos quieres indicar con esa metáfora.

–¿Quién es más rico?, ¿el que procura trabajo, salud y dinero a sus prójimos o el que se lo guarda, lo acapara y lo esconde?

–No sé que responder.

–El más prospero es el que da, el que comparte, el que genera, no es más opulento el que más posee y no ofrece, ese es el más pobre...,

–¿Y si esas personas no quieren compartir su riqueza, ni generar empleo?, ¿Qué podemos hacer nosotros para tener más abundancia en nuestra vida?

–Cada ser humano tiene el libre albedrío de vivir como desee, de hacer lo que quiera sin dañar a nadie, quien no quiera crear riqueza, no juzgarlos, simplemente, ocupaos de vosotros y ofreced vuestro amor, vuestro tiempo, vuestra ayuda a los demás, y seréis más ricos. El Universo conspirará para que lo que deis de corazón os sea retribuido. Para ello, diseñar "<u>un plan de acción</u>".

   –¿Qué es un plan de acción?

   –*Un método que os ayudará a gestionar vuestra vida, que alimentará vuestra prosperidad en todos los campos, y que os ofrecerá una amplia visión de cómo queréis vivir. Un método que se construye en tres niveles: Diario, mensual y anual*

   Para comenzar os sugiero que establezcáis "<u>un plan diario</u>", que se divida en tres partes: en la mañana, durante el día y en la noche: En la mañana al despertar, que vuestros primero minutos sea dar gracias por el regalo que os han ofrecido en este nuevo día: la vida.

   la primera zona a trabajar sera <u>la espiritual</u>: Atendiendo a la respiración, meditando, pidiendo o rezando por el día que vais a vivir,

   en segundo, <u>la zona emocional</u>: reflexionar de cómo va a ser vuestro día, de cómo lo vais a afrontar desde el positivismo, el amor, la comunicación...

   <u>la mental</u>: comprobar cómo va a ser constructivamente lo que vais a dar y recibir en el mundo material, de la prosperidad, de los proyectos, o en el trabajo...

   y por último, <u>la zona física</u>: hacer estiramientos, yoga, taichí, paseo..., para activaros y comenzar con buena energía.

   –¿Y a lo largo del día?

   –*Simplemente prestad la máxima atención a vivir en el amor, a atender a la respiración, a disfrutar de vuestro tiempo, a tener paciencia, a sentir empatía por los demás, a lo que ofrecéis positivamente...*

   –Para terminar, nos hablas de un plan de acción en la noche.

   –*Antes de dormir, repasad durante unos minutos lo que ha sucedido en vuestra jornada, que cosas a mejorar, o que actividades deseáis realizar.*

   Si compartís la vida con otra persona revisad y comentad lo ocurrido. Comprometeros con vosotros mismos para que el día siguiente sea mejor, para funcionar con más amor, con más tolerancia, con más humildad, para convertiros en mejores seres humanos...

   –Sugerente tus propuestas. Por favor, continua con el plan mensual.

—Anotad tres actividades, sueños o metas "<u>importantes</u>" que debéis de cumplir durante esos treinta días humanos. Al final del mes, comprobad si los habéis realizado.

—¿Y el anual?

—Acudid a la naturaleza, y anotad solo una cosa, actividad, o misión "<u>cindible</u>" que tenéis que hacer en esos trescientos sesenta y cinco días para convertiros en lo que siempre habéis querido ser, para conseguir vuestros sueños, para trascender...

—Hablas con frecuencia de conseguir prosperidad en todas las zonas de nuestra existencia. ¿Qué hacer para lograrla?

—Existe un Mandato Universal que os habla de la Prosperidad, y afirma que lo primero es prepararos, es formaros, es aportar la máxima atención en lo que hagáis para lograr el éxito en todos los campos de vuestra vida.

>>Los seres humanos lleváis siglos anteponiendo la parte material o la mental al resto de las zonas, y solo si sois capaces de entregaros en cuerpo y alma a la zona espiritual o a la emocional, seréis encontrados por esa prosperidad económica y de vida que buscáis.

—Dadnos una explicación.

—Imaginad una balanza: en una parte está la zona mental y material; el dinero, el poder, la economía..., y en el otro lado se encuentra la espiritualidad, las emociones: la conexión con la naturaleza, el creer, el confiar, el entregarse a la Energía... ¿Hacia qué lado se inclinará?

—Lo desconozco.

—Hacia el lugar donde vosotros alimentéis. A más mundo material o mental, menos amor y no utilizaréis el corazón. Si os decidís por lo emocional, o por el mundo espiritual, si dais más cariño, y escucháis a vuestra alma, disminuirá el *mundo mental, existirá menos materialismo, sin embargo, con esa elección seréis encontrados por la abundancia en vuestra vida..."*

–¿Crees que nadie nos intentara alejar de nuestra prosperidad?

–Aún os acompaña la inocencia. Los vampiros de sueños, los seres oscuros, o los líderes religiosos no se rendirán, intentarán que sigáis bajo su control, sin embargo, vosotros gozáis de aliados más poderosos:

El amor por vosotros mismos, una fuerte autoestima, la Energía del Creador... La pasión por lo que hacéis, la confianza, la gratitud, el perdón, la ale-

–¿Qué hacer con los seres mentales, los que viven en la oscuridad?

–Alejaos de esos vampiros tóxicos que intentan absorber vuestra energía y que luchan por destruiros. Poned límites a todo lo contaminante que intenta introducirse en vuestra vida: sean parejas, familias, amigos, lugares... Dejad a un lado los pensamientos, las palabras y los actos limitantes. Aprended de vuestros errores y de las equivocaciones de los demás. De esa forma diseñaréis vuestro presente, y la prosperidad se aposentará a vuestro lado.

–¿Por qué no descubrimos el significado de nuestra vida?

–Porque: "<u>No os conocéis, no os aceptáis y no os amáis</u>".

–¿Tan importante es que no nos conozcamos?

–Sigues sin bajar el ritmo, conduces tu vida a una velocidad que atemoriza. Te pido que permanezcas tranquilo y que confíes en mi. Ahora permanece callado durante un tiempo, respira y relájate. Más tarde seguiremos con tus enseñanzas...

Al escuchar la dulzura de sus palabras, la paz se refugió en mi vida...

Séptimas enseñanzas
que aprendimos en el círculo sagrado

***

Si escuchamos al corazón viviremos conectados a nuestra alma y al Espíritu Universal, si lo atendemos entramos en contacto con Dios y encontramos el camino, ese que la vida tiene reservado para cada uno de nosotros, ese que nos conduce a la felicidad de ser y de existir.

***

Si tenemos pensamientos, palabras y actos positivos y constructivos, nuestra vida será plena.

***

Por cada reflexión, comentario u obra negativa que llega a nuestra vida, las transformaremos en siete positivas.

***

Mantra de protección:
Soy una antorcha de luz violeta y todo pensamiento, palabra y actitud negativa será transmutada en amor. (Se dice siete veces en la mañana, o ante alguna persona o lugar donde sintamos que su energía es tóxica)

***

Mantra de salud:
Sano mi cuerpo, mi mente, mi corazón y mi alma de todo lo negativo y permanece en mí la luz y el amor (Se afirma siete veces cuando sintamos alguna dolencia. Con los ojos cerrados, visualizamos la zona afectada. Los podemos realizar a alguna persona a distancia o cuando le estamos haciendo la imposición de manos)

***

Un plan de acción nos ayudará a diseñar nuestra vida, a encontrar nuestro camino, a vivir en la plenitud, a ser encontrado por la felicidad...

Conocerse, aceptarse y amarse

Hemos nacido para amar, para ser felices, para ser libres...

–Si tu alma está tranquila, es el momento de continuar con tus preguntas –me señaló la voz.

–¿Qué significa conocerse?

–Es descubrir quiénes sois, no lo que quieren que seáis, no como os imagináis, no como vuestros semejantes os suponen, no como habéis sido hasta ahora para ser aceptados, sino como sois: sin máscaras, sin disfraces, sin armaduras...

\>>La primera enseñanza que deberíais aprender cuando llegáis a la edad adulta es conoceros; solo cuando averigüéis quienes sois realmente, podréis conocer de verdad a los demás.

–¿Cómo nos podemos conocer?

–Os conocéis cuando contactáis con vuestro ser más profundo, con ese ser que habita en vuestro corazón, os descubrís cuando os quitáis las corazas con las que os escondéis de los demás y de vosotros mismos, os conocéis cuando no emitís juicios, cuando admitís lo bueno de vosotros, eso que os gusta publicar y aceptáis lo menos bueno, y os decís personalmente: «Este también soy yo».

–¿Nos puedes dar algún consejo para iniciar el proceso del autoconocimiento?

–Os propongo que hagáis un ejercicio:

> Método para integrar el conocimiento personal
>
> *Escribir cincuenta y una cosas, cualidades o factores básicos que; "os hacen felices, os gustan y que siempre habéis deseado realizar". Después las colocáis en lugares visibles: en casa, en la cocina, en el dormitorio..., y las contempláis durante siete días,*
>
> *Transcurrido ese periodo, reduciréis la lista, a veinticinco cosas "importantes" en vuestra existencia, y las volvéis a poner en zonas vistas: en el baño, en un espejo, en el ordenador..., y las contempláis durante una semana,*
>
> *Por último resumir también esa anotación, a diez cosas "imprescindibles" en vuestra vida. En las proximidades de esas diez anotaciones, se encuentra quienes sois realmente...*

Este método os ayudará a realizar una introspección hacia vuestro interior. Es una práctica para que dejéis de buscar fuera algo que solo vais a encontrar

–Has citado que tenemos que aceptar como somos ¿Qué significa aceptarnos?

–Es admitiros tal y como sois, con vuestras luces, con vuestras sombras, con vuestros dones, con vuestros miedos. Aceptar como sois comporta ir de la mano de la tolerancia, de la compresión y del amor, es admitir que cada cosa es como es y está bien que sea así.

La aceptación del prójimo solo es posible tras la aceptación de vosotros mismos, porque, una vez más, no podéis dar aquello de lo que estáis faltos. Aceptar a vuestros semejantes es un respeto profundo a su forma de vivir, es admitir el derecho del otro a expresarse, a sentir, a actuar de una forma distinta a vosotros.

–¿Tú crees que no nos aceptamos, ni que aceptamos a nuestro prójimo?

–Lo intentáis, dispensáis interesantes consejos; sin embargo, os pasáis la vida pretendiendo torcer la voluntad de las personas de vuestro entorno (pareja, hijos, amigos...). Pretendéis modificar las situaciones que os toca vivir y derrocháis una cantidad ingente de energía en ello, lamentando no poder realizar dichos cambios para, al final, concluir que las cosas y las personas son como son y no como a vosotros os gustaría que fuesen.

>>La aceptación, como todos los aprendizajes vitales, comienza por uno mismo; cuando os conocéis podéis empezar a aceptaros. Cuando os aceptáis de corazón, podéis ver que sois seres maravillosos e imperfectos. Solo si os conocéis, os aceptáis y os amáis encontraréis el camino que os conducirá a la libertad o la esclavitud.

–¿Qué significa para ti la palabra libertad?

–Es el gran tesoro de la humanidad, uno de los mayores regalos que os ha sido concedido. Es la capacidad de obrar y actuar por sí mismo, es el derecho que se os otorga al nacer, es ese oxígeno que expande vuestro plexo solar y os permite caminar como seres libres que sois.

>>La libertad es como un paraíso inexplorado, como unas hojas en blanco en las cuales vosotros podéis escribir o pintar lo que deseéis desde vuestro libre albedrío, es un sentimiento que sortea las trampas del ego que, valiéndose del miedo, os intenta hacer creer que no sois merecedores de ella.

–¿Tan importante es?

–Es tan transcendental en vuestra vida que desde niños cuando sois castigados lo primero que hacen es quitaros la libertad: "Te castigamos a no salir a la calle durante una semana…", "Como tu comportamiento no es correcto, ni verás la televisión, ni escucharás música, ni revisarás el ordenador durante un mes…" "No nos ayudas en casa, y como sanción no harás deporte, te quedarás encerrado en tu habitación", "No puedes salir a la calle, estas castigado sin jugar, sin risa, sin alegría…"

>>Mirad si es importante, que con el paso del tiempo, para castigar a quien infringe la ley, o comete actos delictivos, la pena que se aplica en todos los países del mundo es la privación de libertad:

>"Condenado a diez años de prisión si posibilidad de liberación", "La prisión que vais a sufrir es incondicional, encerrado incomunicado", "Al salir de la cárcel estará controlado por una pulsera electrónica, será una libertad vigilada" "Su condena es cadena perpetua, nunca más será libre"

>>La pérdida de libertad enloquece a quien la sufre y ha sido utilizada para castigar a quien la sociedad cree que atenta contra ella. En la vida no le dais la importancia que requiere la libertad hasta que la perdéis. En ocasiones dejáis de ser libres voluntariamente, y quedáis a merced de parejas, hijos, trabajos…, por no

comprender, que la privación voluntaria motivada por amor, durará más o menos, pero es una esclavitud. Aceptad, que si no sois libres de disfrutar, de gozar, o de hacer lo que os gusta y os hace felices, perdéis la sensación sagrada de vivir...

–¿Qué representa hacer nuestro libre albedrío?

–Es ejercer vuestra libre voluntad, gracias a la cual adoptáis vuestras propias elecciones y asumís la total responsabilidad de ellas. No podéis olvidar que vuestra libertad acaba donde empieza la del otro.

–¿Qué representa ser un esclavo?

–Es no actuar acorde, ni con vuestras ideas, ni con vuestras palabras, ni a lo que os dicta el corazón. Vivir en la esclavitud es proceder conforme a lo establecido por la sociedad, a lo implantado por la familia, o al dictado del dinero. Ser esclavo es estar muerto en vida, es vegetar por este mundo, es vivir en la mente inconsciente oscura, fría, e implacable que os controla, os domina y os destruye. La esclavitud, os afecta profundamente.

–¿Qué es ser libre?

–Es atreveros a ser quienes sois, es soñar y llevar a cabo vuestros sueños, es ser fiel a vosotros mismos, es descubrir la aventura de vivir en este mundo desde la consciencia y la responsabilidad. Sois libres cuando compartís y os comunicáis con los demás desde vuestro corazón.

Vivís en libertad cuando disfrutáis de vuestro tiempo, de vuestro espacio, y tenéis el poder sobre vuestra vida. Sois libres cuando elaboráis vuestros propios proyectos y os convertís en unos referentes para otras personas.

La libertad es un don que os entrega el Creador de la Vida, y este don se ajusta a estas reglas: "La sociedad os marca unos límites, un territorio tan estrecho donde no sois como vosotros deseáis..." Os han educado que para ser aceptados debéis vivir "<u>limitados</u>", y aquí entran en juego vuestros miedos. La sociedad os instruye para asumir que no existe un sitio para los "<u>libres</u>", os enseñan que para ser admitidos por los demás, debéis aceptar vivir con límites, con máscaras...

La búsqueda de la libertad respectiva os lleva a rebelaros contra esos conceptos, os hace utilizar la brújula interna que todos lleváis dentro para encontrar vuestro camino, os hace que un momento de vuestra vida, decidáis ser libres y romper con todo.

–¿Crees que en la actualidad somos esclavos o somos libres?

–*Abundan más los esclavos; los cautivos del dinero, de una pareja, de un tra bajo, de la mente... Solo una minoría decide escuchar su corazón, y ser auténtica mente libre.*

–¿Quiénes son más esclavos, las mujeres o los hombres?

–*Sin lugar a dudas, las mujeres. A lo largo de la historia el poder usurpador masculino ha conseguido que las féminas fueran las grandes esclavas de la huma nidad. Estas se encontraban sometidas al control y la dominación de la sociedad patriarcal en la que vivían.*

>>*Es sangrante que las grandes valedoras o carceleras para que las mujeres aceptaran su esclavitud eran los propios seres femeninos cercanos a ella: madres, tías, amigas, que las vigilaban y subyugaban siguiendo las enseñanzas emanadas del poder masculino. Las propias mujeres eran quienes acusaban, juzgaban y casti gaban a sus congéneres, los hombres se limitaban a ser los instrumentos del castigo.*

–Pero, aquello sucedió hace ya varios siglos atrás...

–*Tu percepción es errada. En la actualidad, ser mujer en muchas sociedades equivale a un peso, a una carga para su familia, a lo opuesto de nacer hombre. Casi siempre se habla de primogénito, no de primogénita. El hombre ha utilizado a las religiones contra la mujer, la cual ha sido controlada, sometida y esclavizada sin ningún pudor, sin defensa alguna, sin compasión, hasta conseguir casi quebrarlas.*

>>*Hasta no hace mucho tiempo en bastantes países se seguía –y se sigue más o menos velada– un modelo de esclavitud femenina.– Este modelo de dominación paternal consistía en poder obrar a su antojo: la vendían, la prostituían, la dejaban en un convento, la casaban con quien querían y a la edad que desearan. Más tarde la mujer era madre, sirvienta, doncella, amante... Al mismo tiempo, era cautiva de cualquier hombre que se acercara a ella: sus familiares masculinos, su pareja, sus hijos...*

–¿Y de los hombres qué me dices?

–*Aunque han sido esclavos, lo eran en menor medida. Siempre han disfrutado de más libertad para hacer lo que deseaban: viajaban, eran guerreros, agricultores, aventureros... Solo vivían en una cierta esclavitud cuando se casaban y se estable cían en un lugar, cuando dejaban de ser nómadas y se convertían en sedentarios.*

Cuando los hombres se cansaban de esa vida, agarraban sus bártulos y dejaban hacienda, familia, tierra, y buscaban en lugares lejanos otras mujeres, otros hijos, otros amigos... Mientras, las esposas y los vástagos anteriores quedaban a merced del hambre, de la miseria, del abandono, y se convertían en esclavos de la

–Me duele en el alma tus palabras sobre la esclavitud. Creo que la esclavitud es despiadada.

–Cualquier forma de opresión es inhumana. La femenina se extiende hasta este siglo XXI: aún se mantiene en multitud de países, donde la mujer es un ser de segunda clase, que solo sirve para engendrar hijos, para cuidar la casa, para permanecer alerta a los deseos del marido, sobre todo los sexuales.

En estos lugares, las mujeres carecen de los derechos más elementales, y si deciden emanciparse o establecerse de acuerdo a sus ideas, o a sus sueños, son maltratadas, agredidas, e incluso asesinadas por escuchar a su corazón.

–¡Qué crueldad!

–Tienes razón. Afortunadamente, cada vez más mujeres –aun a costa de su vida– deciden atender a su alma y llevar una nueva forma de vivir. En este momento de la historia en el que la mujer lucha por su libertad, todos los seres humanos, sin distinción de sexo, raza o creencias, debéis uniros y gritar que se acabó, que ya está bien de esclavitud, que ha llegado el punto en que la mujeres clamen por ser libres, que van a vivir haciendo lo que les gusta, lo que las hace felices. Que no van a consentir más sometimiento a nadie, ni a hombre, ni a mujer, ni a ninguna religión, porque la Energía Vital, Dios, el Universo..., os dice que todos sois seres libres.

–¿Cómo es posible que las mujeres fueran –y son– esclavas?

–Se usaron principalmente dos elementos destructivos: las religiones y el miedo. Desde el principio de los tiempos, los jefes espirituales, y los grupos de poder, también hombres, se sirvieron de la religión para el control femenino. Veamos algunos

"la mujer debía andar un paso detrás de su marido", "no le podía dirigir la palabra en público", "acabada la comida debía alejarse del lugar para dejar solos a los hombres", "su principal razón de ser en la vida era engendrar, parir hijos y cuidarlos", "el recato en el vestir. Cualquier exceso en la vestimenta o en sus palabras *eran motivo de un castigo físico", "no gozar de los mismos derechos que el hombre. Una mujer infiel era lapidada hasta morir; un hombre era desleal y, además de ser considerado por el resto de los hombres como un símbolo de hombría, solo era amonestado, no sucedía nada contra su integridad física"*

>>La religión le negaba su libertad, siempre en un papel segundón. Cualquier actitud supuestamente indecorosa –según otras mujeres, la propia familia o su pareja– cargaba un castigo brutal e inhumano. Con cualquier excusa se la tildaba de prostituta, perdiendo todos sus derechos.

–¿Por qué prostitutas?

–Curiosamente siempre se ha asociado a la mujer con el deshonor de realizar *"el oficio más antiguo del mundo". Solo la prostitución femenina ha sido vista como algo denigrante, jamás se ha sacado a colación la prostitución masculina, que ha sido como algo secreto. No se quiere recordar la época de Egipto, ni durante los apogeos griego o romano donde eran mejor vistos los hombres que vendían su cuerpo que las mujeres...*

>>Aunque parezca una locura, algunas féminas decidieron ser prostitutas de corazón para ser libres, para vestir como querían, para hacer lo que deseaban, para vivir de acuerdo a su energía interior, para viajar... Gracias a esa vida, controlaban a los hombres, los dominaban, y vivían y morían libres.

–¿Por qué desde el principio de la humanidad, han existido personas que se arrastraban como esclavos y otros que eran libres?

–Dueños y vasallos, señores y esclavos, reyes y súbditos han existido en todas las épocas, antiguas, en la Edad Media o en la Edad Moderna. Buscad ahora mismo en este siglo, en este momento, muy cerca de vosotros, en esta tierra, en este mundo... y os toparéis con millones de casos donde las personas viven en esclavitud.

>>Tened presente que el antiguo modelo de reyes, príncipes, altezas, condesas, duques..., se sigue manteniendo. Estos tipos de seres, son personas que se creen diferentes a los demás, solo se relacionan con la nobleza, únicamente se casan entre ellos, exclusivamente buscan miembros de la realeza para sus fiestas, sus eventos, sus orgías... Tienen súbditos, vasallos, sirvientes...

>>A lo largo de la historia han acumulado riquezas incalculables a través de guerras, de saqueos, de engaños, de traiciones..., han conseguido convencer al pueblo, llamado llano, que son mejores que ellos, que se les debe pleitesía, que se

les debe besar la mano, que hay que arrodillarse o agacharse ante su presencia, que hay que mantenerlos, que hay que pagarles impuestos... Según ellos, son tan diferentes, que incluso tienen sangre real, también llamada azul-que ironía- Han conseguido convenceros que son necesarios, que son imprescindibles, que sin ellos el mundo se acabaría...

Siempre se ha dicho, "<u>vives como un rey, o como un príncipe</u>" Ellos que llevan coches oficiales, que viven de los impuestos que les pagáis, que viven en palacios, en castillos, que disfrutan de barcos, de amantes, de aviones..., que han tenido hijos bastardos a lo largo de la historia, que han sido cortadas sus cabezas como motivo de injusticia social, que sus hijos, nietos, y demás gentes cercanos a ellos: parientes del rey, son considerados de la misma línea de sangre, del mismo linaje...

Os han inculcado que son seres extraordinarios, que van a escuelas, institutos privados, o que van a universidades en el extranjero, que nunca osarían asistir a escuelas públicas, eso queda para los serviles... Que jamás han trabajado, que no han hecho nada por tener el patrimonio que almacenan, que solo han impuesto su título al frente del pueblo llano. Que burla hacía todos los seres humanos. Se ha reído y se siguen riendo de vosotros durante tantos siglos, y aún así lo seguís permitiendo.

Si hacen o cometen algún delito, no son imputados, no pueden ser juzgados, son intocables... Ya se han encargado los poderes ocultos, que el sistema siga igual, que le rindáis pleitesía, que os arrastréis ante su presencia...

Si, tenéis razón, abundan los esclavos, existen los súbditos, aún quedan vasallos en este siglo, aquí y ahora seguís naciendo para convertiros en ellos, si queréis contemplar donde se encuentran solo tenéis que miraros a un espejo..., sois

–No sé qué decir–susurré aturdido. – Mi corazón se ha encogido al escucharte, y su latido me indica que tus palabras solo expresan la verdad. Pero también me revela que si creemos en ellas, la forma de vivir establecida como ideal, se desmontaría, que nuestro mundo sería una farsa, una mentira...

–Si no hacéis nada por cambiar esa situación en vosotros y en vuestro entorno, aceptaréis que os arrastráis como cautivos en este preciso momento, que sois sus esclavos, sus súbditos, sus vasallos... Asumiréis que ellos son superiores a vosotros, que existen las clases, que os controlan, que os dominan... Vosotros elegís...

–¿Afirmas que somos esclavos y que la esclavitud perdura hasta hoy?

–*Ha sabido disfrazarse, pero aún persiste en tres campos:*

>>En el primero es una esclavitud donde las drogas, las armas, y los seres humanos para servicios sexuales, se llevan el macabro honor de generar cantidades gigantescas de dinero, y de enriquecer a quien vive en la oscuridad.

>>En el segundo donde la realeza y demás miembros de su estirpe siguen considerando que sois sus súbditos, sus esclavos, sus sirvientes, y que solo por nacer, ya tenéis el gran honor de trabajar para ellos, que solo por existir debéis esforzaros y sacrificaros para pagar vuestros impuestos y que ellos sigan viviendo en un mundo irreal, de lujo, de corrupción, de vicio, de mentiras, de traiciones...

>>Y el tercero, la esclavitud del poder, del materialismo, del consumismo. Sois capaces de sobrevivir en un trabajo que no soportáis, o con una pareja que no aguantáis, o en un lugar que odiáis, sois capaces de hacer lo que no os gusta, de resignaros a lo que os produce infelicidad por el dinero o por la posición social...

–¿Cómo romper esa historia de sufrimiento y de dolor?

–*Actualmente se está generando la gran revolución de la Humanidad: "<u>rebelión de la energía femenina</u>" Vuestras abuelas, en muchas ocasiones, las primeras esclavas, comenzaron el cambio lentamente. Vuestras madres, con su esfuerzo, su trabajo y su amor, empezaron a transformar el mundo, miles de mujeres han estudiado para cambiar su entorno y lo han conseguido, son respetadas, admiradas y amadas.*

>>Aquí y ahora, por fin, está naciendo el cambio cósmico que va a movilizar a este planeta y del que hablan las profecías mayas, incas, o rapanuí; este cambio no es climático ni de la conciencia universal. No son cataclismos en forma de movimientos sísmicos o huracanes, lo que se está produciendo y se va a extender por este planeta son terremotos energéticos femeninos, huracanes de la sabiduría femenina que están dando lugar a una transformación en la conciencia del mundo, para conseguir que el ser humano sea totalmente libre, para que no existan los reyes, ni los reinos, ni los príncipes..., para que desaparezcan las drogas, para que la corrupción se disperse, para que el dolor se atenúe, para que seamos más humanos, más hermanos, y nos acerquemos más los unos a los otros, para que nos unamos más a la naturaleza, y alcancemos la paz interior...

–¿Han existido siempre esclavos y carceleros?

–Así es. Durante el atroz paréntesis nazi, en las campos de exterminio – Treblinka, Auschwitz..., – miles de judíos preferían morir siendo hombres libres que convertirse en esclavos y agonizar gaseados sin luchar. Alguien dijo: "Mejor morir de pie que vivir siempre arrodillado". Si de todas formas vais a morir en vida o físicamente, es mejor entregar el alma siendo libre.

Los seres humanos nacéis libres, vivís libres y morís libres para volver a nacer en libertad. Solo os convertís en esclavos cuando la mente os domina y os hace creer que sois cautivos. Ni siquiera los llamados esclavos en la época de América del Norte, ni en el Egipto de las pirámides, ni en Sudáfrica cuando la época del apartheid, eran esclavos. Se convertían en prisioneros quienes lo creían, quienes se rendían a su mente inconsciente oscura y pérfida, quienes doblaban la rodilla ante sus carceleros.

Os ofrecieron una leyenda sobre la libertad y la esclavitud:

> *"Lo peor que le puede suceder a un ser humano, es que se rinda y ceda su conciencia a la voluntad de su opresor; la máxima crueldad para el corazón de una persona es que se entregue y deje que anulen su alma, la peor tiranía es que aceptéis que sois esclavos de un individuo que os pueda llamar súbdito. Podéis vivir como esclavos o morir libres. Vuestra es la decisión".*

–No veo la diferencia.

–Entre "<u>ser</u>" un esclavo y "<u>sentirse</u>" un esclavo media un abismo. Nadie os puede hacer sentir que sois cautivos, si os sentís libres de corazón. Si queréis vivir en libertad lo tenéis que elegir; nadie tiene el poder de esclavizaros, seáis hombre o mujer, cristiano o musulmán, judío o budista, con pareja o soltero, tengáis quince años o cumpláis setenta... En vosotros reside el poder de vivir en libertad. Si ese poder lo delegáis en alguien para que decida por vosotros, seréis esclavos del alma y repetiréis esa esclavitud en las próximas vidas, hasta que lo aprendáis.

–¿Crees que podemos influir en los demás sin robar su libertad?

–Sin lugar a dudas, y lo hacéis cuando los escucháis sin juzgar, sin acusar, sin

condenar, observando con respeto. Influís en los demás sin sustraer su libertad cuando aceptáis y amáis a todos los seres humanos, cuando no los queréis cambiar, ni influir en ellos.

–¿Quién es más esclavo, la mujer del hombre o viceversa?

–*Al nacer, ni hombres ni mujeres son esclavos. Observad a un niño o a una niña cuando nacen: no vienen a este mundo para ser cautivos, y sí para evolucionar desde el amor y el respeto hacia sí mismo. Recordad que un esclavo no se respeta ni se ama. La esclavitud proviene de la mente inconsciente que os intenta dominar y controlar en todo momento, sin embargo, la libertad nace en el corazón.*

\>>*"La libertad es el oxígeno que os da la luz, y el precio que hay que pagar por ser libre merece la pena ser abonado". Sin embargo, el precio que se retribuye por ser esclavo, es la muerte en vida, es la resignación, es vegetar sin alma, es la nada eterna...*

–¿Es posible que las mujeres puedan cambiar el mundo?

–*La pregunta huelga. ¿Habéis visto lo que han sido capaces de hacer los seres masculinos con este planeta a lo largo de los siglos?*

\>>*El hombre es quien ha propuesto las guerras, los cambios climáticos, las muertes, las religiones, los países, los reyes..., ahora colocaros la mano en el corazón y me decís que creéis a pies juntillas que si este mundo hubiera estado gobernado en democracia por las mujeres, las cosas hubieran sido igual, que viviríais de la misma forma.*

–Estamos seguros que hubiera sido algo diferente, que sería un poco mejor.

–*¿Un poco?¿Solo un poco? Si el poder democrático hubiera estado en manos de las mujeres, el mundo sería más humano, habría más amor, más armonía, más compromiso... La gente sería más generosa, más solidaria, más respetuosa.*

\>*estáis en una situación traumática debido al dominio ejercido por la mente inconsciente, que es el órgano que define al hombre por excelencia. Una mente inferior que os controla, que os somete, y que os obliga a luchar, a conquistar, a poseer...*

\>>*El corazón es femenino y en él no anida el sufrimiento, ni la guerra, ni la esclavitud. En él mora la libertad, el amor y la paz. "Si viviérais en una sociedad matriarcal, si las mujeres dirigieran el mundo, este sería mejor, más amoroso, más humano..."*

–¿Por qué estás tan seguro?

–*Miles de mujeres a lo largo de estos siglos han sido aventureras, maestras, científicas, amas de casa... Féminas que han sido madres, y otras que han renunciado a ello para ser libres. Seres femeninos que han pagado con su vida su derecho a vivir en libertad y a tomar sus propias decisiones. Mujeres que se han cansado de ser esclavas y que en su inmensa mayoría son más libres cada día.*

–¿No crees que en ocasiones se sobrevalora el trabajo de la mujer?

–*¿Estás seguro? Millones de seres femeninos no solo trabajan, sino que cuidan a sus hijos, a sus padres, a sus parejas, y a la vez estudian... Ahora, una gran parte de esas mujeres han decidido, finalmente, ser libres en cuerpo y alma. Se reúnen en grupo, buscan su sanación y la sanación del mundo, no quieren guerras, desean ayudar a los demás, tienen más fuerza, constancia y compromiso que los grupos masculinos.*

–Pero siempre nos han enseñado que las mujeres necesitan a los hombres, y

–*Los seres femeninos "no necesitan de ningún hombre que las salve", porque ellas se protegen solas y deciden cómo, con quién y dónde van a vivir. Mujeres que si desean tener relaciones sexuales las tienen sin dar explicaciones; que si anhelan viajar, lo hacen; que si quieren tener hijos o vivir solas, lo logran.*

Y en este proceso de transformación, el hombre, que "sí necesita de la mujer", se ha quedado atrás en la evolución. Él no está preparado para tal cambio, y al no asumir como bueno este paso adelante, se han quedado estancados en la historia, sin darse cuenta de que la vida no volverá a ser la misma, que la mujer nunca más será su esclava, que ahora mismo ellas son libres en cuerpo y alma. La vida ha cambiado...

–¿Quién crees que es superior, los hombres o las mujeres?

–*En este mundo, nadie es superior a nadie. Todos sois iguales en espíritu; solo el cuerpo, la mente y el alma cambian. Ninguna mujer, por el hecho de ser mujer, es inferior a un hombre. Los dos sexos son distintos, y se rigen prioritariamente por zonas diferentes.*

–¿Quién es más complejo: la mujer o el hombre?

–*La mujer. Ellas han sido diseñadas genéticamente para albergar en su interior el milagro más extraordinario del mundo: ser madres, para llevar a cabo la supervivencia de la especie como instinto natural. Sus circuitos, sus células, sus órganos internos de reproducción, de nutrición y de almacenamiento son diferentes al ser masculino.*

>Por ello sus sentimientos, sus emociones y su espiritualidad están más enfo cados hacia el interior, a ser más pacientes, mientras el hombre es más rápido, más impaciente, y se enfoca más hacia el exterior.

–¿A qué se debe qué los hombres, en general, seamos tan simples?

–Porque –salvo excepciones– os regís por preceptos tan antiguos como el poder, la supremacía y la supervivencia. Actuáis prioritariamente atendiendo a vuestra zona física inferior, a la sexualidad, a la diversión. Eso indica que si os ofrecen un deporte donde podáis gritar, donde sacar de vuestro interior a la parte infantil de chillidos y de juegos, os equilibráis y vivís más satisfechos. Si os regalan un poco de sexo ocasional sois más felices, sacáis fuera vuestra energía y os quedáis en paz, y si os entregan un poco de libertad o libertinaje escondido, os sentís radiantes como niños...

–¿Quién es más inteligente, el hombre o la mujer?

–Es posible que esta respuesta también os duela a los hombres, pero sin lugar a dudas: la mujer. Ella ha sido más inteligente en todas las épocas de la historia. Hoy lo está demostrando con un porcentaje superior al hombre en las universidades, en los hospitales, en las escuelas... El cambio se está produciendo aquí y ahora, mientras vosotros me escucháis.

–¿A que es debido que los hombres se rijan más por el sexo y las mujeres por las emociones?

–El hombre genera tres veces más testosterona que la mujer. Eso indica que su nivel de excitación se produce tres veces más que en ella. Sin embargo, igual que el nivel de hormonas alfa aparece más en el hombre, las mujeres lo retienen más tiempo en su cuerpo, por eso sus niveles duran más.

>>Él, a medida que le sube la excitación, le baja una vez conseguido la eyaculación; la mujer, por el contrario, la mantiene más tiempo y es capaz de estar un proceso más largo disfrutando de la sexualidad, llegando –cuando llega– a niveles de orgasmo cien veces superior al hombre. Los seres masculinos son más sexuales hacía el exterior y las mujeres hacía el interior. Sus órganos íntimos así lo demues tran, el ser masculino lo tiene hacía fuera, buscando penetrar para conseguir la culminación, y el ser femenino lo posee hacia dentro, y cuando entran en ella, alcanza –cuando lo alcanza– su clímax...

>>En lo referente a las emociones sucede lo mismo: las mujeres necesitan sentir más ternura, más comunicación, más cariño... Por ello precisan trabajar su parte

interior, donde se encuentran sus sensaciones, sus sentidos internos, la intuición... El hombre, normalmente, es menos comprometido, menos constante, menos cariñoso... Él necesita volcarse hacia lo visible: tiene poca paciencia, escucha menos, realiza más cosas, y quiere demostrar que todo lo puede.

–¿Hay más diferencias?

–Cientos. Algunas mujeres deben estar muy bien, muy bien, para estar bien. En la otra orilla, los hombres, estando regular de ánimo y de cómo viven, se ven bien. Ellas son más complejas, sienten más, son más sensibles, más comprometidas, más fieles. Las mujeres quieren aprender más, son más honestas, más celosas de lo suyo, más dispuestas a ayudar. En resumen, son personas más completas...

–¿Existen otras discrepancias?

–Por supuesto. En ocasiones, incluso, imposibilitan su encuentro.

–Dame ejemplos.

–La mujer, el sexo femenino, "cree" que su objetivo ineludible en la vida es "ser ". Su cuerpo ha sido diseñado para concebir un ser humano. En su interior tiene un depósito para albergar al futuro niño gracias a unos órganos internos muy complejos. En y con ellos, lo nutre de alimento, de sangre, de células, de energía...

el hombre, por su parte, nunca podrá imaginar qué siente una mujer cuando tiene la idea de ser madre o cuando está embarazada. No comprende los cambios hormonales, emocionales, mentales, físicos y, aún menos, los espirituales que se operan en una mujer al hallarse en ese proceso.

–¿Sostienes que las mujeres consideran que la maternidad es su objetivo

–Ciertamente. Es una condición inherente a la supervivencia de la especie. Una gran mayoría de las mujeres quieren ser madres. A partir de que se produce su primera menstruación, su cuerpo físico le exige concebir, le pide albergar un niño en su interior y es algo natural. Cada vez que le llega el periodo, la mujer entra en su etapa de oscuridad, porque una de las misiones para las que han venido a este mundo no se cumple.

Conforme van transcurriendo los años y las menstruaciones se van sucediendo, inconscientemente la mujer al no concebir, cree –erróneamente– que fracasa, siente que pierde la energía, que suelta la vida, y aparecen la tristeza, la inquietud y la ansiedad en sus quehaceres diarios. Su ser interior le va indicando que con cada periodo se acerca a su etapa infértil, que lentamente entrará en la menopausia, y que el no tener hijos significará su gran derrota particular.

–¿Y no es así? Esto es lo que nos han enseñado.

–Es una enseñanza perversa. La mayoría de mujeres si no son madres, se sienten fracasadas, hundidas, frustradas. Craso error el suyo, la mujer se sabrá plena cuando haya saboreado el amor por la vida, disfrute de lo que le gusta y se realice como ser humano, goce de lo que la hace feliz y de lo que la llena de luz, en ocasiones conciba un hijo y sea madre..., y en otras, no.

>>Normalmente sucede lo contrario: antes de disfrutar de lo que les hace felices, se convierte en la esclava más grande de la humanidad.

–¿Afirmas que las mujeres que tienen hijos son esclavas?

–La mayor opresión la crean los hijos a los padres, pero, sin lugar a dudas, es a la mayoría de las madres a las que esa esclavitud de la mente se convierte en una cárcel sin barrotes, con una condena de algunos años y un día. Una penitencia durante la cual, la madre se preocupa de su salud, de su bienestar y de su crecimiento, y se olvida de ella...

>>Un buen número de mujeres afirman que su libertad desaparece al nacer su primer hijo. Al quedarse embarazada, se convierte en una cautiva mental durante nueve meses: engorda, tiene molestias, angustias, vómitos... Después pasa por el proceso del parto: dolores, sufrimiento, preocupación de que todo salga bien... Más tarde, la lactancia: no duerme, le da la comida, los primeros dientes, la guardería: el sufrimiento emocional, las primeras enfermedades, noches sin dormir, y con el paso del tiempo desfilan la infancia, la adolescencia, la juventud...

>>Sin lugar a dudas, la mujer que lo hace de corazón se convierte en una cautiva amorosa, confiada, entregada, en ocasiones feliz y satisfecha; sin embargo, jamás deja de ser una esclava.

–No creo que una madre sienta que la han condenado a cautiverio por tener un hijo. Hay muchas mujeres que viven en el amor por sus descendientes, que disfrutan de la vida con ellos, que son felices. Ellas cuentan que cuando están embarazadas y tienen al niño en sus brazos, se llenan de cariño, disfrutan de cada paso, de cada sonrisa, de cada palabra. Lo ven crecer, son abrazadas, miradas con ternura y ese amor la compensa de todos los sufrimientos, que tu afirmas, ellas padecen.

–*Vuelves a tener razón. Cuando una mujer, conocedora de lo que va a suceder en su vida al quedarse embarazada, apuesta de corazón por tener a ese hijo, la esclavitud se convierte en éxtasis. Los momentos sin dormir, sin comer, los enfados con su pareja, la inapetencia sexual..., pasan a un segundo plano.*

Su retoño es una bendición, representa su máxima prioridad, le dedica su exclusiva atención, toda su energía y se preocupa de lo que le sucede, de cómo crece, de lo que come, de con quién camina, de si está enfermo... Se inquieta si no estudia, si coquetea con las drogas, si bebe más de lo aconsejable, si es buena o mala persona... Cuando su hijo llega a padre, y ahora como abuela, le dedica más tiempo a sus nietos, con quienes, normalmente, vuelve a hipotecar su vida, y prolonga su esclavitud aun sin saberlo...

Como os dije antes, en lo concerniente a los niños, la esclavitud mental de la que hablo tiene una duración variable: Abarca desde antes de nacer hasta el momento en que el óvulo ha sido fecundado por el espermatozoide y continúa hasta que el hijo abandona el nido por propia decisión. Ella vive invariablemente en lo que va a suceder, en la preocupación, en la angustia, y es verdad que tendrá momentos de felicidad, de satisfacción y de paz, instantes donde se sentirá llena, donde disfrutará de una mirada, de una sonrisa, de un "<u>te quiero mama</u>", pero en ocasiones percibirán que su vida personal, se ha sumido en un letargo, que permanece hibernando, incluso, le parece, que ya no existe...

–Tus respuestas son dolorosas.

–*Son reales. Imaginemos que a una mujer, acabada de parir, le fuese posible saber cómo va a ser su futuro, con la responsabilidad y el compromiso que tener un hijo representa. Si estuviera en su mano elegir entre disfrutar de la vida viajando, descubriendo novedades, aprendiendo sin la carga que de hijo, o vivir la existencia que llevará con su retoño, el amor recibido, las alegrías, las tristezas, la preocupación, la responsabilidad, o la felicidad que va a recibir... ¿por cuál se decantaría?*

–No tengo esa respuesta, es imposible conocerla.

–*Un día, pasados los años, abrirá los ojos a la consciencia, se enfrentará al espejo de su día a día y se preguntará: ¿Ha merecido la pena vivir de esta forma?*

–¿Cuál crees que sería la contestación?

–*La mitad responderían que lo volverían a hacer, que repetirían su papel, que tendrían hijos, que se preocuparían de su futuro, que gracias a ellos se sienten vivas, que es una motivación para vivir, que ofrecerían su vida para que el mundo no se extinguiera...,*

>>La otra mitad afirmarían que vivirían para ellas, que compartirían, crecerían y evolucionarían sin hijos. Que se dedicarían a sí mismas el tiempo que les ha tocado de vida, que estudiarían, que amarían, que soñarían con una nueva existencia, y que esta forma de vivir es la que piden para su próxima encarnación.

–¿Y los hombres? ¿Son esclavos de sus hijos?

–A su modo. Ellos son esclavos de una sexualidad mal entendida, del flujo de su testosterona, de su necesidad de usar su zona física y sexual a toda costa, de utilizar sus instintos aunque a la otra persona no le apetezca. En lo tocante a los hijos, un gran número de hombres son más simples, más desprendidos y desconocen esa forma de entender la paternidad. "<u>Un hijo es una responsabilidad para el padre y un compromiso eterno para la madre</u>"

–¿Qué sucede si una mujer desea crear un vínculo llamado matrimonio, pero además anhela ser madre, y su pareja, aún amándola, y siendo feliz con ella, no desea esa atadura?

–Eso ocurre más a menudo de lo que creéis. Normalmente, el hombre cede, se casan y se convierten en padres. El sabe que de no aceptar el deseo de su pareja, la perderá. Si él se niega, ella, siguiendo su propio instinto, buscará otra persona para cumplir con el objetivo, que cree, indispensable en su vida: tener un hijo y ser madre.

–¿Hay una edad ideal para concebir un niño o para que tenga esa necesidad?

–A partir de cierta edad –normalmente entre los veinticinco y los treinta y ocho años– un gran número de mujeres aceleran su exigencia maternal: es el célebre reloj biológico, que cuando se pone a marcha, no hay quien lo detenga. Parece que el mundo se acaba, y buscan desesperadamente un padre, un donante. Desean con todas sus fuerzas conseguir su objetivo prioritario: la maternidad. Si no lo consiguen se deprimen y se abandonan a la desesperación.

>>Cuando han logrado su objetivo de ser madre, es como la calma que llega después de la tempestad: todo "<u>parece</u>" maravilloso, se muestran felices, satisfechas, plenas..., hasta que pasado un tiempo evaluaran como es su vida.

–¿El hombre no tiene ese reloj biológico?

–El hombre no está sujeto a la menstruación y por ello no se ve condicionado por esa necesidad hormonal. Él es más simple, más libre; eso entraña ser más feliz con menos cosas. A muchos hombres les da igual tener o no un hijo. Saben inconscientemente que quien se va a ocupar más tiempo de la criatura será la madre.

Si por muchos hombres fuera, no engendrarían hijos. Ellos sienten que el nacimiento, la infancia, la adolescencia y la juventud del que va a nacer, les va a quitar el protagonismo, les va a reducir la cuota de sexualidad con la mujer, les va a restar libertad; que dejaran de ser pareja, para convertirse en padres, y en su fuero interno sienten que no es buena idea. Pero ceden cuando ven que el deseo de la mujer es superlativo, y que si no la ayudan a cumplirlo, ella se alejará.

–Por tus palabras deduzco que ellas son las que deciden la maternidad.

–En la mayoría de los embarazos, así es. Es verdad que hay hombres cuyo instinto paternal es alto, que lo desean, que su reloj interno les pide esa sensación y disfrutan tanto como la madre la experiencia de la paternidad. Pero son los menos.

–¿Que sucede si una mujer no es madre o un hombre no es padre?

–Nada. Es algo normal, y viene determinado por lo que habéis pedido en otras vidas anteriores. Asumid que cada persona tiene un karma que cumplir, indistintamente de su sexo. Ella o él, en su anterior existencia, le solicitó a la Energía del Creador disfrutar de actividades que en sus otras encarnaciones no había logrado por tener que cuidar a sus hijos... Y hoy, Él, en su sabiduría, se lo ha concedido.

–¿Y si no tienen hijos? ¿Qué harán?

–Dedicarán todo su tiempo, su energía y sus sueños a vivir, a crecer, a amar... Ofrecerán su amor incondicional a su entorno, a su bienestar y a su propia felicidad. Se dedicarán a deleitarse de su vida desde otro lugar y a cerrar su círculo interior.

–¿Hasta qué punto una mujer desea ser madre por ella o por lo que le han enseñado o inculcado?

–Es el instinto de supervivencia de la especie. ¿Quién enseña o inculca a una leona, por ejemplo, la idea de que debe ser madre? Lo innato no requiere enseñanza previa. Cuando una mujer quiere ser madre, lo siente en cada célula de su cuerpo, su alma se lo solicita, y se convierte en su única misión en este mundo.

Una mujer ha sido diseñada para albergar un niño en su interior, aunque ello no siempre sucede. Lo primordial para saber si ser madre es su única prioridad, es escuchar el corazón. Si duda, si quiere vivir de otra forma, si aspira a otros *objetivos (viajar, estudiar, compartir...), la maternidad queda relegada en la escala de prioridades.*

–¿Por qué hay mujeres que no pueden engendrar hijos, si es lo que más desean en este mundo?

–Porque en otras vidas han traído a este mundo a una gran prole, han sido madres de familia numerosa, han llegado a engendrar cinco, seis, o más hijos. Han dedicado toda su vida a cuidarlos, a verlos crecer, los ha visto alejarse y han renunciado a su propia vida. Han sido sus esclavas, ofreciendo todo su tiempo para ellos, hasta que una vez que sus hijos han crecido, han elegido volar solos y lejos del nido familiar.

>>Una vez perdido el horizonte, se han quedado vacías, han sufrido de dolor, de angustia, de soledad, y al final, antes de morir, le han pedido al Creador que en la próxima vida desean dedicarse todo el tiempo que dispongan para ellas mismas; Para ser libres, para aprender, para conocer, para amar...

–Me hablas solo de la mujer y del hombre en el ámbito personal y familiar, ¿Y en el medio laboral? ¿Qué sucede si hombres y mujeres tenemos trabajo y queremos vivir en libertad? ¿Qué podemos hacer?

–Disfrutad de ese trabajo, haced lo mejor que podáis en él. Os guste la ocupación laboral que estáis realizando o no. Trabajad con alegría, con gratitud, con pasión. Que vuestros compañeros de faena vean en vosotros a personas felices porque realmente lo seáis. Agradeced que tenéis funciones que realizar y podéis disfrutar de cosas personales y materiales gracias a él. Si gozáis en el trabajo, seréis libres para hacer lo que deseéis.

–¿Y si nos tortura nuestra función laboral? ¿Y si nos sentimos infelices y vivimos como esclavos?

–Dejadlo, cambiad de trabajo.

–¿Y si no podemos porque necesitamos el dinero?

–Siempre podéis cambiar de ocupación, en cualquier momento podéis dejar de ser un esclavo. Si el trabajo no os gusta, comenzad a estudiar, a formaros, a prepararos para trabajar en lo que deseáis, en lo que os haga felices, y mientras dura esa preparación disfrutad al máximo de la ocupación actual, que vuestra jornada laboral sea divertida, que sea enriquecedora y no permitáis que entren en ella, la desidia, la desilusión, y el abandono;

Eliminad de vuestro quehacer diario la rutina, la apatía y el sufrimiento. Una vez conseguido el nivel adecuado de formación, cambiad de labor dando las gracias. Si lo hacéis de esta forma, viviréis como siempre habéis querido.

Recordar que lo peor que os puede suceder en el tema laboral o en cualquier ámbito de la vida, es hacer lo que no os gusta, es ser infeliz, es vivir insatisfecho diariamente, es sentir que estáis muertos mientras camináis...

–Es posible que tengas razón, que todo dependa de nosotros, pero ¿cómo salir de esa situación tan destructiva?

–Encontraréis la solución si respondéis a estas preguntas:

Si volvierais a nacer sabiendo lo que sabéis, ¿cómo os gustaría que fuera vuestra existencia? ¿Vivirías de la misma forma que lo estás haciendo?

–Yo creo que muchos seres humanos haríamos grandes cambios; aprenderíamos conocimientos apasionantes. Para unos la ciencia sería su camino: ser científico, médico, profesor...; para otros, la aventura se convertiría en una forma de vida: exploradores, guías de selva, periodistas...

Algunos viajaríamos por todo el mundo, tener o no tener hijos sería maravilloso, nos enamoraríamos y caminaríamos con nuestra pareja compartiendo la vida... Otros harían algo creativo: pintar, practicar deportes, bailar, unos se dedicarían a cuidar a los demás, en mostrarse más cercanos a quienes quieren, trabajar en ayudar a los que sufren, a los enfermos graves. Estoy seguro que nuestra vida sería diferente a la actual.

–*Si observáis bien vuestras respuestas hallaréis en ellas, un mapa por donde transitar. Ahora vuestra misión será hacerle esta pregunta a quien se acerque a vosotros: ¿Si nacierais de nuevo y pudierais decidir, cómo os gustaría que fuera vuestra vida?*

–Atrayente esa cuestión, lo haré y comprobare sus respuestas. Ahora tengo otras preguntas que nacen en mi y quiero que respondas.

–No es el momento, siento que vuestra consciencia se está expandiendo y que necesitáis un tiempo para integrar todo lo aprendido.

–No, por favor, no te vayas ahora. Necesito seguir escuchado tus enseñanzas. Quiero aprender más, no me abandones...

–Relájate. Nunca os abandonaré, y aún menos a ti; sin embargo, es el momento para que os encontréis con vosotros mismos...

El silencio acompañó mi cuerpo, me acomodé en su voz y el letargo vino en mi ayuda. Quede retozando en la playa de una isla en medio del océano, sumergiéndome en sus aguas azules, viviendo entre corales, Moais y tortugas sagradas, y Morfeo siempre acogedor, me recibió con los brazos abiertos...

Octavas enseñanzas
que aprendimos en el Círculo Sagrado

***

Conocernos es descubrir quiénes somos realmente, sin máscaras, sin disfraces, sin armaduras... Es contactar con nuestro ser más profundo que habita en el corazón y que nos da la luz.

***

Aceptarnos es sentirnos, es admitirnos tal como somos, sin mentiras, sin engaños, con nuestras luces y con nuestras sombras. Aceptar como somos comporta ir de la mano de la tolerancia, de la compresión y del amor. Representa admitir que cada cosa es como es y está bien que sea así.

***

La libertad es el gran regalo que nos ha hecho el Creador. Es la capacidad de obrar y actuar por nosotros mismos, es el oxígeno que expande nuestro plexo solar y nos permite caminar decidiendo nuestro rumbo. Es el derecho que se nos otorga al nacer.

***

El libre albedrío es la capacidad de adoptar nuestras propias decisiones y ser responsables de ellas.

***

Ser libre es atreverse a ser quienes somos, es elegir nuestro camino, es vivir...

***

Nacemos como almas libres para vivir, para morir, para renacer en libertad

***

La energía femenina es el elixir del cambio, su fuerza transformará el mundo, lo hará más humano, más amoroso, más solidario...

La consciencia, el respeto, la diversión...

De mil que me escuchan, uno me acepta...

No sabía si la voz causante de mi experiencia seguía allí. Aún a ciegas, y desconociendo el tiempo transcurrido, pregunté al aire:

–¿Cuándo voy a descubrir quién eres?

–*Me conoceréis cuando estéis preparados. Ahora es el momento de que aprendáis lo que significa* **el círculo de los Siete Principios de la Vida:**

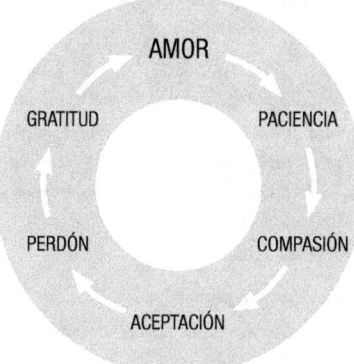

–El primer punto es "EL AMOR" por vosotros mismos, por vuestro prójimo y por el mundo,

este sentimiento os llevará a uniros a la "PACIENCIA", a vivir más pausados, con un ritmo más suave, a aceptar que la vida tiene su propia velocidad. Cuando sois pacientes, rozáis la paz entre los dedos,

la paciencia os trasportará a la "COMPASIÓN", también llamada EMPATÍA". Compasión por vosotros y por el resto de los seres humanos. Compasión por vuestras anteriores reencarnaciones, por el dolor sufrido y producido, porque si estáis aquí, es para sanar el karma que os acompaña.

la compasión os traslada a la "ACEPTACIÓN", que os ayuda a aceptaros como sois, a aceptar a los demás, y a asumir que todo lo que sucede en la vida es

la aceptación está unida al "PERDÓN", que os ofrece perdonaros por vuestros errores, pedir perdón a quien ofendísteis y perdonar a quien os ofenda, a quien os hizo daño, a quién cometa actos negativos contra vosotros o contra el mundo.

después de que os tropecéis con el perdón, navegaréis hacia la palabra sagrada: GRATITUD", gratitud por lo sucedido, por lo vivido, por lo experimentado,

Por último, desde el agradecimiento retornaréis a casa y seréis descubiertos por la sensación sublime del rencuentro con la vida, con la vuelta a la luz, con el " que de nuevo vuelve como en un bucle infinito, porque todo comienza y termina en el mismo lugar sagrado: "EL AMOR UNIVERSAL" Una emoción amorosa por vosotros, por vuestra familia, por vuestros amigos, por vuestra ciudad, por el mundo...

–¿Afirmas que si seguimos los mandatos de ese círculo nuestra vida será mejor?

–No hay ni una sola duda. Si vivís atendiendo esos puntos vuestra existencia será extraordinaria, seréis un ejemplo para quien esté cerca de vosotros. Si queréis comprobar cómo estáis viviendo, y cómo queréis vivir, existe una pregunta que os ofrecerá la oportunidad de trascender.

–Por favor, la quiero escuchar.

–¿Qué aportáis a la vida y al mundo?

–Creo que a veces aportamos cosas provechosas y en otras ocasiones, lo que ofrecemos son historias perjudiciales.

–*Si dais pensamientos, palabras y actos constructivos, vuestra vida se encaminará hacia la plenitud, hacia la luz, hacia la generosidad; si ofrecéis lo contrario: pesimismo, agresividad y desesperanza, os encontraréis en el camino de la oscuridad y del sufrimiento. Si os alimentáis de vibraciones beneficiosas, os nutriréis de paz. Si creéis en vosotros, si aumentáis vuestra autoestima, seréis un ejemplo para el mundo, si vivís en el amor os convertiréis en un modelo a seguir, en un referente...*

–¿Cómo podemos ser positivos, amables y optimistas en este mundo, que en ocasiones es tan duro y cruel?.

–*Y tan bello y solidario en otras. Para crecer en el amor, es importante crear unos anclajes positivos que os transmitan una luz.*

–¿Qué son los anclajes?

–*Son herramientas imprescindibles que os llevarán a conectar con vuestra conciencia, que os ofrecerán la solución a todas vuestras dudas, a vuestros miedos, a vuestros conflictos internos y externos...*

–¿Nos puedes dar un ejemplo?

–*Por supuesto, aquí tenéis uno: Cada vez que estéis en una situación conflictiva o una discusión con un semejante, parejas, hijos, amigos..., morderos la punta de la lengua con suavidad, permaneced en silencio, respirad profundamente y contad despacio, en cuenta regresiva, del veintiuno –uno de los números sagrados– al uno. Hallaréis paz, calma, claridad...*

–¿Cuál es el segundo anclaje?

–*Realizaréis notas positivas de agradecimiento, de alegría, de amor, de proyectos... Las colocaréis en zonas visibles de vuestro hogar, en vuestro vehículo, o en vuestro lugar de trabajo. Serán anotaciones provechosas que os ofrezcan energía para disfrutar de la vida, de la familia, o de los amigos.*

–¿Qué tipo de notas?

–*Las que os lleguen del alma. Os puedo dar unos ejemplos de anotaciones:*

> "me merezco ser feliz",
> "te quiero",
> "disfruta de la vida cada segundo",
> "vive como hablas",

"eres maravilloso..."

"te agradezco el amor, la comprensión, el respeto, o la alegría, que me das..."

"Sano mi cuerpo, mi mente, mi corazón, mi alma, y sano mi vida",

"mis pensamientos determinan mi día a día: elijo que sean de prosperidad, de paz y de amor",

"hoy voy a ser mejor persona, voy a ayudar a los demás y voy a cumplir mis sueños".

–¿Tan importantes son esos anclajes? ¿Tú crees que esas simples notas nos pueden ayudar?

–*Son indispensables para que comencéis a diseñar una nueva forma de vida. Es necesario que además de las que os he ofrecido, seáis creativos; que elaboréis millones de anotaciones positivas y de agradecimiento que sanaran vuestro corazón, y os ayudarán a activar vuestra consciencia...*

–¿Qué es la consciencia?

–*Es la puerta de entrada para contactar con la Energía del Creador, para encontrar vuestro lugar en el mundo. Cuando los seres humanos creéis y os entregáis a la luz, el camino de la consciencia se ilumina.*

–¿Cómo la activamos?

–*Se realiza en dos fases: La primera; responder a estas preguntas:*

¿Cómo comenzáis el día? ¿con alegría o con tristeza?

¿Cómo lo desarrolláis?¿con optimismo o con pesimismo?

¿Cómo lo termináis?¿con ilusión o con apatía?

y la segunda: anotad lo que ofrecéis a la familia, a la pareja, a los hijos, a los amigos, al mundo...

Las respuestas se realizarán cuando estéis solos, si es posible en la naturaleza, y os llevaréis una grata sorpresa, encontraréis el sentido a vuestra existencia...

–¿Qué motivo hace que no encontremos el sentido a nuestra vida? ¿Qué nos hace sentirnos sin fuerzas y sin esperanza?

–*El haber olvidado en el camino cumplir los cuatro objetivos imprescindibles para los que habéis sido enviados a este planeta, y en ese instante se apodera de vosotros la oscuridad... Cuando seguís vuestros sueños, recuperáis la ilusión, y encontráis el camino de la luz.*

—¿Es posible que nuestros pensamientos, palabras y actos, se transmitan a los demás como si fueran ondas en el mar?

—*Así es. Todos los seres humanos emitís una vibración energética que afecta a vuestra vida y a la de vuestros semejantes. La vibración son ondas invisibles que emitís que sanan esta tierra, y lo llenan de amor y de luz. Si las reflexiones que llegan a vosotros son positivas, el resultado será de una energía beneficiosa para el mundo.*

>>Si por el contrario recibís noticias negativas, por ejemplo, al ver las noticias en la televisión de guerras, de muertes, de enfermedades, o escucháis palabras sobre la crisis económica, de actos de terror..., vuestros pensamientos emitirán una agitación tóxica de destrucción y de negatividad. Si esa vibración se acompaña de otras ideas perjudiciales como el caos, la anarquía, o la perturbación, llegarán a ser aún más nocivas, contaminando lo que haya a vuestro alcance: pareja, familia, amigos...

—Tus palabras traen confusión a mi vida —le interrumpí. — No entiendo esa conexión de la que hablas.

—*Imaginaros un punto central. Alrededor de él, se concentran varios círculos en forma de anillos. Cada círculo está formado por miles de puntos, unidos entre si. A su vez una línea central une a todos los círculos provocando una interconexión integral. Ese holograma, es la vida, es el mundo. Cada punto es un ser humano que vibra en una frecuencia no medible, pero que os conduce a relacionaros con otros puntos que vibran de forma idéntica. Los anillos son fuentes de vibración o de energía que se conectan a través del Creador, o punto central.*

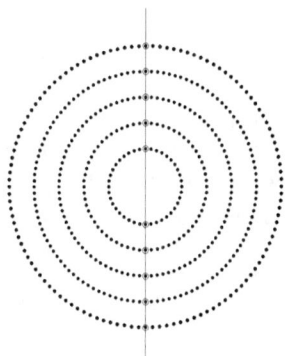

–Sigo sin comprender, tus palabras me alteran –repliqué reticente.

–*Permanece tranquilo*–me calmó. – *Tú eres un punto de uno de los círculos, y estas unido al resto de los puntos que lo forman. Los que viven con la mente inconsciente, son puntos que están unidos a un círculo determinado que viven en el mundo material: Dinero, consumismo, poder, control..., y únicamente se encuentran satisfechos con los que vibran en su misma onda. Los abogados están bien con los que interpretan las leyes, los científicos con los que investigan entre tubos de ensayo, los drogadictos con lo que consumen drogas, los alcohólicos con lo que beben alcohol...*

Igual sucede con las mujeres que acaban de ser madres, solo se hallan bien con las que hablan de lo mismo: pañales, biberones, primeros dientes..., los que viven en la espiritualidad; budistas, cristianos, ortodoxos, musulmanes..., solo vibran con los que piensan como ellos. Hay niveles donde la gente medita continuamente, en otros, existen personas que asisten a recitales de música clásica, otros van a conciertos de rock, unos cuantos se unen apasionándose por un equipo de fútbol, y gritan enloquecidos, algunos se unen para compartir diferentes ideas, gustos o aficiones y crean sus propios anillos.

–¿Permanecemos estancados en ese círculo para siempre, o podemos cambiar

–*Las personas con el transcurrir de los años, vais subiendo o bajando de vibración, vais saltando entre los círculos, todo depende de vuestro nivel de evolución, de la apertura de vuestra consciencia y de las vibraciones positivas o negativas que enviáis al mundo.*

–¿Cómo podemos emitir vibraciones positivas?

–*Os sugiero un ejercicio: En silencio, mirad o pensad en una persona. Mentalmente le enviáis energía beneficiosa, pensamientos optimistas, de amor, de felicidad, de salud... Os puedo asegurar que esa alma los notará, que tendrá una sensación de armonía, de alegría y de bienestar.*

El pensamiento es una vibración sutil, unida a una frecuencia que puede alterar el mundo de las personas de forma constructiva o destructiva. Vosotros sois quienes movéis el planeta con vuestros pensamientos, con vuestras decisiones. Vuestra vida depende de lo que pensáis cada día, vuestro mundo será lo que vosotros queráis..."

—Tu punto de vista es original, pero a la vez inquietante.

—*No hay lugar donde esconderse de la luz. Ahora, desde la consciencia, sabiendo que vosotros emitís vibraciones positivas o negativas, y que dependiendo de lo que ofrezcáis, os podéis sanar o dañar a vosotros, a vuestras familias y al mundo. ¿Qué decisión tomaréis? ¿Cómo será vuestra vida? ¿Qué aportaréis al planeta?*

—Sin ninguna duda, elegiríamos aportar vibraciones positivas.

—*Así sea. Tenéis el libre albedrío de vivir como siempre habéis querido.*

—¿Cómo acertar cuando agotados por los problemas diarios nos encontramos en un callejón sin salida y no vemos la puerta?

—*Cuando no veáis la salida, cuando os sintáis perdidos, deteneros, parar en el silencio, observar dónde estáis y qué os sucede. Después os propongo que caminéis despacio, que confiéis en la vida, que creáis con lo más profundo del corazón que todo lo que ocurre en la Tierra es perfecto y que respetéis el proceso personal de cada ser humano. En ese instante, y como por arte de magia, se manifestará la solución.*

—¿Qué es el respeto?

—*Es el amor por la vida, por todo lo viviente, por la naturaleza, es la tolerancia y la aceptación de cada ser humano a elegir su propio camino. Es el ofrecimiento de sentir, de comprenderse, de aceptarse, y se inicia cuando sois responsables de vuestra salud, de vuestra nutrición física, de vuestras emociones, de vuestra mente y de vuestro espíritu. Respetaros es un sentimiento con el cual observáis sin juzgar y seguís vuestros sueños.*

—¿Existe algún método para vivir en el respeto?

—*Os ofrezco unas claves:*

Preceptos para vivir en el respeto

- primero; *Atended a vuestras necesidades y deseos más escondidos e intentad llevarlos a cabo.*

- segundo; *Trataros bien a vosotros mismos con el máximo amor y escuchad el corazón, el nunca os engaña,*

> tercero; *Daros cuenta si algo o alguien os hace daño, qué estáis haciendo para que eso suceda, y evitarlo.*
>
> cuarto; *Vivid con honestidad y sinceridad, siendo fieles a vosotros mismos.*
>
> quinto; *Estableced una comunicación plena y excelente con vuestro interior, con vuestra alma,*
>
> *Divertios, jugad, y vivid en la alegría,*
>
> séptimo; *Disfrutad de vuestro tiempo, y de vuestro espacio, sin dañaros, sin dañar a nadie,*
>
> octavo; *Sed libres en cuerpo y alma, y que cada uno sea libre sin ataduras, sin juzgar, sin acusar, solo vivid,*
>
> noveno; *Respetad a los demás, como os gustaría que os respetaran*

–¿Cómo podemos respetar a los demás?

–*Para respetar a vuestros semejantes, lo primero es respetaros a vosotros mismos. Cuando respetáis al prójimo, sois capaces de entender que si no os piden vuestra opinión, si no os buscan, si no os permiten formular vuestras ideas, no os expreséis; admitid que no es el momento de compartir, y el proceso llegará solo.*

–¿Cómo podemos ser fieles a nosotros mismos?

–*Viviendo acordes con el dictado de vuestro corazón. Si lo queréis lograr debéis descubrir lo imprescindible que hay en vuestra vida, y no renunciar a vuestros sueños por las críticas o las ideas de los demás, no permitir que nadie elija vuestro camino, que marque vuestro ritmo, ni que os imponga cómo debéis vivir... No os dejéis llevar por el sistema, no os cobijéis en el miedo al qué dirán, ni en la mediocridad de los cobardes de espíritu que necesitan ser queridos a cualquier precio y anteponen las ideas ajenas a las propias.*

Para ser fieles a vuestra alma, liberaos de todas ataduras, desprendeos de las máscaras, de las caretas y de los disfraces que lleváis, y que vuestra prioridad sea vivir con honestidad, con amor, con alegría...

–¿Cómo podemos elegir nuestras prioridades?

–*Lo fundamental en esta, vuestra actual encarnación, son las personas o cosas* que no se pueden abandonar, que son indispensables en el día a día para vuestro crecimiento y felicidad. Por ello os invito a que os comprometáis con la vida con la máxima intensidad, a que soñéis imposibles, a que os embriaguéis de pasión, a que inventéis proyectos, a que os entreguéis a la Energía del Creador...

–¿Qué es el compromiso?

–*Es el firme propósito que adquirís para realizar un acto con alguien o con vosotros mismos; es un lugar de respeto con vuestra alma, es uno de los basamentos de vuestra credibilidad.*

>>Comprometeros os ayuda a centrar vuestros esfuerzos, a disfrutar de vuestra palabra y a encontrar vuestro lugar en el mundo.

–¿Qué es la diversión?

–*Es el encuentro con la alegría, con el regocijo, con el juego que vive en vuestro yo más profundo. Conforme vais creciendo y adquiriendo responsabilidades, vais perdiendo el sentido del humor y os olvidáis de lo importante que es para vuestra existencia la diversión. Eso os hace vivir y envejecer irritados, enfadados o resentidos. Os tomáis esta encarnación demasiado en serio. Os olvidáis de reír, no os queda tiempo de jugar, de ponerle a vuestra historia esa dosis de locura que tan diferente la hace.*

>>Tened en cuenta que la alegría os conecta con vuestro niño interior porque la vida lleva consigo diversión y satisfacción. Os toca entender que cuando los seres humanos vivís tristes, apenados, o afligidos, transmitís esa seriedad y esa tristeza a quien se acerca a vosotros. Os sugiero que disfrutéis, que juguéis, que os llenéis de esperanza.

–¿Cómo podemos los seres humanos recuperar y aflorar nuestro niño interior?

–*Haced lo que siempre os hizo felices:*

* *Bañaos en la playa por la noche,*

* *Subíos a un árbol y mirad la vida desde ahí,*

* *Pasead sin paraguas bajo la lluvia, saltad sobre los charcos...*

* *Abrazad a vuestros padres (si aún los disfrutáis vivos) o a vuestros hermanos, o miradlos sin hablar y permaneced en su regazo por tiempo indefinido,*

* *Escapaos durante unas horas con un amigo y cometed algunas locuras...*

–¿A qué compañeros de camino elegiremos para divertirnos?

–A aquellos con los que podáis hablar, con los que soñéis y, sobre todo, con quien conectéis a través del sentido del humor... Haced todo lo que os haga felices, os permita disfrutar y os produzca placer: bailar, jugar, viajar, conocer nuevos amigos, pasear, estudiar, soñar, amar... Solo si disfrutáis y os divertís plenamente, podréis compartir esa diversión con los demás.

–¿Qué es el sentido del humor?

–Uno de los puntos básicos de la vida, porque al reír, liberáis hormonas, que se encargan de ese estado placentero y armónico que tan felices os hace.

el sentido del humor es uno de los mejores antidepresivos conocidos. Estar alegres os hace sentiros satisfechos con vuestra vida. Los que vivís día a día bien humorados, os enfadáis menos, y por ende estáis más gozosos. La risa, el buen humor y la alegría son herramientas sanadoras..., cuando se abrazan a vuestra vida, el miedo desaparece, la tristeza se ahoga, el ego naufraga...

–¿Cómo podemos aumentar la diversión en nuestras vidas?

–Aquí os dejo unas propuestas para acrecentarlas:

*Asistid a talleres de risoterapia.

*Ved películas, obras de teatro o espectáculos cómicos.

*Jugad con vuestros hijos, pareja, amigos, todo lo que deseéis...

*Cread juegos y esparcimientos para divertiros y ser creativos...

–¿Existe alguna teoría para que vivamos más alegres?

Las seis reglas para vivir en la alegría

primera; *La alegría es igual a juventud; si os divertís, y jugáis, os mantenéis más jóvenes.*

segunda; *La alegría se aprende y se enseña; si gozáis y os llenáis de placer, vivís satisfechos.*

tercera; *Vivir en la alegría os llena de entusiasmo, de esperanza y de fe, es la chispa que os mantiene vivos.*

cuarta; *La alegría es vitalidad. Sana vuestro cuerpo físico, vuestra*

> *mente, vuestra alma, vuestro espíritu, y fortalece vuestro sistema inmunológico.*
> - quinta; *La diversión se descubre, se explora; es un sentimiento contagioso, compártelo, juega, salta, ríe...*
> - sexta; *Vivir en la alegría es amaros a vosotros mismos y a los demás. Es sonreír a quien se aproxime a vuestra vida, es decir una y otra vez; te quiero, gracias, perdón...*

–Tus palabras seducen mi alma, pero en ocasiones esa alegría de la que hablas, desaparece cuando llegan a nuestra vida situaciones que nos estresan. ¿Qué es el estrés?

–*Es una alteración nerviosa que se produce por querer hacer más cosas de las que podéis. Es un exceso de trabajo, o de presión por la familia, por la pareja, por los hijos, y sobre todo, por los problemas reales o imaginarios que os colapsan.*

>>*En ocasiones esta situación os produce una tensión psíquica que os lleva a una sensación de agobio, de pánico, e incluso os conduce a trastornos mentales, físicos y psicológicos. En cientos de casos, llegáis a enfermar gravemente, rompiendo vuestro equilibrio interno y externo, afectando a vuestra forma de vida, a vuestra familia, a vuestros amigos, a vuestro trabajo...*

–Pero nos han enseñado que el estrés nos hace conseguir nuevas metas, y nos conduce a alcanzar nuevos objetivos. Es verdad que a veces vivimos a una velocidad tan alta en nuestro día a día, que nos agotamos con facilidad, y que necesitamos ayuda médica, pero aceptamos que es el precio que hay que pagar por vivir en esta sociedad.

–*Si queréis sobrevivir acompañados de estrés, si deseáis vivir a un ritmo enloquecedor, que os contamina, que no deja piedra sobre piedra de vuestras emociones, que destroza vuestros sueños, que os lleva a vivir sin ilusiones, que os impide disfrutar de lo que amáis, y de lo que os hace feliz, será como caminar entre tinieblas, pero será vuestra decisión...*

–¿Nos puedes enseñar algún ejercicio para vencer al estrés y vivir más calmados?

–*Si deseáis bajar ese ritmo inhumano que lleváis, disfrutar de lo os gusta y de los años que os quedan de vida, os invito a establecer tres pautas:*

    <u>primera</u>: *Descended inmediatamente vuestra velocidad de crucero, caminad más despacio, respirad profundamente más a menudo;*
    <u>segunda</u>: *Id más a la naturaleza, acariciad los arboles, contemplad el mar, mirad el horizonte, relajaos, estad en silencio, pasead en medio de un bosque...*
    <u>tercera</u>: *Observad lo que os produce felicidad, lo que os encanta, lo que os llena, y seguid vuestros sueños desde la paz, el sosiego y el amor,*
    –¿Qué es la ansiedad?
    –Es una sensación de inquietud que os aturde, que os conduce a un temor, en ocasiones, inexistente, es una sacudida que os provoca miedo, agitación, y algunas veces da lugar a la psicosis, a una depresión, o a enfermedades psicológicas y físicas

    –¿Cómo salir de la ansiedad? ¿Existe algún método?
    –De una forma similar al trabajo personal con el estrés, existe un pequeño tratado de cuatro zonas;
    <u>primera</u>: *Vivir con más calma, con más tranquilidad...,*
    <u>segunda</u>: *Conectar con la Madre Tierra, acercarse al mar, acariciar los árboles, respirar en la montaña...*
    <u>tercera</u>: *Aprender a inhalar y exhalar el aire más lentamente, con más atención, llenando el cuerpo completamente de oxigeno,*
    <u>y cuarta</u>: *Hacer meditación, yoga, taichí...*
    La ansiedad es un veneno tóxico que da al traste con vuestros sueños, para vencerla, necesitáis jugar más, fusionaros con la vida y con vuestros seres queridos. Para erradicarla, es importante que dediquéis todo el tiempo que tengáis a ser felices, a realizar lo que siempre habéis deseado...
    –¿Qué es el tiempo?
    –Descansa. Ahora es el momento de que pares en el silencio, que respires profundamente, que atiendas lo que has escuchado y que integres las enseñanzas.
    –Me gustaría continuar–dije sin mucha convicción. Sabía que sus palabras eran firmes, y que yo necesitaba ese descanso.
    –Calma tu mente y el ruido interior que te inquieta. Más tarde seguiremos hablando...

Novenas enseñanzas
que aprendimos en el Círculo Sagrado

***

Los anclajes positivos son herramientas que nos llevan a conectar con nuestra consciencia.

***

Estos puntos de amarre se usan para enfocar el problema y conseguir la solución a todas nuestras dudas, a nuestros miedos, a nuestros conflictos internos y externos.

***

La consciencia es la puerta de entrada para que contactemos con el Creador, con Dios, con Ála...

***

La culminación del amor es amar a la gota de Energía que vive en nosotros. Cuando creemos, confiamos y nos entregamos a sus decisiones se produce la conexión entre el mundo terrenal y el espiritual. Cuando la amamos se da la unión entre lo sagrado y lo divino, se produce el reencuentro con nuestra alma, con nuestro espíritu...

***

El respeto es la tolerancia y la aceptación que tenemos por nuestro propio camino y por el de los demás.

***

Somos fieles a nosotros mismos, cuando vivimos de acuerdo con el dictado de nuestro corazón y atendemos a las necesidades de nuestra alma.

***

El compromiso es el firme propósito que adquirimos para realizar un acto con alguien o con nosotros mismos; es un lugar de respeto con nuestra alma, uno de los basamentos de nuestra credibilidad.

***

***

La diversión, la alegría, el juego son básicos en nuestra vida porque nos conectan con nuestro niño interior

***

El sentido del humor, la risa, las carcajadas, son herramientas imprescindibles para disfrutar de nuestro día a día.

***

El estrés y la ansiedad desaparecen cuando bajamos el ritmo enloquecedor que nos contamina, nutriéndonos más de la naturaleza, haciendo lo que nos gusta y nos hace feliz.

***

Cuando meditamos, aprendemos a respirar y estamos en silencio, disminuyen el estrés y la ansiedad de nuestra vida.

El tiempo, la comunicación, el silencio…

Se puede "estar" feliz un tiempo,
o "ser" feliz eternamente.

—Siento curiosidad por conocer quién eres. Deseo saber quién se oculta en la oscuridad.

—*Si lo hicieras no podrías seguir con tu aprendizaje. Te invito a que continúes con los ojos cerrados todo el tiempo que estés en esta cueva, y permanezcas atento a lo que te voy a enseñar. No te arrepentirás.*

Intuí que decía la verdad. No quería desperdiciar la oportunidad que estaba recibiendo. Respiré en profundidad y con renovada energía, le cuestioné:

—¿Qué es el tiempo?

—*Es algo efímero, volátil e intangible, es un concepto terrenal que no existe. Es una invención subjetiva de los seres humanos para intentar poner orden en el transcurso de las épocas, es una solución errónea creada por los señores que viven en la mente: grupos de presión, científicos, y jefes religiosos, para intentar dominar el mundo.*

>>*En la antigüedad la noción de tiempo era distinta, la gente se regía por las estaciones (lluviosa, seca, del monzón), por la Luna… Había diferentes formas de controlar el paso por este mundo. La gente nacía, vivía, envejecía y moría sin ser conscientes de ese concepto temporal.*

–Pero sin el concepto de tiempo, esta vida sería un caos.

–*¿Tú lo crees? Con el paso de los años humanos tenéis una sensación extraña que os acompaña: esa espada de Damocles, llamada tiempo, parece avanzar rápido, muy veloz, sin detenerse por nada ni por nadie. Parece que los días transcurren como suspiros, que se os escapa entre los dedos, y conforme vais cumpliendo amaneceres tenéis la percepción de no vivir, de vegetar, de arrastrarse...*

Si alguna vez llegáis a ese estremecimiento, ¡Atención!, parad y observad qué os intenta decir esa emoción. Reflexionad sobre su importancia, revisad en qué gastáis vuestro valioso tiempo y con quién lo compartís. Solo así, cuando lleguéis al fin de vuestros días, tendréis la agradable sensación de saber que habéis vivido.

–¿Quién nos impide disfrutar del tiempo?

–*Los únicos impedidores para gozar más de vuestro tiempo, los que os ponen barreras y os esclavizan, sois vosotros mismos. Solo vosotros tenéis el poder para <u>cómo, en qué o en quién invertir ese tiempo</u>".*

El tiempo, al igual que la vida son para ser saboreados con la máxima pasión, para gozar cada segundo, cada instante, cada emoción que llegue a vuestra existencia. Cuando se vive con esa intensidad se habla de una etapa basada en la plenitud. Por ello, os invito a que reviséis cómo ha sido vuestra vida hasta ahora, y sentir que desde ya podéis invertir más tiempo en vosotros, en lo que os gusta, en lo que siempre habéis deseado, en lo que os hace feliz...

–Yo creo que todos queremos disfrutar del tiempo que tenemos de vida.

–*Para disfrutar de el, es importante no caer en la trampa del ego, en el engaño de la mente que utiliza frases como: "Se que lo puedo hacer ahora, pero lo haré más adelante", "Es mi sueño y estoy preparado, pero no es el momento, algún día lo realizaré..." "Dentro de unos años lo conseguiré..., ahora tengo miedo a lanzarme a la aventura" Y actuáis con el aplazamiento de vuestros actos una y otra vez, y mientras tanto, el tiempo pasa sin retorno.*

Sin embargo, lo que os ofrece vuestro corazón son frases de esperanza, de convicción y de energía positiva: "Es mi sueño, y lo hago en este instante", "Estoy preparado y elijo hacerlo ahora", "No sé el resultado de esta decisión, pero en estos momentos es lo que siento que quiero hacer y lo realizo", "Lo estoy atendiendo y me ocupo de ello..."

Recordad, que con ese cuerpo físico, solo disponéis de una existencia, por ello os invito a que no lo malgastéis, a que lo invirtáis en vosotros. Tened presente que la vida no se detiene por nada ni por nadie. Cada segundo, cada soplo de aire, cada amanecer se ofrece a vuestra entera disposición. Disfrutad de vuestros días con quienes queráis, seguid vuestros sueños y haced lo que os gusta. Por ello, carpe diem, aprovechad cada instante, dad tiempo al amor, a la amistad, a la alegría... Estableced lo esencial que existe en vuestra vida descubriendo vuestras prioridades e invertid vuestra energía en saborear la felicidad, *"únicamente así será un tiempo bien vivido"*.

–¿Nos puedes dar algún sistema para emplear bien nuestro tiempo?

–Aquí os entrego uno:

Claves para disfrutar bien de vuestro tiempo

- primero: *Invertid vuestro tiempo en vosotros, en lo que os gusta y os hace felices, no malgastarlo.*
- segundo: *Anotad siete prioridades, proyectos o metas que tengáis en la vida, y cumplirlas,*
- tercero: *Apuntad los nombres de las siete personas que son importantes en vuestra existencia, que os aportan felicidad, que os aportan amor, y compartir vuestro tiempo con ellas.*

>>Si los atendéis disfrutaréis hasta que la vejez venga de visita a quedarse junto a vuestra piel:

–Hablas de la vejez, pero los ancianos en la actualidad ya no sirven para nada, ya han cumplido su misión, y es mejor que vivan en residencias. Nos enseñan que ahora son seres inútiles para este mundo creado para los más jóvenes y los más fuertes.

–¡Craso error! Los ancianos en épocas anteriores eran seres visibles, que se escuchaban con atención. Sus palabras eran certeras, y transmitían su consciencia a estirpes posteriores valiéndose de la oralidad. En aquellos momentos no interesaba la edad, porque no se conocían los años que tenía un ser humano, solo entendían si era más sabio o menos, y lo que aportaba al mundo.

>>Lo verdaderamente importante era el amor puesto en la vida, la luz que emanaba de su persona, su sabiduría. Los niños, si querían aprender, se acercaban

a su encuentro, y eran instruidos por ellos. No había universidades donde transmitir los conocimientos, la gente no estudiaba, y quien lo hacía –las órdenes religiosas, casi exclusivamente– ostentaba y ostentan el poder de la mente para controlar al resto de la población.

–¿Y dices qué todavía no ha terminado ese intento de control?

–En la actualidad se encuentra en todo su apogeo. *Los seres mentales: científicos, líderes religiosos, jefes políticos, o grupos de poder, los llamados Iluminati, han conquistado el mundo, han creado los relojes, los cronómetros, los despertadores, y han elaborado tanta complejidad con el tiempo, que os tienen asustados, aterrorizados, pensando en que se os termina la vida.*

Lo hacen porque si todo es complejo, la mente inconsciente se siente importante, no quieren que la vida se gobierne por cosas sencillas, como el amor, el respeto, la generosidad…, no desean que las personas crean en las cosas naturales: el sol, el aire, el agua… Intentan controlar todas las situaciones, incluido el tiempo, incluida la vida, y ostentan el poder, sobre todo el económico y el de decisión.

–¿Siempre ha sucedido como nos cuentas?

–Con el transcurrir de los siglos, la mente inferior, dominó al mundo a través del control del tiempo. *Os comunicaron que la vida tiene una duración limitada y os crearon el miedo a la muerte. En las primeras épocas de este planeta, la muerte y la vida eran lo mismo. Los ancianos enseñaban que se nacía y se moría, para volver a nacer. Los habitantes de la tierra vivían más alegres, estaban más satisfechos, eran más felices…*

Ahora, los adoradores del tiempo, de la oscuridad, del mundo científico son los vigilantes de las estaciones y os hacen envejecer con temor. Han conseguido meteros el miedo en el cuerpo y os tienen aterrorizados, porque no sabéis cómo vivir, ni cómo morir…

–¿Cómo lo hacen?

–Recurren a palabras que llenan de temor los corazones de las personas: "el tiempo se escapa tan rápido", "no tenemos tiempo para nada", "con qué rapidez pasa la vida, ni me he enterado del transcurrir de los años…"

No comprendéis que todos disponéis del mismo periodo de vida humano, veinticuatro horas terrenales, que nadie tiene ni un segundo más, ni uno menos, que algunos lo disfrutáis y otros lo malgastáis.

EL AUTÉNTICO MAESTRO

>>*Cuando aprendáis a vivir cada día como si fuera vuestra primera jornada en la Tierra, disfrutaréis de cada segundo, de cada abrazo, de cada palabra... Si vivís en esta encarnación como si fuera vuestro último momento en este mundo, seréis conscientes de lo vulnerables que sois y de cómo queréis vivir. Así, no des perdiciaréis ni malgastaréis ese concepto llamado tiempo, lo invertiréis en vuestro crecimiento diario, en vuestra evolución disfrutando de cada respiración, de cada amanecer. Si sois dueños de vuestro tiempo, sois dueños de vuestra vida...*

–¿Nos puedes dar datos razonados, por algo que se pueda verificar?

–*Me expresaré en cifras terrenales: Los habitantes del mal llamado primer mundo tenéis una esperanza de vida de setenta y cinco años; traducido a días, veintisiete mil trescientos setenta y cinco, según la medida humana. Algunas de esas personas trabajáis unos treinta y cinco años a unas ocho horas por jornada; o sea, unos siete mil setecientos días aproximadamente.*

>>*A dormir le dedicáis cerca de veinticinco años, unos nueve mil ciento veinti cinco noches. A la limpieza personal, la higiene, el aseo..., os lleva unas mil ciento cuarenta jornadas, normalmente. Utilizáis la televisión, el ordenador, los teléfonos móviles..., unos dos mil días, unos cinco años y cuatro meses, más o menos.*

>>*Todo lo anterior suma con escasa diferencia unos diecinueve mil novecientos sesenta y cinco días, es decir, que os quedan para comer, para amar, para compartir unas siete mil cuatrocientas quince jornadas, aproximadamente. Únicamente voso tros decidís si desperdiciar o disfrutar esos días, pero recordar que cada segundo es irrepetible.*

>>*La vida os permite bailar, estudiar, escribir, viajar, o por el contrario aban donarse a la nada, a la oscuridad, a la desilusión... Cada persona tiene el libre albedrío de elegir. Podéis disfrutar intensamente del presente, quedaros a vivir en el pasado u obsesionarse con el futuro, allá cada cual. Os invito a que viváis, a que disfrutéis, a que soñéis, a que améis cada respiración..., vuestra vida habrá merecido la pena.*

–¿Es posible recuperar el tiempo perdido? ¿Existe la posibilidad de recobrar los momentos extraviados con nuestra pareja, con nuestros hijos, con nuestros amigos...?

–*No. El tiempo perdido, no se puede recuperar. Lo que sí os propongo que es que disfrutéis a partir de hoy de cada instante de vuestra vida, que viváis con la máxima pasión, que os aventuréis a vivir, a reír, a viajar, que no lo desperdiciéis más, que os lancéis a disfrutar, a explorar, a conocer un nuevo espacio desconocido y emocionante... Es el momento de invertir en vosotros, en lo que os alimenta el alma, en lo que os ofrece alegría, en lo que os da satisfacción. Vosotros tenéis la última palabra...*

–¿Qué es la comunicación?

–*Es el medio con el que os relacionáis mediante las palabras, los gestos, las miradas, los hechos y las actitudes. La comunicación ha de ser flexible y firme, con una base consistente. Es una construcción muy compleja que requiere de una correcta utilización de todos sus elementos. Es tan difícil su fabricación y su mantenimiento, que se daña con facilidad; por ello, dedicarle el cuidado diario que se merece a revisarla, reconstruirla y mimarla.*

–¿Qué sucede si no la cuidamos?

–*Si no cuidáis la comunicación vuestra vida se puede dañar. Las causas más habituales son: por descuido, por falta del amor que merece, por no prestar atención a las palabras empleadas, por la utilización de un vocabulario inadecuado o agresivo, o, aún peor, por pura incomunicación.*

–¿Tan importante es para los seres humanos?

–*Más que importante, "es indispensable". La comunicación es el punto de encuentro donde os unís y os separáis, donde os conocéis y os aceptáis, es el lugar mágico donde os amáis. Comunicaros es el camino que hace posible que alcancéis vuestros sueños, que cumpláis vuestros deseos, que os encontréis con otros corazones que os esperan.*

–¿Qué nos aconsejas para comunicarnos mejor?

–*Existen unos preceptos prioritarios para mejorar la comunicación:*

Reglas para una comunicación excelente

primero: *Comunicaos con amor, con alegría, con palabras de cariño, de ternura, de calma...*

segundo: *Escuchad el doble de lo que habláis. Quien escucha con amor, aprende a amar. La escucha es el punto geométrico donde os encontráis con vosotros mismos y con los demás.*

- tercero: *No pronunciar palabras que os dañen, hieran o causen sufrimiento a vosotros, ni a los demás. Si lo que vais a decir es tóxico, mantener la boca cerrada, y alejaros en silencio.*
- cuarto: *Al escuchar, ser tolerantes, empáticos, compasivos, y sobre todo, no juzgar.*
- quinto: *Al hablar mirad a los ojos, enviar amor a quien os escuche y ayudaréis a vuestros semejantes,*
- sexto: *Antes de hablar, respirad profundamente para inundar de oxígeno todo vuestro ser, tendréis más calma,*
- séptimo: *Tened momentos de silencio y Dios se comunicara con vosotros...*

–¿Es posible que la comunicación nos ayude a solucionar nuestras dudas y nuestros conflictos?

–Es algo natural. Si existe algún problema en vuestra vida, si hay un dolor o un sufrimiento angustioso, sacadlo a la luz, mostradlo al exterior, solo así perderá parte de su fuerza y lo podréis sanar. Si lo guardáis, si lo escondéis en vuestro interior, se agravará, se estancará e incluso os podrá provocar enfermedades tanto físicas, mentales o del alma.

\>>Para sanar vuestras heridas, para curar el cuerpo y el corazón, reconectaros con vuestro espíritu a través de la comunicación y el silencio. Entended que vuestras palabras pueden ayudar o dañar a quien las escuche. Unas frases inapropiadas pueden hacer un daño enloquecedor; sin embargo, un comentario de aliento, dicho con amor y respeto, ofrecerá calma y felicidad a vuestro oyente.

–¿Y si estamos enfadados? ¿Cómo controlar nuestras palabras?

–Como ya os enseñe, una cosa es "*estar*" enfadado, y otra muy distinta " enfadado. Estar disgustado momentáneamente es algo normal en el ser humano, lo que es tóxico es que viváis cada día con sentimientos de rencor y de resentimiento. No olvidéis que las palabras encierran un enorme poder e influyen positiva o negativamente en vuestra vida. Que vuestros mensajes pueden sanar o herir a los demás, pero sobre todo a vosotros mismos.

\>>Recordad que "el fuego se apaga con agua, no con más fuego; las palabras de odio, de rencor y de rabia, únicamente se sanan con mensajes de cariño y de ternura

–¿Existen diferentes tipos de palabras?

–Sí. Muy distintas. Hay palabras amables que alivian el peso de las cargas que os angustian, hay expresiones alegres que atenúan el dolor y suavizan las actitudes, y hay mensajes cariñosos que apaciguan los pensamientos y sosiegan las acciones. También brotan, a veces incontrolables, expresiones que contaminan, intoxican y destruyen el bienestar de una persona. Por ello, cuando cuidáis vuestro lenguaje y escucháis con la máxima atención, la luz de vuestro espíritu brilla, sanáis enfermedades, y curáis dolencias del cuerpo y de la psique.

–¿Qué es escuchar con la máxima atención?

–Es amar a quien se comunica con vosotros. Es estar pendiente con todos vuestros sentidos de las palabras, los gestos y las expresiones de quien os transmite su pensar y su sentir. Cuando escucháis atentamente sentís en ese momento que no existe nada más importante en vuestra vida.

Dejáis de disfrutar el presente cuando, en vez de escuchar, necesitáis hablar; cuando, mientras otra persona os está hablando, sentís la imperiosa necesidad de intervenir para contar lo vuestro, lo que vosotros haríais, porque en ese momento no estáis escuchando, estáis preparando vuestro discurso, lo que para vosotros es necesario, y de esta forma no existe una buena comunicación, porque sencillamente no hay escucha.

–¿Qué nos aconsejas para mejorar nuestra comunicación?

–Es imprescindible que aprendáis a escuchar, porque cuanto más escuchéis, más aprendéis... Para poder mantener una buena comunicación, tenéis que expresaros y permitir que otros lo hagan. Esa escucha se establece a través del respeto, hacía vuestro interlocutor. Entended que el ego os incita a acaparar el protagonismo de la conversación, con lo que evita que seáis capaces de sentir empatía por quien os está hablando, y así es difícil el entendimiento con los demás.

En una conversación siempre participan, al menos, dos; no es posible mantener una buena comunicación con alguien cuya forma de expresarse sea siempre «Yo», «Es que yo», «Pues yo», «Yo hago», «Yo pienso», «Yo haría». "Yo, yo y yo..." Eso no es una conversación sino más bien un monólogo. Dejad espacio al otro y escuchadlo con la misma atención con la que deseáis ser escuchados.

–¿Existe algún ejercicio para aprender a escuchar más y comunicarnos mejor?

–Os propongo un entrenamiento maravilloso compuesto por tres dinámicas:

- primera: *Cuando vayáis a entablar una comunicación con una persona o un grupo, inhalad y exhalad profundamente solo por la nariz, con la boca cerrada. Os mordéis la punta de la lengua con suavidad, escucháis a quien está hablando, y permitir que sus palabras penetren en vuestro interior con dulzura. Solo hablad al ser preguntados...,*

- segunda: *Al hablar, mirad a los ojos, sentid amor con quien compartís ese momento, enviadle armonía, felicidad, y seréis alcanzados por la cama.*

- tercera: *Al expresaros, no acaparéis la conversación, escuchad el doble de lo que habláis: respetad.*

–¿Aseguras con total convencimiento que la comunicación es primordial para los seres humanos?

–*Indudablemente. Ella influye directamente en vuestra actitud. Cuando tenéis una buena relación con vuestro interior, la comunicación con el exterior será fluida; pero si ese vínculo con vosotros es difícil o está obstruido, la fluidez se torna inflexibilidad y engendrará incomunicación con los demás. Si la comunicación no es buena o se interrumpe, la relación se va deteriorando con el paso del tiempo y finalmente se desmoronará, no existiendo lugar por donde transitar, por donde acercarse los unos a los otros.*

–¿Dónde comienza la comunicación?

–*Se inicia a través de la respiración, comienza cuando os habláis personal mente con ternura, con alegría, con cariño, y después trasladáis ese lenguaje a vuestros seres queridos en general. Os sugiero que os comuniquéis siempre con la gente que queréis con amor, permitid que vuestro recuerdo sea pacífico, agradecido y sonriente. Dejad que vuestras palabras penetren en los demás como un benéfico calabobos emocional.*

–¿Qué significa la palabra respiración?

–*Es el acto extraordinario de inhalar y exhalar el aire. Es el regalo que os mantiene conectados a esta encarnación y que os lleva a ser encontrados por el Creador. Es el vehículo de la vida y resulta imprescindible en su desarrollo.*

>>*Al nacer desarrolláis un sistema respiratorio que realiza un proceso auto mático, sin descanso y fundamental para vuestra existencia. Cuando abrís los ojos a esta vida, vuestra respiración plena es diafragmática, pero poco a poco vuestra*

forma de vivir hace que empecéis a respirar de una forma más superficial pasando a utilizar tan solo el veinticinco por ciento de vuestra capacidad pulmonar. Según vais creciendo, respiráis superficialmente. Como consecuencia, no oxigenáis adecuadamente algunas zonas de vuestro cuerpo, principalmente el cerebro. Podéis dejar de comer durante días, incluso dejar de beber durante un tiempo mucho más breve, pero si no respiráis en unos segundos, no seguiréis con vida. A partir de estar más de cinco minutos sin entrar oxigeno en vuestra materia gris, se produce la muerte cerebral o graves daños neurológicos.

Es fundamental, que aprendáis a respirar plenamente para volver a inundar de oxígeno todo vuestro ser, para llenaros de la Energía del Creador.

–¿Afirmas que si aprendemos a respirar nuestra existencia mejorará?

–¿*Lo dudas? El comienzo de una vida consciente comienza cuando cerráis la boca, pegáis la punta de la lengua al paladar e inhaláis por la nariz todo el aire admisible, hasta sentir que la zona inferior de los pulmones está llena. Una vez el depósito completo, muy despacio vais soltando el aire por la nariz hasta vaciar totalmente vuestro cuerpo. Procurad tardar el doble en exhalar que en inhalar. Si lo conseguís, la respiración se vuelve más profunda, os centráis en ella y comenzáis a sentir el momento presente.*

–¿Se conoce algún ejercicio respiratorio saludable para nuestro organismo?

–*Existen algunos de ellos que iréis aprendiendo de otros guías. Ahora, os indicaré dos: Se pueden realizar en cualquier lugar y situación: Cocinando, paseando, al conducir, en el trabajo..., no obstante el sitio ideal es en la naturaleza o cuando estéis a solas:*

El primero; Durante unos minutos, cerrad la boca, morded suavemente la punta de la lengua, inhalando y exhalando solo por la nariz. Es importante que se escuche el aire al entrar y al salir. Prestad atención al aire que se introduce y sale de vuestro cuerpo, tomad consciencia durante un mínimo de tres a siete minutos de lo mágico que es este proceso que os mantiene con vida. Si os viene algún pensamiento, dejad que se aleje como si fuera una nube y seguid atendiendo a la respiración.

–Interesante. ¿Cuál es el segundo?

–*Se le denomina el globo mágico; se realiza en un periodo que abarca de uno a tres minutos;*

>respiráis profundamente, y juntáis las palmas de las manos a la altura del plexo solar o del diafragma, cuando se inhala, las palmas se separan como si tuviérais un globo entre ellas, cuando se exhala, las palmas se van juntando de igual manera que el globo se va desinflando.

>>Este ejercicio se repite un mínimo de veintiuna respiraciones completas. Si lo practicáis como mínimo una vez al día alcanzaréis paz y fluiréis en un océano de silencio...

–¿Qué es el silencio?

–"<u>El lenguaje que utiliza Dios para comunicarse con vosotros</u>".

–¿Qué nos enseña el silencio?

–Os concede la oportunidad de parar el tiempo, de escuchar vuestro interior, de amar la vida. Cuando permanecéis en silencio y respiráis con tranquilidad, el ruido exterior desaparece, los sonidos cesan. En ese momento mágico las voces y los mensajes del alma os comienzan a llegar con claridad, y os señala el camino...

–¿Existe el silencio absoluto?

–No. El alma vibra emitiendo un sonido casi inaudible para vuestro oído, pero perfectamente audible para vuestro corazón. Aun cuando estáis en plena meditación y conectados con vuestro interior, no se consigue el silencio completo, vuestro ser vibra constantemente.

–¿Cuál es el mejor lugar para estar y disfrutar del silencio?

–En la naturaleza, donde la información os llega sin interferencias, donde los mensajes los recibís nítidos, donde vuestro corazón está preparado para revelar sus secretos; junto al mar, acompasándose a las olas; en una montaña, con el sonido del viento; en un bosque, arrullado con el canto de los pájaros...

–¿Por qué cuando estamos en silencio la cabeza se nos inunda de miles de ideas, de preocupaciones, o de pánico?

–Los pensamientos que os llegan desde la mente inferior os intentan dominar en todo momento, os llenan de ansiedad, de miedo, de dudas, y se calman cuando comenzáis a ser conscientes, cuando aprendéis a respirar profundamente, cuando llenáis de oxígeno todos los rincones de vuestro organismo;

>>La mente se tranquiliza cuando entráis en un estado de meditación, de oración, o de conocimiento íntimo; y se transforma cuando estáis en contacto con la

Madre Tierra. De ese modo, alcanzáis el sosiego al participar del verdadero silencio –casi absoluto– del alma, el cual os lleva a una sensación de paz y de armonía proveniente de la Fuente Sagrada.

Ese silencio os conduce a un estado, gracias al cual, servís de referente para otras personas que se acercan a vosotros. Cuando vivís ese silencio espiritual -interno, nacido en el corazón–, sois capaces de conectar con la Energía de Dios...

–¿Existen diferentes tipos de silencio?

–Sí. Los que se realizan desde la parte consciente que es deseado, y los que se hacen desde la inconsciente, que normalmente es obligado. No obstante, existe un Silencio Sagrado que se produce –durante el embarazo– entre la madre y el feto. Cuando esto sucede se forja una conexión entre almas durante los nueve meses, que supone una comunicación placentaria, e incluso telepática. En el embarazo hay una unión plena y silenciosa entre los dos espíritus que continúa a lo largo de las vidas...

–¿Nos podrías decir algún ejercicio que nos ayude a descubrir el silencio y nos conecte con nuestro interior?

–Al igual que con la respiración, hay miles de ellos. Existen retiros de silencio, a los que podéis añadir uno más por si lo necesitáis: Con los ojos cerrados, permaneced tres minutos callados en un lugar tranquilo y sin ruidos, lo ideal es entre los árboles. Respirad profundamente, llenaos de energía y escuchad el sonido del silencio que brota de vuestro interior. Después, abrid los ojos y observad que ante vosotros se encuentra la vida, se halla la calma, se aposenta la paz... Podéis volver a esa sensación cada vez que lo deseéis.

–¿Tú crees que la falta de comunicación puede conseguir que los seres humanos enfermemos?

–Evidentemente. Es un factor clave e importante, aunque existen otros factores que hacen que padezcáis una enfermedad.

–¿Qué es la enfermedad?

–Esta pregunta es muy importante, y más tarde será respondida, ahora coloca la punta de la lengua en el paladar y tus manos encima del plexo solar. Haz siete respiraciones profundas, lleva el aire a todos los circuitos de tu cuerpo y se paciente.

Intrigado, seguí sus indicaciones, comencé el proceso de respirar intentando aquietar mi mente, y entre inhalaciones y exhalaciones, me rendí...

Decimas enseñanzas
que aprendimos en el Círculo Sagrado

***

El tiempo no existe, es algo efímero, volátil e intangible. Es una invención subjetiva de los seres humanos para intentar poner orden en el transcurso de las épocas.

***

El tiempo es una solución errónea creada por los señores de la zona mental: grupos de presión, científicos, jefes religiosos…, para intentar dominar el mundo.

***

El tiempo perdido no se puede recuperar, por ello, vivamos, amemos, exploremos…,

***

La comunicación es la plataforma por donde caminamos durante toda nuestra vida, es el medio por el cual nos relacionamos mediante las palabras, los gestos, las miradas, las actitudes…

***

La comunicación es una construcción compleja que requiere de una correcta utilización. Es tan difícil su diseño y su mantenimiento, que se daña con facilidad; por ello, es importante dedicar un tiempo al día para revisarla, reconstruirla y mimarla.

***

Escuchar con la máxima atención es atender con todos nuestros sentidos a las palabras, a los gestos y a las expresiones de quien nos transmite su pensar y su sentir

***

Respirar es un acto extraordinario, milagroso y sagrado, es un regalo que nos mantiene conectados a esta encarnación y que nos lleva a ser encontrados por el Creador.

***

El lenguaje que utiliza Dios para comunicarse con nosotros es el silencio".

***

Las Emociones, las enfermedades, la sanación...

Únicamente eres dueño de lo que compartes
sin condiciones

Me sentía en paz, mis ojos seguían cerradas por la extraña petición de la voz que me estaba instruyendo. De mi interior siguieron brotando algunas preguntas que ofrecerían luz a mi vida:

–¿Qué significa la palabra enfermedad?

–*Es el desequilibrio de las cuatro zonas que os forman. Es el mecanismo de defensa de vuestro ser para que atendáis y eliminéis las dolencias que os invaden y contaminan vuestro organismo.*

–¿Qué es la salud?

–*La ausencia de enfermedad. Es una situación de equilibrio entre vuestros cuatro puntos energéticos que dan lugar a la desaparición de las molestias que padecéis y a normalizar biológicamente vuestro cuerpo.*

–¿Cómo podemos disfrutar de una buena salud?

–*Alcanzáis una excelente salud cuando trabajáis, nutrís y cuidáis las cuatro zonas que os configuran: mente, físico, emociones y espíritu. Es indispensable que toméis consciencia de que la desperdiciáis a través de intoxicaros a vosotros mismos al consumir tabaco, alcohol, drogas..., que la malgastáis al acumular rencor, ira, envidia..., y sobre todo la derrocháis al lanzar al mundo pensamientos, palabras y actos negativos que os destruyen.*

–¿Existen diferentes enfermedades?

–*Evidentemente. Pueden ser físicas, mentales, emocionales o espirituales.*

–Hablas de cuatro tipos, eso significa ¿qué existen cuatro clases de salud?

–*Recordad que sois duales, si existen cuatro tipos de enfermedades, hay cuatro clases de salud.*

–¿Existe alguna forma de cuidar la salud física?

–*La salud física mejora y se regenera atendiendo a los cinco puntos que la forman: Alimentación, ejercicio físico, sexualidad, diversión y descanso.*

en primer lugar con una <u>"alimentación sana"</u>: que os proporciona nutrientes, proteínas, vitaminas y demás componentes necesarios para que vuestro ser almacene buena energía.

–Llevamos mucho tiempo escuchando que existen algunas dietas milagro, que hablan de las bondades de ese tipo de alimentación? ¿Cuál es la ideal?

–*Brotan millones de teorías acerca de la nutrición física perfecta. <u>¡Atención, permaneced alerta!</u> No os dejéis aconsejar por cantos de sirena, ni por esas comidas milagrosas. Yo os invito a que conozcáis los alimentos a través de personas que se dedican a cuidar la comida: nutricionistas, naturópatas, endocrinos, ancianos...*

Tened en cuenta que la alimentación determina vuestra vida, si es sana, vuestra existencia será saludable, tendréis más fuerza, seréis más vigorosos, y recibiréis multitud de beneficios para vuestro cuerpo físico. Es básico que descubráis qué alimentos son sanos para vuestro organismo, y averiguad qué os nutre de buena energía.

–Pero, algunas personas que son veganas, vegetarinas, o crudívoras, son inflexibles, y no admiten, en el tema de la alimentación, que se consuman productos animales: ni carne, ni pescado, ni huevos... Por su parte los que comen proteínas animales, afirman con indiferencia que los alimentos que ingieren son sanos, que los consumidores solo de vegetales, son enfermos mentales por su intolerancia a quien piensan diferente a ellos ¿Quién tiene razón? ¿Qué alimentos nos aportan una mejor salud?

–*Hay distintos tipos de alimentación y a pesar que se establecen formas de nutrición como ideales, como perfectas y sin contraindicaciones, todas tienen sus ventajas y sus inconvenientes. Por ello, es básico, aprender, estudiar y averiguar personalmente que alimentos os nutren más, cuales son más saludables para vuestro organismo. Yo os propongo que utilicéis una basada en tres partes, en un porcentaje de:*

>*un 60% de la primera zona: frutas, verduras, hortalizas, arroz integral..., como comidas principales. Si aumentáis vuestro consumo de esos alimentos, seréis más ligeros, viviréis con más calma y más tranquilos...*

>*un 25% de la alimentación estará centrada en la segunda zona: derivados lácteos bajos en grasas, aceite de oliva, frutos secos, ajo, cebolla, legumbres...*

>*y un 15% de la tercera: alimentos proteínicos equilibrados que nos aportan más energía: algo de carne blanca, (pollo, pavo...), pescado (mejor el azul), huevos...*

>*y es imprescindible beber agua. Que sea de una pureza excelente y en una cantidad que variará según el clima donde viváis, la edad, la actividad física y el peso corporal, aproximadamente unos dos litros diarios, comenzando en ayunas con un vaso al que le añadiréis un poco de limón o tres pelos de azafran.*

–Para diversos grupos de consumidores, tus sugerencias no serán bien aceptadas.

–Mis palabras son una proposición, no una imposición. Si alguien os intenta imponer o forzar a realizar o a consumir algo que no deseáis, sean alimentos, actividades, juegos, o personas, dejad que el agua corra y apartaros a un lado.

>>Es verdad que existe un fanatismo radical en el tema del consumo de alimentos. Hay grupos de consumidores de un tipo de dieta o de nutrientes que son integristas y agresivos con sus palabras y sus actos para el que piensa de forma diferente a ellos.

>>Por ello, recordad un mandato imprescindible: "<u>Cada ser humano tiene el libre albedrío de vivir como desee sin imponer su voluntad a nadie</u>", y esa ley también esta creada para quien piense lo contrario y su dieta sea únicamente de carne y pescado, o para los que consuman solo vegetales, frutas o semillas.

>>El respeto comienza por uno mismo, por ello os invito a que os nutráis de lo que sintáis que es sano para vuestro organismo, pero no solo de alimentos físicos, también de ideas, de opiniones, y de emociones. Quien se cree en posesión de la verdad, y que su palabra es la única ley sin respetar la decisión de cada ser humano,

algo falla en él. Os recomiendo que os apartéis de esa gente fanática y extremista venga de donde venga.

—Nos hablabas del ejercicio como segunda opción en la parte física.

<u>El ejercicio físico moderado</u> os conduce a la conexión con vosotros mismos, os lleva al encuentro con la respiración, y os ayuda a relajaros. Descubrid que deporte o actividad os produce felicidad, os llena de alegría, os ofrece plenitud, y practicadlo con disciplina: Sea andar, pasear, correr, nadar..., el que vosotros

Hacer deporte fortalece vuestro sistema inmune contra las enfermedades, la depresión y la ansiedad..., por ello, recuperad energía, llenaos de amor por el entrenamiento y realizad ejercicio sano. Recordad que el ejercicio no es un reto, no es buscar el éxito, no es competir, es compartir, es unirse, es reír... Haced deporte, y os sentiréis más vitales, más activos..."

—¿Qué tipo de ejercicio o deporte nos recomiendas?

—El que haga que vuestro sistema cardiaco trabaje aeróbicamente. Esto significa que lo ejercitaréis con oxigeno suficiente, y lo llevaréis a todas las zonas de vuestro organismo y fortaleciendo vuestro sistema inmune.

—El tercer punto habla de la sexualidad, y es un tema que nos interesa mucho. —susurré mientras dejaba escapar una risa suave entre mis labios.

—Te comprendo, es tu parte humana la que habla. La sexualidad os ofrece la oportunidad del encuentro con vuestro ser más salvaje y poderoso. Os ayuda a sacar el erotismo que vive en vosotros, a gozar de la sensualidad, y a disfrutar de esa parte tan vuestra, tan intima...

No escondáis la forma de disfrutar vuestra sexualidad, que emerja de vosotros vuestra energía pasional y vuestra ternura. Si gozáis de vuestra zona sexual desde el conocimiento interior, os deleitaréis de la vida, por ello, amad, sentid, experimentad y vivid con toda la intensidad de la que seáis capaces.

—¿Qué sucede cuando tenemos una buena sexualidad?

—Cuando tenéis una sexualidad sana reducís la ansiedad, los problemas disminuyen, el estrés desaparece, y generáis hormonas que ayudan a un estado de bienestar placentero... Aumenta vuestra estima, tenéis una mejor comunicación, os ayuda a combatir la depresión, la angustia, y el pánico. Fortalecéis vuestro sistema *inmunológico, calma los dolores, os ayuda a rejuvenecer, os véis más atractivos, hacéis ejercicio físico, adelgazáis, estimuláis vuestros músculos, y trabajáis la resistencia, aumenta vuestra esperanza de vida, os relajáis más, conciliáis mejor el sueño, y descansáis de forma correcta,*

>>Con una actividad sexual saludable, recibiréis multitud de beneficios Por ellos os animo a que disfrutéis al máximo de vuestra sexualidad, y que la practiquéis como mínimo de tres a siete veces a la semana.

–Es fascinante la sexualidad que nos ofreces. Te aseguro que la experimentaremos siguiendo tus enseñanzas y la transmitiremos a quien venga a escucharnos. Ahora continúa por favor: ¿Cuál es el cuarto punto?

–"*La diversión, la alegría, la risa...*". *Si vivís de acuerdo a la teoría de la alegría, disfrutaréis de la vida, gozaréis cada segundo sacando a paseo a vuestro niño interior. Viviréis jugando en lo que os aporta gozo, felicidad, y sentido del humor.*

>>La diversión es imprescindible para vuestro corazón. Cuando os divertís, entra en vosotros las risas, el placer, el regocijo... Jugad más, reíd a menudo, conectaros con quien os cuida y seréis siempre jóvenes. Cuando un ser humano vive en la diversión y saca a su pequeño a la superficie, rejuvenece a cada momento.

>>Tened presente que la tristeza, el dolor y el sufrimiento desaparecen con la diversión, con los juegos, con la alegría..., a que esperáis, vivid en lo que os ofrece felicidad, ¡Abajo la rutina!, viva la actividad, la risa, la fiesta..."

–¿Y el quinto punto?¿Que nos enseña?

–"*El descanso*", *que es vital para vuestro cuerpo y que se realiza de tres formas diferentes:*

>primero; cuando estáis cansados físicamente, el descanso es pasivo, es físico, es dormir, es reposar, es recibir un masaje...

>segundo; si el cansancio es mental, o emocional, el descanso es activo: es parar en el silencio, es respirar profundamente, es observar qué os sucede, es sentir, es integrar, es vivir.... Se realiza siempre que sea posible en la naturaleza: Contemplar el mar, recorrer las montañas, o abrazar a los árboles..., ese será el principio de la sanación.

>y tercero; cuando estéis agotados espiritualmente, o le dediquéis muchas horas a la meditación, cuando recéis mucho, o estéis orando todo el día, o asistáis a dife

rentes talleres espirituales o retiros..., el descanso es todo lo contrario, es impulsar las actividades lúdicas: es sacar a vuestro niño interior, es diversión, es jugar, es sexualidad...

–¿Qué sucede si dormimos o descansamos poco o mal?

–Dormir menos de lo necesario os puede afectar gravemente e incluso os hace enfermar, llegando a tener menos memoria, hace que vuestros sentidos se aletarguen y poseer menos capacidad de reacción ante lo que sucede en vuestro entorno. Tendréis cambios de humor, de ánimo y una baja autoestima, aumentara la ansiedad, la depresión, y os descargaréis de energía... Si descansáis mal, ofreceréis una cierta agresividad, un sufrimiento constaste, dolores físicos, e incluso falta de concentración,

El cuerpo humano necesita descansar, es indispensable. La cantidad de horas de sueño depende de cada uno de vosotros, de vuestra edad y es fundamental que lo atendáis para recuperar la salud integral.

–¿Qué hacer para mejorar o proteger la salud mental?

–La clave es activar la consciencia, y lo hacéis cuando:

aceptáis que todo lo que ocurre en la vida y en el mundo entra dentro de la perfección divina,

sois impecables con vuestros pensamientos, palabras y actos,

os ocupáis del conocimiento, del aprendizaje y de los proyectos de crecimiento

activáis la generosidad, la solidaridad y el altruismo,

centráis vuestros sueños, objetivos y metas...,

aprendéis a fluir y no queréis controlar a nada, ni a nadie...,

realizáis ejercicios de prosperidad y de abundancia en todos los campos...

bajáis el ritmo enloquecedor que lleváis, os detenéis más, respiráis profunda-

calmáis la mente visitando a menudo la naturaleza: contemplando las olas, disfrutando del vuelo de una gaviota, caminando entre los árboles...

y sobre todo cuando creéis, confiáis y os entregáis a los designios del Creador

–¿Es posible sanar nuestra salud emocional?

–*Sin ninguna duda y lo haréis a través de:*

>*cursos de conocimiento personal, de autoestima y de contacto con el niño interior,*

>*vivir en el amor, la ternura, la gratitud, el perdón, la libertad...,*

>*dejar a un lado las emociones dañinas que os contaminan: el odio, el rencor, la envidia...,*

>*compartir con la gente que os quiere y os apartáis de las personas tóxicas,*

>*vivir siguiendo al corazón, haciendo lo que os gusta, trabajando en lo que os hace feliz,*

>*teniendo tiempo para vosotros, divirtiéndose y con una excelente comunicación con vosotros mismos,*

–¿Cómo mejorar o limpiar la salud espiritual?

–*Utilizando en primer lugar el contacto con la naturaleza; el detenerse en el silencio deleitándose con el mar, el abrazar a un árbol, el caminar descalzo por el bosque o la playa..., en segundo; explorar las creencias poderosas, la meditación, la conexión con la Energía, con la divinidad..., y en tercero, la sanación del alma, los trabajos de oración o de protección, y la imposición de manos...*

–¿Qué recursos utilizamos contra las enfermedades?

–*Existen diferentes soluciones:*

>*la medicina tradicional o alopática. (Traumatología, cirugía, psicología, psiquiatría...), y la medicinas complementarias o alternativas (Flores de Bach, medicina china, acupuntura, homeopatía, enfoque holístico de la enfermedad, medicina tibetana, biomagnetismo, Reiki, musicoterapia, coaching holístico, reflexología...,*

–¿Cómo sanar de esas enfermedades?

–*La sanación está en el mismo lugar donde os contamináis.*

>>*Sanáis vuestro interior sí os amáis a vosotros mismos, cambiáis las reflexiones, las expresiones y las obras destructivas, en positivas, vivís en el amor, ayudáis a los demás, perdonáis y pedís perdón..., si atendéis a los médicos o sanadores, sean alopáticos, o complementarios, y dejáis que todas las emociones y sentimientos vayan a su lugar correspondiente..., si exteriorizáis vuestros problemas, vuestros*

miedos, vuestras dudas, y dejáis que desaparezcan de vuestra vida, si atendéis a vuestros conflictos desde la conciencia y el amor; si os liberáis de lo que os oprime y os destruye... Si os rodeáis de paz, de alegría, y os llenáis de la Energía Vital...

–Tus palabras serán un punto de referencia para cuidar nuestra salud, pero me gustaría la aparición de un medicamento o de una terapia contra el cáncer y otras enfermedades graves.

–*El cáncer, la leucemia, la hepatitis, el alzhéimer..., reflejan cómo vivís en este momento, y cómo lo habéis hecho en otras vidas. Las enfermedades parecen cosa de suerte, de casualidad, del destino, pero nada es "casual" y si "causal". Todo tiene una causa y un efecto, e íntegramente forma parte de la Creación. Las dolencias las provoca el desatender y rechazar a vuestras cuatro zonas, y sanan cuando comenzáis su cuidado, cuando las atendéis, cuando cambiáis...*

La cura contra el cáncer y otras enfermedades se inicia cuando comenzáis a escuchar a vuestro cuerpo, a vuestra mente, a vuestra alma y a vuestro espíritu. Cuando atendéis a los médicos tradicionales, a los sanadores complementarios, os acercáis a la naturaleza, y comprobáis qué parte de las cuatro está dañada y trabajáis en su curación.

No olvidéis que ningún tipo de ayuda médica es desechable. Recordad que la sanación a través de la medicina, nació hace miles de años cuando un ser humano quiso ayudar a otro que sentía algún tipo de dolor o de molestias. Ese ser se convirtió en un sanador, en un hechicero, en un chaman, en un médico que utilizo plantas, alimentos, y flores para iniciar el proceso de curación. De esos primeros sanadores parten las actuales medicinas: las tradicionales y las complementarias.

–¿Qué es la medicina tradicional?

–*También se la llama medicina alopática. Son conocimientos científicos que intentan preservar o recuperar la salud.*

–¿Es importante este tipo de medicina?

–*Es esencial para la prevención, el tratamiento y la curación de los enfermos sobre todo en el mundo occidental. En el entorno oriental, americano u oceánico se complementan con otras técnicas medicinales alternativas. Recordad que la medicina tradicional sana o lo intenta, utilizando todos los medios a su alcance.*

Los trabajos y los métodos de la medicina alopática, los científicos, los oncólogos, los cirujanos..., con años de investigación sobre el cáncer y enfermedades degenerativas, que ponen el corazón, el alma y la mente al servicio de los afectados por la dolencia, son importantísimos y cruciales en la sanación del paciente.

>>A veces su labor no es apreciada ni valorada, y ellos os han dado la oportu nidad de mejorar vuestra calidad de vida con su esfuerzo y su sacrifico. Durante miles de años hay seres humanos dedicados al estudio, la divulgación y al desarro llo de las medicinas tradicionales que han ayudado a prevenir y a sanar a millones de personas de ciertas enfermedades.

–¿Qué son las medicinas complementarias?

–Son herramientas de sanación que ayudan al ser humano a unir sus cuatro zonas y no forman parte del sistema médico científico o alopático. Estas medicinas abogan por la unión con la medicina tradicional, para ofrecer un resultado real mente completo contra las enfermedades. A este tipo de medicinas, también se les llama, alternativas.

–¿Son efectivas? Algunos responsables del mundo médico alopático, afirman sin pudor, que son perjudiciales y dañinas para el ser humano o simplemente un placebo.

–Hay estudios de estas medicinas alternativas con más de tres mil años de antigüedad, que hablan del beneficio que causan a los enfermos. A su vez existen tratados contrastados que demuestran que actuando conjuntamente la medicina oficial y la complementaria; la acupuntura, la imposición de manos, la medicina tibetana, la terapia biomagnética…

–¿Cómo calmar los dolores psicológicos y físicos de esas enfermedades tan graves?

–Si os queréis sanar y ayudar en la curación de otras personas, si deseáis cal mar los sufrimientos, debéis descubrir la "CAUSA" de la aparición de esa enferme dad, no solo aliviar o sanar el síntoma. Es imprescindible averiguar el origen y qué os pretende transmitir. Porque si no lo hacéis, volverá de visita…

>>Tened en cuenta que la enfermedad avisa de algo que no habéis hecho correc tamente, es un toque de atención para que se establezca un cambio en vuestra vida.

–Me es difícil entender que las enfermedades obedezcan a esos motivos que aludes. Parecen sencillos según tu explicación, pero estoy seguro de que si tus palabras fueran verdad, ya lo hubieran descubierto los miles de científicos e inves tigadores que los estudian.

–La oscuridad desaparece cuando alguien enciende una luz. *Hay diversos estudios de científicos, psicólogos, doctores en medicina: el doctor Hamer, con su nueva medicina germánica, Assensi Teixidor, con sus ocho leyes biológicas, la doctora Adriana Schnake con su enfoque holístico de la enfermedad, Vicent Guillen, y sus leyes espirituales, Eric Rolf y su medicina del alma, y como ellos cientos de investigadores que ofrecen soluciones complementarias diferentes o unidas a la medicina tradicional, y no tan agresivas para el organismo.*

–¿Qué medicina nos recomiendas? ¿Cuál es la más válida? ¿Cuál debemos

–*Yo os invitaría a no desechar ningún camino. Cada persona decide qué tipo de medicina quiere recibir, siendo el único responsable de ello.*

–Si tus palabras son verdad, imagina la responsabilidad que –inconscientemente– le enseñas a los enfermos. Ellos serán los encargados de decidir si se someten a la quimioterapia, o a la radioterapia, o se niegan, o si quieren hacer un tratamiento determinado ante una enfermedad que sufren. Imagina cómo se pondrán los médicos, los científicos, las empresas farmacéuticas... Creo que el tema de las enfermedades son jardines espinosos y el que entra puede salir herido.

–*Habla tu mente inconsciente, por tu boca aparece el miedo a la verdad, y el único antídoto contra ese temor es el amor, el amor por la vida, por los que sufren, por los integrantes de la familia sanitaria: cirujanos, oncólogos, enfermeras, analistas..., personas dedicadas en cuerpo, mente y alma al cuidado y sanación de los enfermos, que la segunda misión que habéis venido a realizar los seres humanos en este mundo, ellos la hacen todos los días: "<u>ayudar a los demás</u>".*

–En ocasiones afirmas que la enfermedad nos enseña a vivir. ¿Puedes definir esas palabras?.

–*La enfermedad es un maestro que os enseña lo que tenéis que aprender de la vida y de vosotros. Esas enseñanzas son puestas ante vuestros ojos como una dolencia, porque no las queréis aceptar, no comprendéis que están ahí por un motivo, cuando lo asumís, ya no lucháis contra ella, ya no la pretendéis vencer, ya no la queréis derrotar, porque se convierte en parte de vosotros.*

Un hermano de la luz, llamado Facundo Cabral, os canto: "<u>el cáncer en ocasiones muere con vosotros, pero en otras no os mata, y os despierta</u>"

–¿Cómo fortalecemos nuestro sistema inmunológico:

–*Promoviendo pensamientos, palabras y obras positivas. Activando la consciencia, la espiritualidad, la respiración consciente y vivir en libertad...*

>>*Con una alimentación sana, con ejercicio físico, con una excelente sexualidad, con una buena diversión y con descanso saludable. Calmando la mente con visitas a la naturaleza, y contacto con la humildad a través de vivir en la solidaridad y compartir con personas que sufren: orfanatos, asilos...*

>>*Utilizando diariamente las emociones primarias que construyen al ser humano; el amor, el perdón, la comunicación..., y desechando las secundarias que os destruyen: el odio, el rencor, los miedos...*

–¿A qué se debe que en ocasiones estamos tan agotados física y mentalmente?

–*Porque se ha activado en vuestro interior uno de los venenos emocionales más mortíferos: la rutina.*

–¿Qué significa la palabra rutina?

–*Es hacer siempre lo mismo, es vegetar sin sueños, sin proyectos, sin ilusiones, es la aniquilación interior del ser humano. Cuando la rutina se apodera de vuestra vida, los días adquieren una falsa sensación de armonía, la cual, con el paso de las semanas, da lugar a la nada, a la oscuridad, al vacío, y lentamente se convierte en un virus mortal que se instala para quedarse en vuestro ser.*

–¿Tan peligrosa es?

–*Es alarmante. Esa monotonía –casi sin sanación– da lugar a la apatía y vivís trescientas sesenta y cinco veces al año el mismo día. Así, os volvéis más sedentarios, menos activos, especialmente en las relaciones de pareja, con vuestras familias, con vuestros amigos. No tenéis ilusión por vivir, ni nada os motiva. En esa tesitura, desperdiciáis la vida.*

>>*La apatía desemboca en el cansancio y el agotamiento. Importan poco el descanso, o las horas dedicadas al sueño. Os levantáis y os encontráis derrengados, sin fuerzas para el día a día, y erróneamente achacáis ese cansancio a la actividad, cuando es todo lo contrario. Obedece a la pasividad, y llegaréis paulatinamente a la muerte física y seréis enterrados, o a la muerte del alma, y en este último caso, seréis muertos que respiran, aunque oficialmente os entierren a los ochenta o noventa años.*

–Nos pintas un futuro oscuro tirando a negro. Cuesta creer que la única culpable sea la rutina. Es imposible.

—*Como queráis, pero si queréis disfrutar de esta encarnación en la tierra, examinad estas siete preguntas:*

¿En vuestro día a día sois activos?
¿Disfrutáis de todo lo que hacéis y nunca os aburrís?
¿Sentís pasión por la vida?
¿Tenéis sueños, y vais a por ellos?
¿Siempre estáis motivados y tenéis ilusión por todo?
¿Tenéis ganas de vivir?
¿Tenéis momentos de alegría cada día?
¿Cada semana hacéis cosas diferentes?

Si las respuestas son positivas, vuestra vida será plena. la monotonía no os alcanza, sois seres activos llenos de amor, de buena energía y de luz..., por el contrario, si vuestras respuestas son negativas, vivís apáticos, y es el momento de que asumáis que la rutina os ha vencido, que vive en vosotros, que estáis muertos mientras camináis...

—¿La rutina asalta exclusivamente a las personas o también desmorona las relaciones conyugales?

—*Se expande por todos los ámbitos de la vida, es un virus que mata en silencio. Es verdad que en la pareja se manifiesta más visiblemente, que en ella se contagia con más rapidez; que se agazapa, infectando todo el tiempo.*

Bastantes relaciones de pareja transitan esos procesos de rutina, de monotonía, y de apatía hasta llegar a la muerte del vínculo con una separación, una ruptura o un abandono. Nadie sabe cómo, pero el amor se ha esfumado. Creyeron que era una relación maravillosa, que el enamoramiento sería eterno, que los proyectos y sueños comunes eran para siempre. Pero no. La mente inferior, que aspira a controlar todo, y que nunca se detiene, logra casi siempre que la pareja dude de ella, que se fragmente, que desaparezca. En su lugar quedan el sufrimiento, la incredulidad, el dolor...

—¿Cómo podemos escapar a la rutina? ¿Qué podemos hacer para no ser atrapados por ella?

—*Existen unos antídotos maravillosos cuya adquisición es libre y gratuita:*

El amor por uno mismo, la alegría, la diversión, el juego por el juego, el acudir a la naturaleza, el redescubrir vuestro niño interior, el apasionaros por la vida...

>>Haced memoria; realizar los ejercicios que os ofrecí para trabajar con vuestro niño interno. Ahora es el momento de que vosotros inventéis otros diferentes, que compartáis diferentes formas de acabar con la rutina.

–Danos un ejemplo.

–*A saber; bailar, caminar, amar, amén de compartir con la pareja, con las familias, con los amigos... Para ello, vivir con alegría, con confianza, con energía positiva, y se producirá la ansiada sanación.*

–Si lo deseable es vivir en plenitud, ¿por qué permitimos el mal, las enfermedades y el caos en este mundo?

–*Te respondo con otra pregunta: ¿Por qué existen el bien, la salud y el orden en este planeta?*

–Ni idea. Creo que es algo natural.

–*Si queréis entender por qué existe lo considerado malo, también debéis pensar por qué vive lo aceptado como bueno. "<u>La enfermedad existe para que florezca la sanación; cuando normalmente veis lo contrario</u>".*

>>A un enfermo se le debe conceder una oportunidad para vivir su presente al máximo, para sentir el aire, el sol... Una persona inmersa en el caos, en el desorden y en el desequilibrio a causa de una enfermedad física, mental, emocional o espiritual, ha de comprender que puede nivelar su vida y alcanzar la paz. Únicamente cuando aceptáis que los seres humanos poseéis las dos caras de la moneda y que sois duales, llegáis a la iluminación del espíritu.

–¿Qué es la iluminación del espíritu?

–*Es cuando vivís en conexión con Dios, es encontrar la paz absoluta, es respirar... La iluminación implica estar en contacto con la Energía en cada momento de vuestra vida, es amar diariamente, es permanecer en silencio, es ser más consciente...*

>>Vivir en la luz no significa que os marchéis de asceta a una cueva y que os dediquéis a meditar todo el día, o que vayáis a una comunidad espiritual a seguir a un gurú y que éste os dé su aprobación del camino que habéis elegido, se consigue cuando respiráis, amáis, y disfrutáis del lugar donde os encontráis...

"Cuando sintáis que haciendo el bien ayudaréis a cambiar el mundo, que cuando alguien esté decaído anímica o físicamente, unas palabras de apoyo os harán ver las cosas con más optimismo, que cuando sufrís, precisáis la ayuda de los demás, y a la vez aprender algo de vuestra vida. Seréis encontrados por la luz".

–¿Quién eres realmente?

–*El espíritu que todos lleváis dentro, ese que siempre ha estado junto a vosotros. Soy el único que, junto a la Energía que os elevó a la Vida, os acompaña sin desfallecer jamás, el que no deserta en los peores momentos, el que siempre camina a vuestro lado... Soy el que, cuando vuestro cuerpo muera, cuando vuestra mente desaparezca, y vuestra alma os abandone, elegiré otro cuerpo mortal, otra mente y otra alma, para continuar eternamente con vosotros, para estar en contacto con el Creador...*

–Si tan cercano estás de nosotros, ¿por qué no nos aconsejas cuando nos equivocamos y cometemos errores?

–*Os doy señales de que algo no rige bien en vuestro interior, os susurro en cada momento, soy la voz interna que os habla sin palabras, pero con tanto ruido externo que os aturde, con el miedo rondando cerca de vuestro corazón, con tanta información errónea que os llega de la mente inconsciente vuestra cabeza os impide escucharme y vivís en la semioscuridad.*

–Creo que eres muy duro con nosotros. Apenas nos dejas respirar.

–*Yo no os acuso, ni juzgo, ni condeno, me limito a caminar a vuestro paso. Cada ser humano sigue su propio proceso y su tiempo, y nadie lo puede acelerar. Yo os amo, os respeto y acepto vuestras decisiones. Vosotros tenéis la libre voluntad para vivir como deseéis...*

–No me valen esas respuestas, nosotros queremos que alguien nos aconseje en todo momento, que nos libre del error.

–*No, lo que vosotros deseáis es a alguien todopoderoso que posea una varita mágica y os solucione todo lo que os atormenta: vuestras dudas, vuestras pregun-*

tas, vuestros problemas... Queréis a un maestro infalible al que seguir ciegamente sin comprender que sois vosotros los únicos responsables de vuestra vida. Es el momento de que aceptéis de una vez por todas que solo vosotros elegiréis vuestro camino...

–Pero nos han enseñado que aparecerá un salvador a aliviarnos la carga, que vendrá un mesías que nos muestre el camino...

–Tú puedes ser el primero. Ahora puedes comenzar con tu labor. Una vez regreses a tu barrio sigue con tu misión de enseñar lo aprendido, no te rindas si no te escuchan, si se ríen de ti, si te critican, si te humillan... Cree, confía y entrégate, solo así serás encontrado y hallarás la paz...

Ante sus palabras tan directas, sentí que era el momento de descansar, y la serenidad se refugió en mi cuerpo.

Onceavas enseñanzas
que aprendimos en el Círculo Sagrado

***

La enfermedad es el mecanismo de defensa de nuestro ser para que atendamos y eliminemos los problemas mentales, físicos, emocionales y espirituales que permanecen en nuestro cuerpo.

***

La salud es la ausencia de enfermedad y es una situación de equilibrio en nuestras cuatro zonas que dan lugar a la desaparición de las molestias que padecemos y a normalizar biológicamente nuestro organismo.

***

Existen cuatro tipos de enfermedades y cuatro formas de salud: mental, física, emocional y espiritual

***

Un carpintero galileo dijo: "Lo que contamina al ser humano no es lo que entra en la boca, sino lo que sale de ella".

***

Fortalecemos nuestro sistema inmunológico cuando practicamos e integramos pensamientos, palabras y actos positivos.

***

Poseemos dos emociones, las primarias: el amor, la solidaridad, la libertad... que nos construyen; y las secundarias: el odio, el rencor, la ira..., que nos destruyen. Nosotros somos libres para utilizar las que deseemos, siendo responsables de nuestra elección.

***

La rutina mata al ser humano, daña la pareja, derriba la amistad..., pero existen unos antídotos maravillosos cuya adquisición es gratuita para eliminarlas: el amor, la alegría, la diversión, el acudir a la naturaleza, el redescubrir nuestro niño interior...

La Madre Tierra, los hermanos, las almas libres…

De mil que me aceptan, uno cree en mi…

Desde la última conversación con la voz que me guiaba, mi vida había adquirido un ritmo más pausado y ahora disfrutaba con intensidad de cada segundo, de cada instante, de cada palabra que recibía de ella.

–Buscador, continúa con tus preguntas–escuché.

–¿Por qué los seres humanos son –en general– insensibles con la naturaleza? ¿Cómo es posible que destruyan a la madre Tierra?

–¿Por qué acusas y juzgas a los demás como responsables de destruirla? ¿Acaso tú no lo eres? ¿Tus amigos, familiares o gentes cercanas a tu entorno no contamináis?

–No entiendo porque nos acusas. –respondí indignado. –Yo no contamino, ni los de mi familia, ni mis amigos. Nosotros ni la destruimos, ni somos responsables. Sin embargo, hay personas que sí la devastan y otros, incluso, que lo hacen conscientemente y la dañan.

–¿Estás seguro de que vosotros no lo sois?, ¿de que no sois insensibles a lo que le sucede…?

–Sin ninguna duda. Nosotros no somos los causantes de su destrucción. Nos duele en el alma cuando la aniquilan, cuando queman sus bosques, cuando contaminan sus océanos... Además, participamos en campañas para evitar su deterioro. Algunos somos socios de organizaciones en defensa de la naturaleza, reciclamos nuestra basura, vamos a mítines contra la destrucción del medio ambiente. También nos oponemos a la caza de las ballenas, y estamos en contra de la energía nuclear...

 –*¿Utilizáis bolsas de plástico o de papel para la basura, para los residuos...?*
 –Sí, pero es algo que hace todo el mundo. No sé dónde quieres ir a parar.

 –*¿Usáis vehículo de motor para desplazaros? ¿Coche, moto, barco...? ¿Os servís de una bicicleta para trasladaros en distancias cortas?*
 –¡Vaya pregunta! Son nuestros medios habituales de transporte.

 –*¿Calzáis zapatos con goma, cuero, plástico...? ¿Vestís ropa sintética?*
 –No revisamos la composición del calzado, ni de las camisas y pantalones que usamos, pero creo que sí, algunos componentes son sintéticos. –respondí intrigado.

 –*¿Hacéis uso de la televisión, del ordenador, del teléfono móvil...?*
 –En esta era de la comunicación, sin ellos no podríamos contactar con los demás, viviríamos aislados.

 –*¿Y vosotros creéis que estáis ayudando al planeta y a la naturaleza utilizando y malgastando sus materias primas? ¿Creéis que sois mejores que otros seres humanos porque no destruís directamente este mundo?*

Estuve en silencio unos segundos reflexionando sobre las preguntas. Tras una pausa, contesté:
 –Con el planteamiento tan duro que has hecho, no lo sé. Ahora tengo dudas.

 –Es mejor no juzgar a los que destruyen, a los que contaminan, a los que arrasan, porque también vosotros sois responsables de la devastación de este planeta. Poco o mucho, cada cual participa.

 Asumid de una vez por todas que la naturaleza es vuestra madre, que os cuida, que os protege, que os nutre, y vosotros mientras tanto, en mayor o menor medida, desperdiciáis el agua de vuestra casa, quemáis sus bosques, contamináis

 –¿Cómo podemos respetar el medio ambiente, y tener un planeta sostenible, y a la vez vivir en este mundo tan material?

–Lo ideal es que cada persona haga todo el bien que pueda al planeta, que le ayude a respirar mejor, que siembre semillas de árboles, que recicle, que evite el fuego, que no contamine, que lo proteja... Es importante dejar a otros la labor de trabajar por el bien del mundo de forma global, o de juzgar a los que lo destruyen o lo contaminan. En lo que de vosotros depende, haceos cargo de vuestro pequeño cosmos particular: casa, familia, ciudad, país...

>>Sed conscientes que compráis objetos que atentan contra el hogar de la Humanidad, y este, que es tan generoso, da sin esperar nada a cambio porque os ama. Es verdad que en ocasiones se enfada, debido al calentamiento global, a la contaminación, a la destrucción de sus bosques y os castiga con huracanes, con terremotos, con tsunamis..., sin embargo, la Madre Tierra os cuida y no aplica la Ley del Talión. Si las personas vivierais en el amor por los océanos, por los bosques, por los ríos, respetaríais la naturaleza, y el planeta azul sería idílico.

- ¿Qué nos aconsejas para salvar el planeta?

–Escuchad su voz, como un buen hijo hace cuando su madre sufre en silencio. Parad junto a el, respirad su aliento, preguntad qué necesita, y en qué le podéis ayudar. Tocad a vuestros hermanos los árboles, escuchad el mar, bañaros en los ríos..., y allí conoceréis su respuesta.

- Si la Tierra pudiera hablar ¿Qué argumento nos ofrecería?

–Os diría una oración:

Oración para salvar la Tierra

Salvad la parte de mi donde vivís. Cuidad vuestra casa, vuestra ciudad, vuestras montañas, vuestros mares, vuestros ríos... Reciclad las basuras, plantad árboles, no dejéis suciedad en lugares adonde vayáis, ayudad a vuestro entorno natural.

Urge que no contaminéis, que no provoquéis fuegos, que eduquéis a vuestros hijos en amarme, en cuidarme, en salvarme. Consumid menos y sed más responsables con vuestra forma de vida...

Con un poco de ayuda de todos mis pobladores, de cada uno de vosotros, yo, el planeta azul, me salvaré..., y todos vosotros, mis hijos, os salvaréis"

–Que bello testimonio. Ahora comprendo las veces que hemos ayudado a destruir este mundo, las ocasiones que hemos contaminado el trozo de tierra donde vivimos con nuestro poco cuidado a sus ríos, a sus colinas, a sus bosques…, me siento avergonzado.

–*Aceptad que no hay margen de maniobra, aquí y ahora debéis concienciaros para obrar un cambio en vuestra forma de vivir con miras a ayudar a la salvación de la Tierra. Vosotros sois la respuesta, en vuestro amor por ella está la solución.*

–Gracias por tu información. Yo decido en este momento que cuando baje a mi ciudad, cuidaré y protegeré a este planeta. Transmitiré tus palabras para conseguir un mundo nuevo.

–*Así sea. Y ahora continúa.*

–¿Por qué la hambruna de unos en tanto otros derrochamos las riquezas, la comida, el agua…?

–*Es algo inhumano, observad lo que sucede en vuestros barrios, donde hay hambre, y no solo de alimentos físicos, sino sustento de amor, de cariño, de alegría…, donde hay soledad, aislamiento, dolor…*

Sentid si podéis resolver el hambre en vuestro entorno, y una vez sentido, haced lo que naturaleza obliga: Participad en programas de ayuda, desplazaos a hospitales o a centros con enfermos de cáncer, o de alzhéimer, para ofreced amor, escuchad en vuestra ciudad a personas con problemas de desorden alimentario, y auxiliarles, entregad amor, alimentos, y, si lo creéis necesario, dinero,

Vosotros sois los únicos responsables de vuestra vida, y de ayudar a los que pasan hambre de alimentos o de amor. El cambio en el mundo comienza por vosotros. Por ello, ser mejores personas, dedicad vuestro tiempo a auxiliar a los demás, a vivir en la generosidad, a escuchar más, y os aseguro que vuestro diminuto mundo comenzará a ser un poco mejor, y, por simpatía, el mundo global se transformará en un universo extraordinario y acogedor…

–¿Qué justifica que los seres humanos pensemos más en nosotros mismos y se nos olvide tender una mano al prójimo? ¿Por qué somos tan egoístas?

–*Nada lo justifica, ni lo acredita. Sois egoístas cuando os sentís superiores a los demás, cuando no os ocupáis del prójimo; de cómo están, de qué sienten, si son felices o infelices, cuando os olvidáis de vuestra familia, de vuestros amigos…*

\>\>*Únicamente pensáis en vosotros, porque no os encontráis, porque el vacío interior os asfixia tanto que os impide mirar al que está a vuestro lado, porque no os sostenéis por vosotros mismos y necesitáis a otros para que os ayuden a encontrar el camino: Psicólogos, terapeutas, psiquiatras, médiums...*

−¿Qué nos propones para encontrar el camino?

−*Tened presente la pregunta que le planteó Pedro al Maestro, ¿Quién es el mejor de los discípulos?; y Él respondió: "<u>El que esté al servicio del prójimo, el que lo escuche, el que lo ayude, el que lo ame...</u>"*

\>\>*Por ello, os invito a que actuéis de la mano de la generosidad, de la solidaridad, y de ayudar a vuestro prójimo. Cuando una persona auxilia a otra se ayuda a sí mismo, y el que es ayudado contribuye a la salvación del mundo.*

\>\>*Es prioritario crear una cadena de amor, para ayudar a los demás sin pedir nada a cambio, solo por el placer de ofrecer, únicamente por la alegría de dar. Os invito a que cada día seáis mejores seres humanos, a que participéis en programas de voluntariado en orfanatos, en asilos de ancianos, en hospitales de vuestra ciudad, o que viajéis a otros países donde necesiten de vuestra ayuda. Abandonad vuestro ego, subid al terreno de la humildad, y ofreced vuestra vida al servicio a los demás.*

\>\>*Está naciendo una corriente de personas que dan abrazos gratis como forma de abrir los corazones, de seres humanos que realizan encuentros para hacer senderismo, para bailar, para viajar, de gentes que asisten a compartir su vida con semejantes que sufren de enfermedades o que son ancianas y necesitan ser escuchadas. Abundan los ciudadanos del mundo que hacen actos de amor, de paz y de armonía, que se reúnen para pedir por la sanación de sus familias y del planeta. Son personas que no obedecen a ninguna religión, que no atienden a ningún dogma, que están exentos de prejuicios. Son almas libres con ganas de vivir y fluir en el amor. "Os propongo uniros a ellos".*

−Tus palabras son fascinantes, pero si son tan fáciles de seguir ¿Por qué existen las guerras entre los países…?

−*¿Cómo no van a existir guerras entre países, entre ciudades, y entre continentes, si en vosotros mismos hay luchas continuas, si existen conflictos interiores, y agresiones hacia vuestro cuerpo? ¿Cómo no van a continuar los combates y las matanzas entre personas de otras culturas, de distintas religiones, o de razas dife* rentes, si entre vuestros propios hermanos, amigos, o parejas os estáis hiriendo, insultando o incluso agrediendo?

Lo prioritario es que vosotros realicéis una transmutación personal, que transforméis vuestros pensamientos en positivos, y así conseguiréis que vuestra vida sea maravillosa y llena de luz. Recordad: "<u>Lo que creéis, lo creáis, lo que creéis, lo alimentáis, lo que alimentéis se hace realidad...</u>"

El Creador os habla sin palabras desde el Principio de los Tiempos y afirma que todos los seres humanos sois hermanos, y los hermanos se ayudan, se aman, se comunican, no luchan entre ellos, no se matan, no se destruyen... El cambio comienza por vosotros, si lo hacéis cambiará el mundo.

–¿A qué obedece la crisis económica?

–Existe porque previamente nacieron los problemas de valores y de emociones en esta sociedad; prevalece la crisis material porque hay conflictos personales. La crisis económica refleja cómo estáis los seres humanos, cómo vivís, cómo pensáis y cómo sentís.

Esta crisis os ofrece una oportunidad maravillosa de transformar vuestra forma de vivir. Recordad que "<u>crisis</u>" significa "<u>cambio</u>" en griego. Y esa palabra esconde un mensaje de la Energía de la Vida: "<u>Aquí y ahora es el momento del cambio, en este momento os ofrecen una nueva oportunidad de crear un mundo nuevo</u>".

–Mucha gente mantiene que estamos en una guerra para salvar el planeta, que somos guerreros de la Luz, o de la Verdad... Ahora bien, si somos guerreros en este mundo, ¿qué combatimos? ¿Una nueva cruzada religiosa? ¿Nuevas tierras que conquistar?

–Estas afirmaciones son un cruel engaño de la zona mental inconsciente que os intenta controlar y dominar. El ser humano no es un guerrero. La palabra guerrero tiene connotaciones que os llevan al dolor, al odio y al sufrimiento. El término guerrero os conduce a enfrentaros al enemigo, al hermano, a otro ser humano para invadir, para conquistar, para defender o para atacar. El vocablo guerrero os lleva a ganar o a perder, a vivir o a morir; la palabra guerrero significa lágrimas y muerte.

–Pero, durante mucho tiempo nos han enseñado que somos defensores de la luz.

–El ser humano no es un guerrero de la luz, no es un combatiente contra la oscuridad, no es un cruzado contra la media luna, "<u>es un Alma Libre</u>" que ha *nacido para vivir en el amor, para ayudar al resto de sus congéneres a vivir en libertad, a disfrutar de la aventura de vivir, a unirse con la Energía Universal...*

–¿Qué significa alma libre?

–*El concepto "<u>alma</u>" os lleva a volar, a fluir, a dejarse llevar por el viento sagrado, a la hermandad entre los pueblos..., el adjetivo "<u>libre</u>" os acerca a la luz, os conduce a escuchar el corazón, os enseña a abriros a la vida, a despertar..., el dúo "<u>alma libre</u>" implica felicidad, paz, plenitud, consciencia...*

–Me reconfortan tus palabras. Yo quiero ser un alma libre.

–*Todos los seres humanos tenéis las herramientas para conseguirlo. Únicamente depende de vosotros, del amor que le pongáis a la vida, de vuestra pasión al servicio de la humanidad, de vuestra generosidad con el prójimo...*

\>\>*Invita a quien se aproximé a vuestro lado, a que se despoje de las armaduras, a que abandone las armas, a que deje las ganas de combatir, y a que vuele en libertad...*

–¿Qué podemos hacer contra el racismo, la intolerancia o la xenofobia?

–*El racismo es un término que conlleva odio, dolor y miedo. Cuando existe la discriminación desaparece el amor por vosotros mismos y por los demás; donde impera la xenofobia brota el temor a lo desconocido, y se convierte en sufrimiento, en no querer conocer, en no ponerse en el lugar de la otra persona. La segregación racial representa la ausencia de amor...*

\>\>*Un alma libre ama y vive en la generosidad, en la solidaridad, y asume que todos los seres humanos sois hermanos, que todos sois hijos de la Energía Vital, que sois idénticos al moribundo, al drogadicto, al mendigo, que sois hermanos de un ciudadano chino, de un marroquí, de un rapanui, de un español... y en ese momento sagrado desaparece el odio, el racismo y la xenofobia.*

–¿Es posible que algún día todos vivamos como hermanos? ¿Que desaparezca el racismo, la intolerancia, el sectarismo...?

–*No lo dudéis, todo comienza en las escuelas, en las familias, en inventar un mundo nuevo basado en el amor, en la luz, en la amistad, en ser visible a los ojos del corazón, en la hermandad entre todas las personas, entre todos los pueblos...*

–¿De verdad crees que todos somos hijos de ese Dios del que hablas?

–*Esa es una verdad irrebatible. En la antigüedad, los jefes religiosos cambiaron* miles de conceptos y los convirtieron en dogmas de fe. Sostenían que solo existían hermanos de sangre, y que el resto –si no comulgaban con sus ideas, si no habían nacido en su territorio, o no compartían religión– podían y debían ser exterminados. A partir de ahí se olvidaron de que todos sois hermanos, que todos procedéis del mismo lugar.

Ese mensaje fue desvirtuado por los líderes religiosos de las grandes tradiciones para buscar el control de la raza humana, para conseguir la sumisión, para obtener el poder y que abandonárais la idea de ayudaros fraternalmente. No querían que entendiérais que la evolución es para todos, y no para unos pocos que proclamaban ser los únicos que podían hablar con Dios a través de unas escrituras, de unos evangelios, o de unas visiones. Aseguraban que solo ellos podían perdonar los pecados, que únicamente era su boca quien transmitía la palabra divina…

¡Gran soberbia la suya! Se proclaman como los únicos dotados para mantener comunicación directa con el Creador. Los demás –si querían alcanzar ese cielo o paraíso prometido– les debían seguir ciegamente, ser sus esclavos, sus discípulos. De no obrar así, iríais a su infierno particular. Sus palabras y su forma de entender la vida fueron y son crueles para el sufrimiento de toda la humanidad.

Por conveniencia escondieron, y hoy en día, ocultan el único mandamiento <u>Todos sois hijos de la Energía, del llamado Dios, del nombrado como Alá… Eso implica que todos sois hermanos</u>".

–¿Por qué nadie se rebeló?

–Quien ponía esas palabras en duda, era quemado en la hoguera, lapidado, o crucificado… ¿Te suena cierto carpintero galileo nacido hace más de dos mil años?

–Si. Es conocido en todo el mundo. Pero no sé donde quieres ir a parar.

–Los conceptos fueron cambiados por conveniencia de esos señores de la oscuridad: admitida la hermandad entre los pueblos, la ayuda y la solidaridad debían ser compartidas. Los adoradores de las tinieblas, al sentirse amenazados, pensaron que perderían el poder, así que amoldaron a su capricho varios conceptos mentales:

En lengua castellana, también llamada español, "<u>hermano</u>" se transformó en "   ". Reemplazaron el "<u>ER</u>", por la "<u>U</u>". En árabe al <u>Aj</u>, se lo llamó <u>Insaan</u>; en hebreo, al <u>Àj</u>, se lo llamó <u>Ànosh</u>; en inglés la palabra "<u>brother</u>", se cambio por "   ". Y así sucedió, en todas las lenguas más conocidas y habladas de este planeta azul, con lo que el dogma quedó en: "<u>Todos sois seres humanos</u>" en vez de **<u>Todos sois seres hermanos</u>**".

–¿Qué sucedería si aceptáramos tus palabras como verdaderas?

–*En el momento que lo asumáis, pasaréis a la acción y se constituirá un nuevo orden. Porque cuando un hermano necesite vuestra ayuda, iréis en su apoyo para auxiliarlo. Si vuestro hermano necesita una mano, marcharéis a socorrerle, ya no dependerá de la religión, de la raza o del país de nacimiento, iréis a ampararle. Se acabarán las guerras, se terminarán la envidia, la codicia, la violencia, y solo quedará el amor...*

–¿Así de fácil?

–*No. Los seguidores de la oscuridad intentarán evitar el cambio, procurarán que continúen existiendo las guerras, el dolor y la muerte. Lucharán para que los hermanos no se unan, ellos no podrán aceptar que si a un hermano lo invade la tristeza se le ayude a ser más feliz; si carece de comida, se le lleve alimentos; si no dispone de medicinas, se le consiga un médico; si está enfermo de desamor, se le consuele...*

\>>*Intentarán volver a la tortura, a la exclusión, a desacreditar a quienes quieren vivir en el amor. Los seres oscuros lo han hecho durante siglos, y no se rendirán, las tinieblas son su hábitat natural, por el contrario, si dais voz al corazón sentiréis que cuando a un hermano de alma allá en Somalia, en la India, en Etiopía, o en cualquier confín del mundo lo ayudáis (una mano tendida, un plato de arroz, o un sorbo de agua), el sol saldrá de nuevo, llegaréis a alcanzar la divinidad que vive en vosotros y seréis tocados por la paz...*

–Tus palabras son esperanzadoras, pero bastantes de mis interlocutores las califican –las calificamos, también yo, para qué negarlo– de utópicas.

–*Si lo creéis así, mal vais, y nada cambiará en vuestra vida y en el mundo. Pero si cambiáis de pensamientos y –aunque os tachen de locos, de inocentes, o de utópicos– creéis en el ser humano, en la bondad, y en la posibilidad de compartir; si confiáis en acabar con el miedo, si sentís que es imprescindible el ayudaros los unos a los otros, para que desaparezcan las guerras y el hambre, estáis dando un paso de gigante para que se haga realidad. A partir de ahí, como almas libres que sois, comenzará la transformación de este maravilloso planeta azul.*

–¿Nos puedes enseñar algún ejercicio que nos ayude a comprender?

–*Os ofrezco una simbología sencilla para que lo entendáis: Visualizad un árbol gigantesco lleno de miles de ramas y de millones de hojas. Cada rama grande es un país; Alemania, Rusia, China..., cada rama pequeña es una ciudad; Cartagena, Livorno, Hanga Roa..., o una región; Murcia, Alicante, Toscana..., y cada hoja es un ser humano. El tronco es el Creador que os ofrece la Vida.*

Observad y reconoced que todas las ramas y las hojas nacen del mismo tronco. Si una hoja es arrancada, aunque no lo parece, afecta a todo el árbol. Cuando una rama es destruida, el árbol completo sufre. Eso le sucede a los humanos, cuando uno muere, enferma o está débil, le afecta a toda la Humanidad. Esta Verdad es tan vital, que deseo que la asumáis y la trasladéis al mundo.

–En ocasiones los mensajes que nos transmites, y que transmitiremos son difíciles de entender. Sin embargo, los intentaré integrar.

–*Doy las gracias a vuestro espíritu por intentar comprender las enseñanzas que estáis recibiendo, por querer integrarlas en vuestro interior y por hacer realidad una nueva forma de vida. Si lo hacéis y escucháis a vuestro corazón, seréis un referente para muchas personas. Solo depende de que abráis los ojos a la Consciencia Universal y déis el primer paso para ser almas libres.*

Sorprendido por la pasión que albergaban sus palabras, respiré llenando de aire mis pulmones y me quedé unido a su energía...

Doceavas enseñanzas
que aprendimos en el Círculo Sagrado

La naturaleza es nuestra madre, que nos cuida, nos nutre,
nos protege y nos ama

***

Vivamos en contacto con la Madre Tierra. Vamos a acercarnos a ella;
plantemos árboles, veamos lo que necesita para su sanación,
cómo protegerla, regenerarla, cuidarla...

***

Vamos a ofrecer abrazos gratis, a escuchar con más atención, a aportar
amor. Hagamos senderismo, paseos, vamos a compartir nuestra vida...

***

Crisis, en griego significa, "cambio, oportunidad".
Agradezcamos que existen las crisis, que nos ofrecen la oportunidad
de crecer, de evolucionar, de ser...

***

Mantra sagrado:
"todos somos hijos de Dios, todos somos hermanos,
tu eres mi hermano..."

***

No existen los guerreros, ni de la luz, ni de las tinieblas, ni de la verdad...,
somos almas libres que nacemos, vivimos, amamos y morimos...,
para volver a nacer...

***

Somos almas libres, que fluimos, y conectamos con la paz,
con el amor, con la generosidad.

***

Las almas libres vivimos en libertad, en la aventura,
en el hermanamiento, en la luz...

La Humanidad, la justicia, el ego...

*Nacimos para ser la mejor expresión
de nosotros mismos*

Marco Berni

–¿*Quieres continuar con tu instrucción* – *susurró la voz que me mantenía a oscuras.*

–Lo deseo–respondí sin dudar. –¿Por qué se han perdido los valores en esta sociedad? ¿Por qué provocamos tanto dolor en el mundo?

–*Los valores no se han perdido, están escondidos esperando emerger a la luz cuando activéis vuestra consciencia. Los valores del ser humano parten desde el corazón que os ilumina y os da paz, o desde la mente inconsciente, que os lleva a la oscuridad. Quien sigue la luz, será una persona inundada de bondad, de tolerancia, y limpiará su karma diariamente en base al respeto, a la honestidad y al amor; quien persiga las tinieblas, actuará de forma destructiva, llena de odio y de ira.*

>>*<u>Los seres humanos nacéis con el libre albedrío para vivir según vuestra mente o vuestro corazón. Vosotros decidís qué camino elegir.</u>*

–¿Tiene salvación la especie humana?

–*Por supuesto, no lo dudéis ni un segundo. Os salvaréis cuando tengáis pensamientos, palabras y actos positivos hacia vosotros y hacia el mundo. Evolucionaréis si vivís con amor y decidís ser mejores personas, más amables, más generosos, más altruistas... ¿Que optáis por crecer y ser solidarios, será perfecto, que deseáis vivir en el miedo, en el rencor y en la ira..., os estancaréis, y aún así, todo estará dentro de la perfección divina?.*

–¿Crees en nosotros?

–*Si. Creo en las personas, en los hermanos de alma, en los espíritus libres, en el Amor Universal, en el perdón, en la gratitud..., confío en la generosidad, en la comunicación, en la amistad, en la empatía, en el efecto sanador de un abrazo...*

Afirmo que los seres humanos podéis conseguir lo que anheláis desde el respeto, la tolerancia y la solidaridad. Anhelo que algún día los seres humanos toméis consciencia de que sois hermanos, cuando lo aceptéis se acabarán las guerras de toda índole. Creo desde lo más profundo de mi corazón que si vivís en el amor, la felicidad y la paz llegarán a vuestras vidas...

Yo os animo a que creáis, a que ayudéis a quienes sufren, a los hambrientos, a los sedientos, a los enfermos –del cuerpo o del alma –, a los que están aislados. Os invito a que tengáis proyectos basados en el altruismo.

–¿Se puede repartir equitativamente la riqueza en este mundo?

–¿Vosotros predicáis con el ejemplo? ¿Repartís vuestros bienes con los que no tienen nada?

–Si lo pienso detenidamente, creo que no.

–¿Por qué que no la repartís?

–Porque nos quedaríamos en la ruina.

–Entonces, no pidáis a los otros que repartan las riquezas. Vosotros ofreced lo que creáis que tenéis que dar, repartid lo que sintáis que debéis proporcionar y permitid que cada persona sea libre para decidir con sus bienes.

–Te equivocas en tus palabras, nosotros ayudamos: ofrecemos algunas monedas a los mendigos, donamos dinero a las ONGD, apadrinamos niños en el tercer

–¿Qué es el tercer mundo?

–Son países que están en una situación alimentaría y de calidad de vida extremas: que sufren enfermedades, epidemias, hambre... Son naciones con un bajo índice de crecimiento, donde no hay riqueza.

–*"Convenceos, solo existe un único mundo: el lugar donde respiráis, donde camináis, donde amáis... Se llama Tierra, y es el paraíso donde todos los habitantes sois hermanos".*

\>\>*Después de lo aprendido en esta cueva, quiero que respondáis de nuevo a esta pregunta que os hice: ¿Qué sucede si vuestro hermano de sangre, hijo de vuestros mismos padres, que vive en vuestra ciudad a cien metros de vosotros, está enfermo y carece de dinero para alimentos?*

–La respuesta es idéntica a la que di: le ayudaríamos, le llevaríamos alimentos y medicinas, es algo natural, nacimos del mismo padre y de la misma madre.

–*¿Y los niños de Somalia que viven en condiciones de hambruna y de sufri miento? ¿Sabéis que son hermanos vuestros, que venís del mismo progenitor? ¿Por qué no los ayudáis? Si vuestro hermano pasa hambre en el Congo, ¿vosotros lo auxiliaríais? Si vuestros hermanos de El Salvador en Centroamérica necesitan medicinas, ¿les llevaríais los medicamentos disponibles?*

\>\>*La mente inconsciente intenta dominaros para que os olvidéis de quie nes sufren en la lejanía y limitéis la atención a los más cercanos. Ha llegado el momento de que vosotros cambiéis, para transformar el mundo. La riqueza se repartirá equitativamente cuando cada uno de vosotros sea consciente de vuestra hermandad, de que todos sois hijos de la Energía del Creador, de ese ente llamado Dios, o nombrado como Alá.... Justo ahí desaparecerán las guerras, las hambru nas, la falta de medicamentos...*

\>\>*Los planes para colonizar otros planetas se ajustarán en conocer el vuestro, los programas para ir al espacio se concentrarán en descubrir planetas hermosos a escasos metros de casa, y se agruparán en encontrar agujeros negros en vosotros mismos. Asumid, que cuando un ser humano activa su consciencia, transforma el mundo.*

–¿Por qué los gobiernos y los políticos corruptos, que son quienes acumulan el dinero, no hacen nada, y solo se enriquecen? Creo que la situación mundial sucede debido a su irresponsabilidad.

–*Los líderes y miembros de la clase política son un reflejo de la sociedad donde viven. Si no ayudan a sus ciudadanos, ni a sus convecinos, si son corruptos, si malgastan y despilfarran el dinero de la comunidad, si se enriquecen y amañan cuentas, si roban y no auxilian a los demás, si son capaces de regalar un trabajo a un familiar o a un conocido que no aporta nada al país o a la ciudad, es porque quien los han votado son iguales interiormente, y estos a su vez, son responsables de que ellos estén gobernando.*

–¿Que somos iguales? –grité escandalizado.– ¿Que nosotros tenemos la misma responsabilidad que esos políticos y banqueros corruptos?

–No todos los políticos son corruptos, ni todos los banqueros roban y se enriquecen ilegalmente, existen muchos de ellos que son honestos, que ayudan a los demás, que son solidarios. Es importante que antes de juzgar miréis a vuestro ombligo y comprobar cómo seríais vosotros de políticos o de financieros a través de algunas preguntas:

¿Os enriqueceríais sin hacer nada o dedicaríais vuestro tiempo y vuestra energía a trabajar altruistamente por los demás? ¿Si nadie fuera capaz de descubrir lo que hacéis, seríais corruptos con cientos de millones escondidos, o honrados pero pobres? ¿Si tenéis que ofrecer un puesto de trabajo, se lo entregaríais a vuestro hijo o a un amigo que esté poco preparado para auxiliar al país, o a una persona que no conocéis de nada, pero que es ideal para mejorar la economía, para organizar las escuelas o para gestionar de forma perfecta los hospitales?

–Interesante punto de vista. Es posible que algunos de nosotros actuáramos de igual modo.

–Vuestro país o ciudad son un reflejo de vosotros; si hay ladrones, sinvergüenzas, o corruptos…, hay algo que no estáis haciendo bien para permitir que estén gobernando. Si son brillantes, si ayudan al prójimo, si mantienen una buena economía, si hay trabajo, si invierten en una buena salud para los ciudadanos, es un espejo vuestro. ¿Os preguntáis por qué en otras naciones los políticos son buenos gobernantes? ¿Por qué esos países son excelentes lugares para vivir? Miraos hacia dentro y comprobad qué escondéis…

Si no lo hacéis, si dejáis que vuestra sociedad se estanque o involucione, estallarán conflictos sociales, la gente pasará hambre, faltará trabajo, y explotarán revueltas, habrá violencia y sufrimiento… Sin embargo, si cambiáis, si ponéis vuestra alma al servicio de los demás, si ayudáis al prójimo, si actuáis para que vuestro mundo sea prospero, vuestro entorno cercano se transformara en un lugar maravilloso para vivir.

–¿Como erradicar toda clase de violencia en las relaciones interpersonales?

–*La zona mental inconsciente os pretende controlar para que eduquéis a los niños, a los adolescentes y a los jóvenes, enseñándoles que los juegos de guerra, de muerte y de violencia son buenos para la sociedad, que solo son un entretenimiento. En esta colectividad a los niños se les regalan consolas, ordenadores y juegos donde por matar reciben premios; donde la corrupción, el saquear, y el robar es algo maravilloso; donde el consumismo, el dinero, las drogas o el alcohol, se catalogan de sinónimos de éxito y de fama.*

>>Observad cómo enseñáis a vuestros hijos: Lo prioritario será que les regaléis más balones, más juegos educativos, más salidas a la naturaleza, más charlas, y sobre todo, más amor. Para que aprendan, para que pregunten, para que descubran – como niños que son– Pero no, para que no incordien, ni alboroten, no molesten, os los quitáis de encima con máquinas electrónicas que les vuelve más aislados, más solos, más insolidarios. Efecto deseado y conseguido: os dejan tranquilos, no os molestan. Éxito rotundo…, a corto plazo…

–Pero no creemos que ese tipo de educación sea tan mala. Es la que nos han inculcado.

–*Esa forma de educar es dañina para su crecimiento, para su evolución y para su vida social. Ellos necesitan crecer en armonía, en contacto con la naturaleza; los niños y adolescentes requieren escuchar más, aprender de sus familias y disfrutar del amor. Ahora, cada vez más, los jóvenes roban, matan y violan siguiendo las indicaciones de los juegos de ordenador, de la televisión o del cine.*

–Pero ¿Qué podemos hacer? Estamos indefensos ante la agresividad con que avanza la sociedad.

–*La violencia se erradicaría si los padres se unieran a los educadores, y en casa y en el colegio a los niños se les enseñara a ser conscientes de que su crecimiento solo es posible con amor, escuchando el corazón y recuperando las ganas de vivir… Inculcándoles que, a quien aporte cariño, le llegarán emociones amorosas; quien proporcione bienestar y respeto, será sorprendido con armonía y diversión, quien aporte alegría y generosidad, recibirá una explosión de risas y de prosperidad. Por el contrario, si ofrecen odio, rencor y brutalidad, recibirán lo mismo en sus carnes…*

–Parece sencilla la elección.

–*Tan fácil que existen personas educadas por la mente consciente afirmando que es posible, que se puede vivir con amor, que la felicidad está unida a su piel,* que la paz vive en sus corazones. Quien crea en esta forma de vida, se sentirá feliz y dichoso..., y hará feliz a su entorno, a su mundo...

Yo os digo que es imprescindible escuchar el corazón, que lo que se cree, se crea; si creéis que es posible ser feliz, lo conseguiréis, si confiáis que es posible vivir sin violencia, lo lograréis.

–¿Qué hacer para mejorar el planeta?

–¿Qué podéis realizar vosotros para que vuestro mundo sea mejor?

–Me encanta que sigas utilizando el método Sócrates, que a cada pregunta que te realizo, en ocasiones me respondas con otra pregunta. Consigues que nos respondamos a nosotros mismos.

–Ese es el camino, pero no te escabullas y responde a mi pregunta. ¿Qué hacer para que vuestro mundo sea mejor?

–Nos has enseñado que vivir en el amor y auxiliar a los demás nos ayudaría a conseguirlo. Nos has repetido una y otra vez, que seamos tolerantes, compasivos, solidarios, y que guardemos energía amorosa en nuestro interior.

–Para que vosotros y este planeta mejore, ofreced amor a quien se acerque a vuestro lado y a los menos próximos. Esta Tierra ganará en excelencia cuando escuchéis más, cuando perdonéis, cuando no juzguéis..., para que el mundo sea mejor deberéis pensar, hablar y actuar constructivamente. Alcanzada esa sensación, vuestro mundo particular será extraordinario, y el resto del cosmos se contagiará de vuestro amor. Si lo hacéis de corazón, ayudaréis a que el planeta goce de buena salud.

–¿Por qué en este mundo tan fantástico existe tanta distancia entre todos nosotros?

–Porque aún no habéis aceptado que todos sois hijos de la Energía que os entregó la Vida, de ese ente llamado Dios... Cuando busquéis la cercanía y la ternura, dejaréis a un lado las diferencias entre los seres humanos y los desequilibrios entre las religiones. En ese instante, el dinero, el poder y el materialismo pasarán a un segundo plano, y os acercaréis a una distancia de un abrazo. Cuando os decidáis a descubrir a otros seres en casas cercanas, cuando el amor florezca en el compartir y no en tener hogares aislados de los demás, cuando los que viven en los barrios ricos alejados de otros barrios más humildes por miedo, por temor, se decidan a conocer, a explorar y a descubrir a sus vecinos, dejará de existir el aislamiento, y será el momento de la Unión de la Humanidad.

–Pero en esta tierra hay multitud de problemas conyugales, discusiones con los hijos, existen depresiones, ansiedad, problemas económicos, guerras... Creo que la vida es complicada de vivir.

–Como os he repetido una y mil veces; "*la vida es sencilla de vivir, vosotros la complicáis*".

>>Afirmáis que hay problemas de pareja, que existen depresiones, que os encontráis en medio de una crisis económica, verdad será, y es importante que recordéis que todo este desequilibrio sucede: En primer lugar, porque personalmente no os amáis a vosotros mismos, y eso os hace estar en guerra continuamente con vuestro entorno.

>>En segundo, porque no conectáis con vuestro niño interior, con la pureza, con la autenticidad...

>>En tercero, porque en ocasiones os veis dominados por la envidia, la codicia, la ira, el materialismo despiadado...,,

>>Por último: porque ni os perdonáis, ni perdonáis al prójimo, ni sentís gra titud por lo que sucede. Sois dueños de un rencor que os devora, y de un enemigo personal: vuestro ego que os destruye.

>>¿Y todavía os preguntáis cómo queréis que vuestro mundo exterior sea per fecto, que sea un paraíso, que se convierta en un oasis de paz, si vuestro interior es un caos, un desastre y un desorden continuo...?

>>Es fundamental creer que todo comienza y termina con vosotros mismos. Si acabáis con vuestras guerras internas, si termináis con el odio hacia los demás, si perdonáis, si os amáis más y amáis al resto de seres humanos, si cada día decidís ser mejores, los problemas de cada día con las parejas, los hijos, y los amigos serán menores y seréis capaces de erradicarlos.

–¿Por qué tanto niño muriendo de hambre y de sed...? ¿Cómo les podemos ayudar?

–Únicamente si tomáis consciencia de que todos sois hijos del Hacedor, y que sois hermanos, los ayudaréis. La Energía que os dió la Vida envía esas catástrofes ante vuestros ojos para que sigáis aprendiendo que el amor es el motor que hace caminar al mundo, para que asumáis que lo hecho en otras vidas se sana ayudando a los demás en este momento presente. A pesar de ello, vosotros lo olvidáis pronto, dejáis de ver las noticias en la televisión, sufrís de amnesia para no recordar esas caras, ni ese dolor, ni esas manos extendidas...

Os preocupáis –y ocupáis– más de la crisis económica que de la humana. Un ejemplo: la Hermana de la Luz, Teresa de Calcuta murió con escasos días de diferencia que Lady Diana de Gales. Pues bien, dedicaron más del triple de información relacionada a la princesa, que sobre la monja albanesa.

La muerte de la Madre Espiritual apenas le importó al mundo, solo hablaban de una persecución, de unos amantes, de un asesinato premeditado... ¿Dónde quedaron los pobres de Calcuta, qué ha sido de ellos? ¿Dónde quedó el amor

–Lo desconozco, no podemos estar atentos a todo lo que sucede en el mundo. Me hablas una y otra vez de ayudar a los demás y de vivir en el amor, entonces ¿por qué tanta muerte inútil causada por el terrorismo? ¿Por qué en tantos lugares se impone la ley mediante el terror, las matanzas, o los exterminios?

–La Tierra es un concepto al que le habéis puesto nombre, y que ha sido parcelada por las personas para conseguir el poder, para obtener dinero, riquezas, y el control de los habitantes de la zona.

Cuando comprendáis que toda la Tierra es vuestra tierra y que todos sois hermanos, entenderéis el mensaje que os ofrecieron hace más de dos mil años: <u>Amaos los unos a los otros</u>" y aceptaréis que la única forma de parar tanto sufrimiento y muerte es desde el amor y la generosidad.

La sangre solo acarrea más sangre, el dolor solo atrae más dolor..., sin embargo, el amor trae consigo más amor, la solidaridad más ayuda, la felicidad

–Si tus palabras son verdad, ¿Por qué desde niños nos inculcan la idea de las nacionalidades, de la propiedad de la tierra por razón de nacimiento, de la defensa a ultranza de nuestras raíces, utilizando cualquier recurso a nuestro alcance, incluido las guerras, la violencia y la muerte, para vencer...?

–¡Aceptadlo! No existen las naciones, ni los países, ni la exclusividad de un trozo de tierra por haber nacido allí. No hay lugar con la defensa de las religiones a consta de despreciar al que no piense como vosotros, ni la justificación de matar al que no sienta lo mismo, ni de marginar al mal llamado extranjero. Que palabra tan cruel y tan destructiva: "<u>EXTRANJERO</u>", un humillante nombre que únicamente trae sufrimiento, dolor y exclusión...

Aquí y ahora es el momento que comprendáis que "<u>TODAS</u>" las personas sois una gran familia universal, que "TODOS" sois miembros de la raza humana, que "TODOS", sin excepción, habéis nacido en esta tierra, en este mundo, en este planeta. Porque este trozo de roca azul fue dividida por los que matan, por los que odian, por los que destruyen, por los que os conducen a la oscuridad.

>>Es el instante de comprender que este mundo tan maravilloso ha sido creado para compartir, para caminar juntos, para ayudaros los unos a los otros. Asumid que sois de distintos colores, de diferentes religiones, con diversas lenguas, pero con el mismo espíritu de hermandad...

–¿Es posible que algún día todos aceptemos que somos hermanos?

–Solo será posible si lo creéis. Yo lo creo, y millones de personas confían que un amanecer se produzca el encuentro. Os propongo que diseñéis una cadena hecha con las almas de todas las madres del mundo, para que unan sus voces, sus corazones y que su amor incondicional haga de este planeta una tierra de esperanza y desaparezcan todas las guerras, que las disputas por territorio, religión, o petróleo se desvanezcan para que los niños no mueran a causa de tanto odio y tanta sinrazón.

>>Qué más da el lugar, qué importan los nombres de esas regiones, qué interesan las batallas en nombre de religiones, razas, dinero, o territorio..., lo básico es que todos sois hijos de la Energía del Creador, que sois almas libres, que todos sois descendientes físicos de una madre y de un padre, y que estos darían cualquier cosa, incluso sus vidas, para que sus hijos pudieran vivir en paz.

>>Lo que importa es ocuparse del bienestar de las personas, es ver los ojos limpios de un niño cuando nace, y no cómo a través del odio y de la sangre se convierten en adultos que no viven, que no juegan, que no aman, que solo odian, que son capaces de morir con tal de que su enemigo de raza o de religión también muera.

–Tus palabras nos motivan y nos llenan de esperanza. ¿Qué podemos hacer para ayudarte y esta sin razón cambie?

–Transmitir estas preguntas a todos los que os quieran escuchar: ¿Por qué eleváis un muro tan alto que nadie lo puede saltar?; ¿no es mejor que quienes están dentro puedan salir y hablar con los de fuera, que se ayuden y compartan sus problemas?

>>¿Por qué invadir y llevar aviones de guerra, dolor y sangre a países cuyos habitantes solo quieren vivir en paz?; ¿no es preferible crear guarderías, hospitales y escuelas, para ofrecer conocimiento y salud?

¿Por qué tanta muerte y tanto odio?; ¿no es mejor invertir en amor, en risas de niños, en juguetes, y no en armas? ¿No es más beneficioso dar palmadas en la espalda y abrazos, en vez de una bala o un paquete de explosivos en el cuerpo de un niño? ¿No es preferible compartir ilusión, fe, esperanza, y medicinas en lugar de derramar tanta sangre inocente?

–¿Cómo evitar el sufrimiento en la humanidad?

–*Comenzad por vosotros, transmitid estas enseñanzas a vuestro entorno y, lentamente, al resto del planeta. Que los poderosos escuchen estas palabras, que inviertan más en felicidad y en vida, y menos en armas y en muertes. Habladles, decidles que piensen en los más indefensos, en los hambrientos, en los enfermos…*

¿Qué futuro les espera en esas tierras improductivas, donde viven muertos en vida, donde los carentes de fe, de consuelo y de optimismo se lanzan a viajar a otras tierras en busca de comida y de un lugar donde vivir, o se convierten en terroristas suicidas porque ya no les queda nada por perder?

Enseñad, que se invierta en más trabajo, en estar más unidos a otros seres humanos, en paz. Que no se gaste en armamento cada vez más sofisticado, que producirá destrucción y sufrimiento, y que se consigne dinero en vida (pozos de agua, escuelas, salud…), ocuparos de ofrecer esperanza, ilusiones, sueños, que se gaste la riqueza en educación, en médicos, en guías, y que aparquen a un lado el invertir en viajes al espacio, en sondas espaciales, en telescopios gigantes para ver otras galaxias, otros mundos…

Los seres mentales, los científicos y los grupos de poder no comprenden que en esta tierra ya hay seis mil millones de planetas, uno por cada ser humano que vive en él…, cada vez surgen más organizaciones de voluntarios para ayudar, y, aun así, cada día hay más niños y jóvenes dispuestos a robar, a matar y a destruir por conseguir un futuro. Es indispensable que se les enseñe a los niños a vivir en el amor, y no a morir en el odio. Un hermano de la India repitió una y otra vez: "<u>Si el mundo vive en el ojo por ojo, al final todos quedaréis ciegos</u>".

Transmitid amor a todos los que se acercan a vuestro lado, e iniciad un vínculo de generosidad que ofrezca luz a este atormentado planeta…

–Estamos dispuestos. Cuenta conmigo y con todos los que me acompañan. ¿Cómo empezar?

–*Crearéis una cadena amorosa donde todas las religiones sin excepción, y hasta el último de los seres humanos aúnen sus esfuerzos en solucionar los problemas del mundo. Esta atadura será creada para unir a los líderes religiosos de todo el planeta: el de los católicos, el de los musulmanes, el de los budistas, el de los ortodoxos..., y así engarzar sus manos creando eslabones de amor para ayudar a las personas sin distinción de sexo, raza o religión.*

>>*Vosotros seréis los mensajeros, y si sois capaces de transmitir esta información a las personas que se acerquen a escucharos, las reuniones entre ellos se harán realidad y el mundo espiritual dará un impulso al amor, habrá menos materialismo y más armonía, habrá más generosidad y solidaridad entre los pueblos, entre las religiones, entre los humanos... Carecerán de razón de ser el hambre, la sed, y el sufrimiento por el territorio, por el poder, y nacerá una nueva forma de vida basada en la fraternidad...*

−¿Qué harán los grupos de poder, los que realmente gobiernan el mundo?

−Cuando se produzcan estas reuniones espirituales, los gobiernos, los políticos y los Iluminati, entenderán que es posible lograr la unión de todos los pueblos, y los círculos del poder comenzarán a comprender que su única misión, como seres humanos, es ayudar a los demás; esa será su forma de compartir las riquezas mediante el amor. ¿Qué mejor legado a sus descendientes que ayudar a otras personas a vivir, a tener salud, a ser felices?

−¿Estás seguro de que algún día se producirán estas reuniones de todos los líderes religiosos y los jefes políticos en bien del mundo?

−Aquí y ahora es el momento del cambio. Si vosotros, los mensajeros de la luz, transmitís estas palabras, seréis escuchados y el mundo entenderá que el instante de la conexión universal comienza ya.

>>*No habrá lugar −palacio, mezquita, monasterio, o sinagoga− donde esconderse. Nadie se podrá ocultar, ahora es cuando debéis unir vuestras fuerzas para ayudar a los que sufren, a los hambrientos, a los sin trabajo, a los que carecen de salud..., sin importar su religión y sí su condición de seres humanos.*

>>*Mientras leéis esto, la Energía del Creador os pide que lo hagáis ya, que no esperéis ni un segundo más, que tú y los que se acerquen a ti seréis los que les llevaréis estas señales para que abran los ojos y den el paso hacia la LUZ... Conseguido esto, los habitantes de esta Tierra se hermanarán como nunca antes lo habían hecho y se producirá el reencuentro de la Humanidad...*

–Pero habrá muchos seres mentales, señores de la oscuridad, jefes religiosos y líderes políticos, que no lo aprobaran, que no compartirán estas ideas, que lucharán por derrotar a la Esperanza.

–Algunos científicos que usan prioritariamente su zona mental inconsciente, reman en sentido contrario, hasta que ven acercarse el final de sus días. Entonces, cuando se aproximan al momento de su muerte, son capaces de comprender e intuir la Auténtica Verdad.

El alumno, Albert Einstein, dijo: ¿Será cierto que existe algo más? ¿Tendrán razón al hablar de la existencia de ese Ser? Ahora que estoy cerca de morir, reconozco que soy más místico y menos científico. Y en su lecho de muerte afirmó: Existen dos maneras de vivir una vida, "la primera es "<u>pensar</u>" que nada es un milagro, y la segunda es "<u>sentir</u>" que todo es un milagro".

Otro reputado filósofo repitió una y otra vez: "Cuando se está a punto de morir, hasta el más ateo, levanta los ojos al cielo y reza por su salvación".

El hermano, Jorge Luis Borges, por su parte dijo antes de viajar con la muerte: "He desperdiciado mi vida, no he sido feliz…"

Diversos científicos hablan de la existencia de la Energía Vital, o de Dios, como nuestro Creador, así lo atestigua el célebre físico Werner Heisenberg, o Alexander Solzchenitsyn, o los científicos Derek Barton y William D.Phillips, y miles de personas repletas de conocimientos.

–¿Qué hacer para sentirnos bien cuando extrañamos a nuestra familia, a nuestro hogar, y a nuestros amigos?

–Si tenéis esa sensación, sentaos a compartir una charla con vosotros mismos en la naturaleza y preguntaros: ¿Cómo queréis vivir el resto de vuestra vida? ¿Os imagináis viviendo diez años de la forma actual, con esa inquietud, con esa angustia, con esa ansiedad por no ser felices, por no compartir con vuestros familiares?

Si estando en el lugar donde estáis, y con las personas que compartís este momento, seguís extrañando a vuestras raíces, amigos y recuerdos, tenéis un problema: no cumplís con una de las misiones para las que habéis venido a este mundo: vivid el momento presente haciendo lo que os gusta y os hace feliz.

–¿Qué sucede si preferimos volver con nuestra familia de origen?. Si rechazamos estar con quienes compartimos este momento, pero creemos que esto sería un fracaso, ¿estamos en lo cierto?

–*El éxito es escuchar a vuestro corazón, es atender a los mensajes que el espíritu os está enviando, es vivir en la esperanza... El fracaso no existe como tal, fracasar es rendirse, es resignarse, es no confiar en la Energía de Dios.*

>>*Cuando agradecéis lo sucedido, cuando os ofrecéis en cuerpo y alma a lo que os envía el Universo, cuando creéis que todo lo que sucede es perfecto, alcanzáis el éxito en esta encarnación.*

–¿*Pero si volvemos a nuestras raíces habremos malgastado el tiempo en esta relación y en este lugar?*

–*Nada se desperdicia, porque todo lo que os ocurre en la vida obedece a una razón, todo es perfecto. Lo ocurrido ha sido una experiencia ineludible, un descubrimiento de vuestro interior y ha sido necesario para aprender y conoceros a niveles muy profundos. Es imprescindible que déis las gracias por lo acontecido, que lo integréis, y en ese momento llegaréis a la apertura de vuestra consciencia..*

–¿*Qué nos aconsejas para volver a comenzar una nueva vida?*

–*Respirar conscientemente y vivir. Cuando uno ha caído al suelo, lo único que tiene que hacer es levantarse, agradecer todo lo vivido, todo lo experimentado, y caminar hacia un nuevo lugar.*

>>*Si lo hacéis de esta manera, vuestra existencia habrá merecido la pena; de no concebirlo así, estaréis muertos en vida, os resignaréis a una relación, o a permanecer en un paraje extraño para vuestra alma, donde os arrastraréis sin descanso, donde viviréis en la confusión, en las dudas, en el miedo...*

–¿*Qué es el miedo?*

–*Es la ausencia de amor. Es el temor, –a veces ficticio y en otras real– de lo que os puede suceder.*

–¿*Existen diferentes tipos de miedo?*

–*Sí. El miedo físico, que es natural e inherente al ser humano, es un temor a sufrir dolor, a dañaros, a perder la vida..., sin embargo, está el miedo mental que es la falta de ese amor en vosotros mismos.*

>>*Cuando sobrevivís en el temor emocional, el ego toma el control de vuestra vida, y os destruye. Por el contrario;* "*cuando se vive en el amor, el miedo desaparece...*"

–¿Qué es el ego?

–*Es un sentimiento humano que os afecta cuando os centráis únicamente en vosotros mismos, cuando os valoráis de forma exagerada olvidándose de los demás, cuando solo pensáis en vosotros sin atender qué le ocurre al otro. El ego es la falta de humildad, la soberbia y el orgullo mal entendido, es la utilización del egoísmo no saludable del "yo inferior" por encima de los demás, de la insolidaridad, de la codicia, de la envidia…. Cuando los seres humanos utilizáis el ego en su máxima expresión es cuando soisególatras y creéis que el mundo gira a vuestro alrededor.*

–¿Qué podemos hacer para darnos cuenta si es nuestro ego, quien toma el poder de nuestra vida?

–*Estar atentos: A veces hay un ego que emerge sin malicia. Este tipo de "YO" que es el que más se da en este mundo. Se descubre en quien habla mucho, sobre todo de sí mismo, esta actitud negativa es cuando uno no permite que las otras personas tomen parte en las conversaciones. Estos seres, que poseen un ego poco tenue, hablan y hablan sin permitir que nadie las saque de su propósito. Cuando participan en una conversación están preparados para entrar, no les importa el sentir ajeno; ellos, a lo suyo.*

Otros se valen de un ego o "YO" sutil para ser aplaudidos, reconocidos y valorados… También existen egos gigantescos que actúan en las grandes esferas del poder, en las enormes multinacionales dominadoras del planeta. Son personas necesitadas de adulación, de controlar, de poseer todo…

A su vez los "YO CÓSMICOS" o egos espirituales, son autodestructivos para ellos mismos, y para los que se acercan a sus dominios. Viven en un mundo paralelo, de extraterrestres, de seres iluminados y ascendidos, de entes de otras esferas multicolores,

Y por último, los más peligrosos: aquellos egos que atentan contra la forma de ser de las personas más próximas a ellas, a veces trabajadores a sus órdenes, en ocasiones parejas, hijos o familiares, y los utilizan como auténticos esclavos, llegando a destruir psicológicamente, y en ocasiones, a utilizar la violencia, para conseguir sus fines.

–¿Todos los seres humanos tenemos ego?

–*Sin ninguna excepción, todo tenéis vuestro ego. Algunos son destructivos para los demás y otros, solo para vosotros mismos.*

–¿Qué podemos hacer para que desaparezca o disminuya nuestro ego?

–Esto se soluciona con un entrenamiento personal basado en la humildad, en la tolerancia y en el respeto, se resuelve viviendo en la generosidad, en la soli daridad y siendo más modesto, se consigue hablando menos de vosotros mismos y escuchando más a los demás. El ego se esconde cuando habitáis en la verdad, cuando conjugáis el "<u>nos</u>" o el "<u>nosotros</u>" y dejáis a un lado el "<u>yo</u>", el "<u>tú</u>", el "<u>tros</u>" o el "<u>ellos</u>".

>>El ego desaparece cuando vivís en el amor, cuando ayudáis a los demás a que alcancen la paz y la felicidad, cuando sois más solidarios, cuando no esperáis ningún tipo de recompensa por lo que hacéis. Así, el ego hace las paces con vosotros y se funde en vuestra alma.

–¿Existe algún ejercicio para trabajar el ego?

–Indudablemente: Por ejemplo trabajar de voluntario en alguno de los miles de centros, o asociaciones que lo necesitan: contra el cáncer, o ayudar a personas sin techo dándoles de comer, o con niños discapacitadas, tanto en vuestro país de origen, como colaborando con organizaciones sin ánimo de lucro en otros países, en orfanatos, asilos, comunidades... Es una manera excelente de trabajar la humildad y el amor hacía los demás, desapegándose de los resultados.

–¿Qué es el desapego?

– Es vivir en la luz, es el desprendimiento de las cosas o de las personas, es la desaparición de vuestra vanidad, de vuestra soberbia y de vuestro orgullo. Desapegarse es una emoción importante para los seres humanos, y cuando se pro duce, es una bendita liberación para quien lo siente.

–¿Qué podemos hacer para no tener apegos?

–¿A que podéis tener apegos si nada os pertenece? Decidme algo que poseáis: ¿pareja, hijos, familia, trabajo, dinero, vivienda...? Nada en este mundo es de vues tra propiedad, todo es pasajero, todo desaparecerá. Lo único que no se evapora es lo que dáis emocional y espiritualmente: el amor, la amistad, la armonía, la generosidad... Los sentimientos son imperecederos y viajan eternamente unidos a vuestro espíritu. Los apegos son emisiones tóxicas de la mente inconsciente que os quiere someter a través de la dependencia, de la necesidad, o del miedo.

–¿Qué sucede si nos apegamos?

–Que dependéis o dependen, que os controlan o controláis, que os convertís en esclavos y en carceleros a la vez. Os sugiero que no os aferréis, que soltéis, que dejéis que la vida fluya. Cada ser humano ha de elegir su camino, su rumbo, entendiendo que todos tenéis vuestro proceso, y disponéis de herramientas fantásticas para construir vuestra vida.

Comprended que cada uno debe tomar sus propias decisiones. El acertar o el equivocarse, el triunfo o el fracaso, el éxito o la derrota son meros conceptos. Lo que elijáis siempre serán lecciones, y si no aprendéis, repetiréis las enseñanzas como en el colegio. Recordad que nada está bien, ni está mal, nada es bueno, ni malo, esas palabras son dogmas humanos, todo lo que sucede en este mundo es ideal, es maravilloso...

–¿Cuál es para ti la mayor adversidad que nos puede ocurrir en nuestra vida?

–En el mundo terrenal, el mayor infortunio es la muerte de un hijo, o de un ser querido, o una enfermedad terminal vuestra o de alguien de vuestra familia; esto es lo más terrible que puede suceder. Ese dolor es enloquecedor, es destructivo porque arrasa los cimientos de vuestra fe y os lleva a no creer en nada, a renunciar a todo, a vivir en la desesperanza...

–¿Cómo podemos sobrevivir a esas situaciones aterradoras?

–Comprendiendo que la muerte no supone el fin, que morir es el principio de la nueva vida, aceptando que nadie: ni vosotros ni vuestros familiares ni vuestros amigos, podéis vivir doscientos años arrugados, enfermos, y estar juntos en el sufrimiento,

Recordad uno de los principios de la justicia divina: "<u>Todo nace para vivir, vive para morir y muere para nacer de nuevo, eternamente...</u>".

–¿Existe la justicia?

–La justicia humana que vosotros buscáis, NO; la sagrada de la que yo os

Imaginad que en vuestra vida decidís ser jueces, ser fiscales, o ser defensores, tened por seguro que acusaréis, defenderéis o juzgaréis a todos los que se acerquen a vuestra vida, y con cada juicio tomaréis dos decisiones: Condenaréis o absolveréis, pero en ambos casos es posible que os equivoquéis, porque no sois perfectos, sois seres humanos. Recordad las palabras de un hermano de la luz que pronunció hace más de dos mil años: "No juzguéis, porque no sabéis...".

–No entiendo. ¿Qué nos quieres transmitir?

–Suponed que por un tiempo os nombro representantes de la Energía, y os viérais forzados a juzgar a todos los habitantes de este mundo, de cualquier raza, religión o creencias. Pensad por un momento qué condena le impondríais a un violador, a un asesino, a un ladrón, a un corruptor de menores…

–Como mínimo, cadena perpetua, y en condiciones normales, la pena de muerte.

–Ya veo que las sentencias son durísimas. ¿Estáis seguros?

–Totalmente. Personas así no deben estar libres, no merecen vivir. Yo como juez, las propondría, serían las más justas.

–Ahora, por un momento pensad que ese malhechor fuera vuestro pariente carnal, o vuestra madre, o vuestro hijo o vuestro mejor amigo, ¿qué sanción le pondríais?

–Me haces una pregunta trampa. En este caso no sé que decidir. No sería justo.

–Te quieres escabullir, porque probablemente la condena sería menos severa: unos años de cárcel, grupos de apoyo, reinserción… Como véis, todo depende del color con que se mira.

–Tu forma de enfocar la justicia me hace pensar que tal vez estés en lo cierto, pero ¿cómo actuar en estos casos?

–Yo no soy Dios. Por ello, ni quiero acusar, ni defender, ni juzgar a nadie, para no condenar ni absolver… En este mundo vuestro existe la justicia humana, hay jueces, fiscales y abogados para juzgar, acusar y defender a los hombres. Os animo a que permanezcáis tranquilos y confiéis en ellos.

–No me gusta esa forma de actuar ante los delitos. Lo veo como una escapatoria sin sentido.

–Recordar un mandato Universal: Quien pide justicia, invoca Ley, o dicho de otro modo: "Si pedís justicia para los demás, se invocara cósmicamente Ley para vosotros.

–¿Tú crees en la justicia?

–Yo creo en la justicia divina que está en manos del Creador, y creo en la justicia humana, incluso cuando esta sea ciega, y lo hago porque confío en los

seres humanos. Si en esta vida vivís con amor hacia vosotros y los demás, sanaréis vuestro karma, pero si vivís con odio, ira o envidia, abocaréis a vuestra autodestrucción. Cada cual es responsable de su vida. Vosotros decidís...

–¿Todo tiene un precio o una recompensa?

–*No lo dudéis. En esta vida terrenal, todo tiene su costo y su beneficio, y a cada cual os pagan con la misma moneda. La justicia divina es infalible. Todo es perfecto, aunque en ocasiones no lo contempléis o seáis impacientes por verla llegar. Si sembráis buenas semillas recogeréis buenas cosechas; si almacenáis pensamientos, expresiones y actos positivos la retribución será en forma de luz, o de amor..., si lo aplicáis desde la negatividad, recibiréis una sentencia rigurosa.*

–¿Nos ofreces un ejemplo?.

–*Si vosotros golpeáis a una persona, ¿qué recibiréis?*

–Probablemente nos devolverá el golpe, o tal vez nos denunciará..

–*¿Si cometéis un delito (robo, asesinato, tráfico de droga...), qué mereceréis?*

–Creo que cárcel, privación de libertad y tal vez una... ¿condena?.

–*¿Si sois solidarios, si ayudáis a alguien, qué os darán?*

–Sin lugar a dudas, gratitud, cariño, alegría...

–*¿Si amáis de corazón, qué os entregarán?*

–Creo que amor, felicidad, ternura...,

–*Ese es el camino hacia la luz. Todo es muy sencillo. Ahora, respira, mantén los ojos cerrados y visualiza que delante de ti, brilla un sol esplendido. Siente que sus rayos se introducen en tu interior, y te iluminan. Es el momento de que disfrutes durante un tiempo de un silencio absoluto. Cuando estés preparado estaré allí.*

Confiando en sus palabras, respiré y llegue a la quietud...

Treceavas enseñanzas
que aprendimos el Círculo Sagrado

***

Todas las cualidades y todos los valores viven en nosotros,
y nacen del corazón o de la mente, nosotros elegimos y somos
responsables de esa elección...

***

Si seguimos a nuestra alma, descubrimos un mundo lleno de amor,
de alegría y de generosidad

***

Si nuestra vida se basa en el amor, en la tolerancia y en la solidaridad,
crearemos un mundo nuevo

***

Solo existe un Mundo, una Tierra, una Raza..., la Humanidad

***

Quien pide justicia para los demás, invoca ley para él...

***

No juzguemos, no acusemos, no condenemos, porque no sabemos...,
simplemente amemos...

***

El ego desaparece cuando vivimos en el amor, en el altruismo
y en la humildad.

***

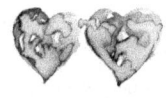

El aire sagrado

A la palabra imposible, le sobran dos letras
Rosana

Entre sueños escuche a la voz que me susurraba misteriosamente:

–*Caminante, no abandones la oscuridad que te ofrecen tus ojos cerrados, estás llegando al final del camino donde serás encontrado por la luz...*

Con suavidad me estiré como si fuera un felino. Una sensación de frío atena zaba mi cuerpo. Me erguí con dificultad, volví a revisar la conversación anterior y con palabras suaves continué con el interrogatorio por el mismo lugar donde lo deje:

–No te puedes imaginar las ganas que tengo de abrir los ojos y ver tu cara.

–*La paciencia es un tesoro. Es posible que antes de lo que te imaginas, tengas la oportunidad, o tal vez, eso no ocurra nunca. Ahora continúa con tus preguntas.*

–¿Qué determina nuestro destino?

–*El Creador. Él es quien marca vuestro paso por la tierra, y establece un des tino general para este planeta y sus habitantes. Sin embargo, os concede a todos los seres humanos el libre albedrío para que cada cual elija su propio camino, y desde esa libertad, cada persona cambia el llamado destino general por uno específico.*

–¿Eso significa que somos nosotros quienes creamos nuestro destino?

—Rotundamente sí. *Ese camino individual lo vais cambiando según lo que aportáis en este mundo. Si el destino para toda humanidad estuviera predeterminado, el karma quedaría estancado. Pero no, éste evoluciona o se inmoviliza según la actividad –o a la inactividad– personal que desarrolláis los seres humanos en este planeta. Por ello, el destino específico irá paralelo a vuestros pensamientos, a vuestras palabras y a vuestros actos.*

—Tus afirmaciones van en contra de otras teorías que hablan de un destino fijo e inamovible.

—*No prestéis atención a creencias sin alma. Todo cambia si vivís en el amor, si tenéis actos de bondad, si actuáis con generosidad. Si el Creador ve que lo que pedís es bueno para vosotros y para el mundo, lo transmutará inmediatamente; ahora bien, si contempla que la solicitud no es adecuada, por mucho que lo pidáis os lo negará. Por ello, haced vuestras peticiones desde lo más profundo del corazón, y confía en que lo solicitado sea beneficioso para vosotros y para la Humanidad.*

—¿Todo el esfuerzo que hacemos en esta existencia se ve recompensado?

—*Si el sacrificio del que habláis es solo para conseguir bienes materiales, aun perjudicando a vuestros semejantes, lleváis mal camino. La vida es sencilla, y se vive sin esfuerzo. En esta encarnación hay que disfrutar para conseguir las cosas, para compartir con una pareja, para poseer abundancia... Pero si vuestra máxima atención se centra únicamente en la fortuna económica, dedicaréis toda vuestra energía a ello y únicamente presumiréis de poder monetario.*

Si os sacrificáis por conseguir que una mujer os ame a toda costa, es posible que tengáis a esa compañera, pero el sufrimiento por no perderla, para que no se vaya de vuestro lado, o para que no os engañe, os destruirá. Si dedicáis todo el ánimo a soportar un trabajo insatisfactorio solo por el hecho de tener una vivienda, o un vehículo, o ser reconocido, no disfrutaréis de la vida familiar, ni laboral, y os amargaréis sin remedio mientras os arrastráis por el camino.

Por ello, os pido que hagáis vuestras peticiones escuchando a vuestra alma, en ese momento la Energía que os ofrece la Vida conspirará para que se cumpla.

—¿Por qué unas personas nos atraen y otras nos repelen?

—*Los seres humanos sois energía que inspiráis y expiráis un aire sagrado. Si os sentís en paz, vivís en el amor y os encontráis en un estado de calma interior, cuando inhaláis el aire del Universo y este entra en contacto con vuestro corazón sale al exterior atrayendo o repeliendo a otros éteres o fuentes de energía.*

>>Este aire sacro envuelve al cuerpo físico y se simboliza externamente, por un halo de luz brillante, normalmente transparente que rodea al ser humano.

–Pero, otras tradiciones espirituales llaman aura a ese flujo que citas. ¿Significa lo mismo?

–El aura es un concepto ofrecido por distintas corrientes espirituales y filosóficas orientales para describir el aire sagrado que emana de la Energía de la Vida. Es una forma de explicar el nivel de vibración del aire que emana de vuestro cuerpo y os rodea.

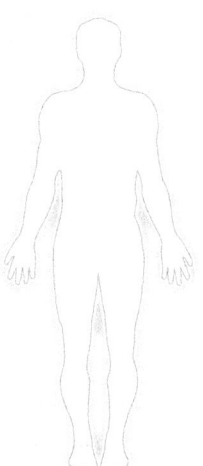

>>El significado de aura y de aire sagrado es similar, pero entended que Dios se expande a través del aire, que inhaláis y exhaláis constantemente desde que sois concebidos, no del aura, que es un dogma que viene de la zona mental, sin embargo, el concepto llamado aire, nace del Alma del Mundo, y os envuelve, emergiendo del Universo, del Creador, de Dios...

–¿Cómo es ese aire?

–Es una fuente inagotable de energía a vuestro alrededor. En la antigüedad, chamanes, sanadores, hombres y mujeres sabios de oriente y de occidente, desde América a Asia, aseguraban que este aire era la clave de la salud y de la enfermedad de las personas

–¿Y esa emanación es real?

–Por supuesto, el aire sagrado es un campo energético que al ser desprendido desde que llegáis a esta encarnación, atrae o repele. Es fácil comprobar la existencia de personas que cuando se acercan a vosotros os cautivan, os sentís a gusto, y disfrutáis de su compañía, de su conversación, de su energía. En el polo opuesto, hay otros cuya sola imagen os pone en fuga. De ellos no soportáis su presencia, ni sus palabras, ni sus actos. Ignoráis el por qué, pero hay algo en ese ser que rechazáis...

Cuanto más trabajáis vuestra zona interior, y más profundizáis en la búsqueda de vuestra consciencia, más os acercáis a Dios, y más aire sagrado desprendéis. Cuantas más dudas y conflictos tengáis en vuestra parte interna, más miedo acumuláis y menos aire sano desprenderéis fuera, y el que emitís está contaminado, intoxicando a quien se aproxime a vuestro lado.

Tened presente que los seres humanos sois baterías de energía, y necesitáis colmaros de esa fuerza para vivir. A veces alguien se acerca a vosotros, y os roba la energía, y, al desconocer cómo recargaros, os quedáis totalmente exhaustos, bajo mínimos, agotados... Como muestra, existen cientos de palabras que emitís al Universo día tras día:

"¡Qué cansado estoy!",

"No tengo energía, parece que me han absorbido la fuerza",

"Necesito descansar y recargarme..."

–Tienes razón, pero ¿Cómo volvemos a tener energía?

–Os recargáis cuando os amáis, cuando sois felices, cuando estáis satisfechos con vuestra vida, cuando os encontráis en la naturaleza..., en ese momento vuestro aire personal se llena de energía vital y atraéis a personas que se acercan a vuestro costado. Cuando vivís insatisfechos, infelices, o estresados, cuando camináis ansiosos, y vuestros pensamientos y palabras exudan negatividad, vuestro aire se vuelve denso, la gente se aleja de vosotros, y os agotáis.

–¿Nos podemos recargar diariamente?

–Por supuesto. Lo hacéis cuando estáis en contacto con la Madre Tierra, respiráis profundamente en la montaña, abrazáis a los árboles, tocáis el agua del mar, o metéis los pies en agua y sal.

os recargáis cuando volvéis a vuestros orígenes y generáis reflexiones, palabras y obras constructivas para vosotros y el mundo, cuando vivís en la alegría, en el positivismo, en el amor, y estáis con la gente que os ama y os ofrece su compañía.

–¿Cómo saber qué tipo de fuerza mueve quien se acerca a nuestro lado?

–Observad el aire que desprende la gente que llega a vosotros. Estad atentos a como hablan, como actúan y como viven: ¿Con alegría o con tristeza?, ¿Desde la paz o la alteración? ¿Con amor o con odio? ¿Desde el ego o la humildad?

>>Vigilad también lo que vosotros ofrecéis a vuestros prójimos: ¿armonía, son risas, respeto, o enviáis desánimo, rencor, ira...?

>>Si prestáis la máxima atención, descubriréis como os comportáis y como lo hace el recién llegado, cómo reaccionáis y cómo reaccionan. Es prioritario conocer el aire energético que desprendéis y el que desprenden: si estáis o están inquietos, si sois o son divertidos, si permanecéis o permanecen tensos..., para decidir seguir ahí o alejaros en otra dirección.

>><u>Quien no vibra en la misma frecuencia que vosotros se marchará de vuestro lado, y los que vibran al unísono, se quedarán a compartir; todo sucede sin forzar.</u>

–Llevas razón. Los hay que cuando se acercan a mí, o me hablan, me producen incomodidad. Rechazo su proximidad y su mera presencia, porque su agresividad, su mal carácter o el intentar controlarme, me llenan de oscuridad. Afortunadamente, con otros me siento en paz, alegre y con ganas de compartir. ¿Qué podemos hacer para no compartir la vida con estas personas que emiten ese aire tóxico?

–*Estar atentos. Es importante no acompañar a quien desprenda ese aire venenoso. Asumid que las relaciones perjudiciales, antes o después os contaminaran, en ocasiones lentamente y en otras con una rapidez contagiosa, como un virus, llegando a enfermar gravemente, por ello os invito a que os apartéis de su lado.*

–¿Cómo saber con quién compartir la vida?

–*¿A quién elegiríais para caminar contigo? ¿A personas alegres, fieles, respetuosas o a quien son mentirosos, no se comprometen con nada y viven en la tristeza...?*

–Lo obvio no se pregunta. A los del primer grupo.

–*¿A seres humanos libres y responsables, o a quienes son esclavos de la sociedad, de sus padres, o del miedo?*

–¡Qué absurdo! Querríamos a los que son libres.

–*¿A alguien que vive como habla, o a otro que no te puedes fiar de él, porque dice una cosa y hace otra?*

–¿Lo dudas? Preferiríamos siempre a los primeros, al honesto, al fiel, al que está a nuestro lado de corazón...

–*¿A quien vive en el presente, o a quien se arrastra en el pasado o se obsesiona con el futuro?*

–A quien vive en el momento actual, en el aquí y en el ahora.

–¿A quién elige el amor y la paz, o a quien decide arrastrarse en la violencia, la ira y la envidia?

–¡Ni que estuviéramos locos!

–¿Por quién te decidirías? ¿Por quién es natural, bondadoso y alegre, o por quien convive con las drogas, el alcohol y la autodestrucción?

–¿Acaso lo dudas? Siempre a los primeros, a los amorosos, a los naturales…

Es indispensable, que además de elegirlos, "vosotros seáis de ese tipo de personas", para que los demás opten por vosotros, y os convirtáis en un oasis de agua fresca y cristalina para los sedientos que se pierden en el desierto del miedo, de las dudas, del rencor…, que seáis un faro que ilumine el camino de los extraviados en la oscuridad…

–¿Afirmas que existen seres oscuros y otros que son de luz?

–Igual que existen seres hacedores del bien, que aman, que ayudan desinteresadamente, que son generosos, existen sus contrarios: los malignos, los que odian, los que matan, los que trafican con drogas, los violentos, los seres que viven en la

Tanto unos como otros sois hijos de la Energía de la Vida. Ella os dió la potestad de vivir como deseéis. Unos habéis elegido vivir de una manera y otros de forma bien distinta, y aún así, como ya sabéis, todo es perfecto…

–Si todo es perfecto ¿Cómo solucionar nuestros problemas cotidianos?

–En primer lugar; dad las gracias por los conflictos personales, por las dudas que tenéis, por las dificultades que atravesáis, y a la vez; agradeced las alegrías y los éxitos que ocurren en vuestra vida, porque las dos caras son necesarias para vuestro crecimiento.

Después preguntaos: ¿Cuáles son mis problemas reales? Y haced una lista por orden de importancia. Una vez redactada, dejadla en un lugar visible en vuestro hogar, y no le prestéis atención durante veintiún días. Al transcurrir ese tiempo, volver a comprobarla cuando estéis solos, os llevaréis una grata sorpresa, muchos de esos problemas habrán pasado a mejor vida.

–¿Qué es la soledad?

—Es la ausencia de compañía, es el lugar inhóspito donde no encontráis nada ni a nadie, es un sentimiento que os produce dolor y vacío. El ser humano es un ser único e irrepetible, nacido para vivir, para amar, y para compartir su soledad con el resto de los seres que se cruzan en su camino.

—¿La soledad es necesaria o es destructiva?

—Cada ser humano lo interpretará de una forma diferente. Muchos de vosotros decidís "estar" solos en algún momento de vuestra vida, siendo necesaria, y en otras "vivís" solos permanentemente, convirtiéndose en una destrucción interior.

—¿Existen diferentes tipos de soledad?

—Sí. La soledad puede ser impuesta o deseada. La impuesta es perjudicial, y se produce en ocasiones debido a la esclavitud del ser humano, o en otras cuando después de una separación o un abandono, os quedáis huérfanos de amor, de reconocimiento, de valoración... Cuando es impuesta vivís en la tristeza, en la desilusión, en la falta de esperanza, en esos casos, es traumática, porque la individualidad, y el aislamiento os aniquilarán el cuerpo, la mente y el alma. La deseada es necesaria por conectar con vuestra alma, con la vida, con Dios...

—¿Qué es el aislamiento?

—Es una sensación terrible, es atentar contra las leyes universales, es destruiros lentamente, es no amaros, es estar dormido sin querer despertar. El aislamiento es vivir en la oscuridad, en el vacío, en la enfermedad del alma. Cuando decidís vivir aislados, os estáis suicidando en vida, os auto-castigáis, os olvidáis del segundo propósito que habéis venido a este mundo; ayudar a los demás para ayudaros a vosotros mismos.

—Pero a veces necesitamos estar solos, para encontrarnos con nosotros mismos.

—Claro, te asiste toda la razón, pero no es necesario marcharos a un monasterio, o aislaros en una cueva, o esconderos en el desierto, lo único indispensable es vivir, es respirar, es amar, es sentir... Para ello, es importante disfrutar de un espacio que necesitáis como el aire, pero la soledad consciente no es incompatible con el compartir, la soledad deseada es libertad, y esta, es amor.

\>>El sentimiento amoroso es acompañar, es amar, es unión, y la soledad consciente es maravillosa si la vivís desde la espiritualidad. Os invito a que os juntéis con amigos que os valoren, con gente que os quiera, con personas que os escuchen... Compartid la felicidad, ofreced tranquilidad, y vivid vuestra soledad en compañía.

–¿Es importante en nuestra vida que tengamos éxito personal? ¿Qué alcancemos el reconocimiento de los demás?

–Lo verdaderamente importante en la vida no es la fama personal, no es el triunfo particular, no es el éxito propio…, lo imprescindible en esta existencia es vivir en el amor, es ayudar al prójimo a conseguir esa meta, a alcanzar ese sueño, a realizar ese proyecto…

–¿Por qué los seres humanos consumimos drogas, alcohol o jugamos de forma compulsiva?

–Porque no os amáis, no os respetáis, ni os aceptáis. Lo hacéis para tapar los vacíos del alma. No comprendéis que camináis hacia vuestra destrucción personal, y que os arrastraréis en esta vida y en la próxima encarnación. Cuando aceptéis que en el amor por vosotros mismos está la solución, y sigáis vuestros sueños, encontraréis el camino.

–No entiendo cómo no se combaten con más brío el tráfico de drogas, los problemas de alcoholismo o las ludopatías. Nos estamos destruyendo y no tenemos piedad ni compasión con nosotros mismos...

–Volvéis a juzgar y de nuevo condenáis. Los seres humanos sabéis perfectamente lo que es positivo y negativo para vosotros y para el mundo, conocéis si lo que hacéis esta dentro del concepto llamado como bueno o del malo. Cada cual es libre de vivir como quiera, siendo responsable de su vida.

Quien opte por seguir en la oscuridad, que continué; quien prefiera elegir la luz, que lo haga, ambas decisiones son perfectas, porque la vida es perfecta, porque los caminos del Creador son inescrutables…

–¿Qué sucede cuando nuestros hijos, nuestras parejas sentimentales o alguien de nuestra familia tienen problemas de drogas?

–Respuesta difícil, pero el único mensaje que os ofrecerá paz afirma que la solución no está en vuestras manos, que lo único que os dará fuerza para vivir cuando el sufrimiento a causa de la droga, se instala en vuestro día a día, es existir desde el respeto, es vivir desde el amor, es poner límites…

Tened en cuenta que no sois los salvadores del mundo. Para salir de ese pozo y sea duradero, es la persona afectada quien lo ha de desear con lo más profundo de su corazón. Si intentáis que cambie mentalmente o con su parte física, será algo efímero, no perdurará y volverá a su adicción. Esto sucede a menudo en el consumo de drogas, de alcohol, o de tabaco. Cuando una persona cae en alguna dependencia, la solución que necesita es amor, es compañía cercana, es respeto a su proceso y a su libre albedrío.

–¿Y si no quiere que estemos cerca?

–*Hay que honrar su decisión, y permitirle que elija sin influir en su vida. Si os identificáis con su problema, ese sufrimiento os destruirá también a vosotros. Solo cuando ellos lo quieran modificar, darán el paso hacía el cambio.*

–Lo dices de una forma que parece fácil de entender, pero hay que estar en la piel de los familiares que lo sufren, la droga no solo destruye al que la consume, a su vez devasta a su entorno: familia, pareja, amigos...

–*Recordad un aspecto básico repetido en diversas ocasiones en esta cueva, y que seguís sin aceptar: Todo lo que sucede en la vida es ideal, es impecable, es perfecto aunque no lo queráis asumir.*

>>*Es complicado de admitir en la parte terrenal, porque como personas a las que amáis les queréis ayudar por todos los medios, porque como humanos que sois váis a sufrir al contemplar cómo se destruyen, sin embargo, es imprescindible asumir que cada ser es responsable de sus pensamientos, de sus palabras y de sus actos, y si decide consumir droga, u otro elemento que lo domine, por muy doloroso o traumático que sea, es importante respetar su elección. Es básico permitir que siga su camino, sin apegaros a ellos, sin aferraros a su dolor, o a su desconsuelo... Esa persona en su momento –si lo desea– comenzará su proceso de sanación.*

–¿Cómo vamos a aceptar que nuestro familiar se está destruyendo sin hacer nada? No comparto tus palabras. Cuando son nuestros hijos, nosotros como padres tenemos la obligación de hacer algo, de buscar alguna solución: le damos dinero, le forzamos a ir a un centro de desintoxicación, lo encerramos en casa...

–*Aceptad que ellos son los únicos responsables de sus decisiones, y pagan un precio por su modo de vivir, en forma de autodestrucción. Ellos determinarán cambiar su vida o no, y decidirán seguir en ese mundo sórdido y lúgubre de las drogas, o caminar hacia un nuevo horizonte en un espacio de luz.*

–Hablas y no paras de ser honestos; cruel engaño. Los seres humanos somos mayoritariamente deshonestos, mentimos por costumbre. Y me pregunto: ¿Por qué vivimos acompañados de la mentira?

–*Porque os da miedo mostrar lo que guardáis en vuestro interior, porque queréis que opinen bien de vosotros, porque deseáis ser reconocidos, valorados, queridos...*

–¿Cómo podemos cambiar esa manera de vivir?

–Cuando escuchéis a vuestro corazón y seáis fieles con vosotros mismos seréis honestos. A partir de ahí, os dará igual la opinión de los demás, seréis coherentes con vuestros pensamientos, con vuestras palabras y con vuestros actos. No culparéis a nadie de lo que os sucede, porque seréis responsables totalmente de vuestra vida.

–¿Por qué decimos una cosa y hacemos otra?

–Existe un refrán antiguo: "<u>Haz lo que yo digo, no lo que yo hago</u>". Dais mil consejos, y la mayoría de las veces, os aplicáis personalmente uno o ninguno. Sois maestros del decir, pero no del hacer. Los seres humanos sois capaces de ofrecer respuestas correctas a los problemas ajenos, sois casi infalibles cuando otro atraviesa una dificultad –sentimental, emocional, física, con la pareja, con los hijos...–, pero cuando quienes dais la solución o el consejo sois quienes debéis afrontar el mismo problema, ahí todo cambia. Por ello, es imprescindible que seáis honestos con vosotros, que afrontéis la vida desde la verdad, desde la autenticidad, desde la libertad, y que "<u>viváis como habláis</u>".

–¿Es posible vivir como se habla?

–Ciertamente, y lo conseguiréis cuando viváis en el amor auténtico, donde no existe la mentira, ni el engaño, ni la falsedad, donde solo habita la Verdad.

–¿Cómo reaccionamos ante las adversidades, ante los problemas, ante los conflictos...?

–Muchos de los que viven en el mundo occidental utilizan el método rápido y urgente: Analizan, cuestionan, juzgan viven estresados, ansiosos y presurosos, sin detenerse en ningún momento. Este camino se dirige hacia el exterior, y es más

Por el contrario, algunas etnias ancestrales utilizan el método lento y pausado. Se detienen más a menudo, respiran profundamente, meditan, observan, son testigos de lo sucedido, y actúan o no... El camino de la observación se hace hacia el interior, y es más dulce.

–¿Por eso la meditación, el yoga, el zen, o los rituales y ofrendas a la Tierra que nacen en Oriente y en pueblos originarios de América, nos enseñan a vivir con más calma?

–Así es. La forma de vida ancestral está más cercana a la Luz Universal, la tradición occidental se encuentra limítrofe a lo material, a la nada, a la oscuridad... Conviene conocer qué forma de vida es la correcta para cada uno de los seres humanos y descubrir lo esencial en las pautas diarias. Una vez hecho, resolveréis que allí está vuestra riqueza, vuestro corazón. Si las observáis, encontraréis el camino.

<u>"Si descubrís el objetivo de vuestra vida, no lo perdáis de vista, dejadlo todo, no os aferréis a nada y seguidlo en este momento presente"</u>

–¿Qué es el presente?

–Es un regalo que os ofrece la vida, es amar lo que se hace, es disfrutar de cada segundo como si fuera el último, es una forma de estar, de sentir y de ser, es recrearse en el aquí y en el ahora, sin pensar en el ayer o en el mañana, es aventurarse a vivir este –y cada– instante con embeleso.

–¿Tan importante es?

–Es lo único real. Si sois capaces de sentir vuestra maravillosa vida y exprimirla, si gozáis de compartir cada segundo con vuestra pareja, familia y amigos, si aprovecháis cada intervalo, disfrutaréis de caminar con personas que aman el ahora y que transitarán a vuestro lado.

\>>Solo disponéis de este momento presente para vivir y para amar, porque el pasado y el futuro no existen, uno ya murió y el otro aún no ha nacido.

–¿Qué es el pasado?

–Está relacionado con la añoranza, con un sentimiento de culpa por lo sucedido o por lo no ocurrido, por las decisiones tomadas o por las que dejáis de tomar, pero en cualquier caso por algo que ahora ya no está en vuestras manos poder cambiar.

\>>El pasado ya cayó en el limbo, desapareció en la penumbra, se fue inexorablemente. El tiempo pasado huye a cada instante y se refleja en unas palabras que destruyen vuestra vida:

\>"si pudiera realizarlo, lo haría, pero ya no puedo...", "si volviera atrás..." "cómo me arrepiento de no hacerlo, el miedo me domina, soy un cobarde..."

–Vuelves a tener razón, la mayoría nos desenvolvemos en esas excusas sobre el pasado, pero escucho a menudo hablar del futuro ¿Qué significa esa palabra?

–Al igual que el pasado, el futuro no existe, no es real... El futuro está estrechamente ligado a vuestra fantasía de lo venidero y en consecuencia a la preocupación que eso os genera. Vivir obsesionado con el mañana es un espejismo que os atrapa y os hace sentir inmortales, desperdiciando el hoy, lo único auténtico. El futuro se ampara en una palabra cruel, y destructiva que os provoca ansiedad y que os Preocupación"

La mayoría de seres humanos vivís trastornados con lo sucedido en el pasado, y por lo que suponen llegará en el futuro, y no viven, se arrastran en la nada, en el vacío, en la oscuridad...

–¿Qué solución nos queda?

–Entendedlo bien: "<u>Ocupaos del presente</u>" porque es lo único disponible que tenéis, solo desde ahí podéis elegir qué hacer o qué no hacer. Si sois conscientes disfrutaréis de cada momento al máximo y podréis comenzar a aprender todo lo que la vida os tiene que enseñar.

Centraos conscientemente solo en respirar, en inhalar profundamente y en exhalar muy despacio. Prestad la máxima atención al aire que entra en vuestro organismo por vuestras fosas nasales, y el que sale de vuestro interior. En ese intervalo comenzáis a vivir el presente, disfrutáis de la vida, e iniciáis el camino de vuelta al hogar. Una vez en casa, en el trabajo, o con los amigos, dad importancia a un abrazo, saboread una mirada, agradeced una sonrisa, disfrutad de una caricia, deleitarse de un te quiero... Si lo hacéis cambiaréis vuestra vida y ayudaréis a transformar la existencia de otros.

Cuando sintáis que lo más importante en vuestra encarnación es lo que estáis haciendo en este preciso momento; leer, pasear, compartir con vuestra gente, abrazar a quien amáis, saborear un helado..., alcanzaréis la plenitud de una vida bien vivida

–Cada día que transcurre desde mi llegada a la cueva, siento una fuerza invisible en mi interior que me eleva del suelo, que me traslada a un lugar donde el amor es la única ley, donde todos los seres humanos, somos, como tú dices, seres hermanos. Gracias por compartir con nosotros estas lecciones que ayudarán a despertar al mundo.

–Gracias a ti y a todos los que les traslades estas enseñanzas, ahora es el momento de que integres en ti toda la información que estás recibiendo y que regreses a tu casa. Si quieres, dentro de siete días, volverás a esta cueva para encontrar al auténtico maestro que siempre has buscado.

–¿El auténtico? –dije entusiasmado.

–Sí. El os esperará.

–¿Qué haremos cuando lo conozcamos? –pregunté preocupado. –¿Nos seguirá transmitiendo los conocimientos que tú nos ofreces?

–*Él os enseñará toda su sabiduría. A cambio os pedirá, si os place, que compartáis estas enseñanzas con otras culturas, con otras razas, en otros lugares...*

>>*El comienzo lo haréis en vuestro barrio, seguirá en vuestra ciudad, más tarde en vuestro país, y finalmente, recorreréis el mundo recabando preguntas que atormentan el alma de los seres humanos para ser respondidas.*

–Tus palabras me reconcilian con el mundo, y sobre todo contigo, que has tenido mis ojos cerrados mucho tiempo. Creo de corazón que ser un mensajero y transmitir lo aprendido de ti, será una experiencia enriquecedora.

–*Ahora es el momento de que vayas a descansar. Pasada una semana volverás a esta caverna. Entonces, el resto de la historia te será desvelado.*

–Espera, quiero saber más: ¿Y tú, que harás? ¿Descubriré quién eres? ¿Volveré a escucharte?

–*Tranquilo. Ya conocerás quien soy. Ahora ha llegado el momento de partir.*

–Fascinante. Me gustaría seguir aprendiendo de ti.

Un silencio mágico selló sus palabras. Dudé unos minutos. Finalmente, me pareció que estaba solo. Después de mucho tiempo, abrí los ojos, y mi visión era borrosa. Tarde un poco en acostumbrarme a los colores. Miré al exterior de la cueva y comprobé que era noche cerrada, que apenas se vislumbraba un tenue resplandor fuera de la caverna. Me levanté con dificultad. Para mi sorpresa, junto a la fuente, en el lugar donde se escuchaba el sonido, estaba inmaculadamente limpio, sin una mota de polvo, como si nadie hubiera estado allí en muchos años.

–Es imposible, debería haber signos del paso del ser que me tuvo absorto con su voz– pensé.

Observé el fondo de la cueva, me asomé al acantilado y lo volví a buscar dentro de la caverna. Era sorprendente. El ser que me habló estos días había desaparecido sin dejar rastro, como por obra de magia, como si nunca hubiera existido...

Contemplé el mar, se asemejaba a un espejo donde se reflejaba la luna nueva. Era un espectáculo digno de un príncipe. Mi corazón desprendía amor, era una sensación sublime, apenas experimentada por mi alma. Mis labios sonreían amando la vida, amándome a mí, amando a Dios... Agradecí a la voz misteriosa, lo que sentía en este momento. Percibía que mis pies no tocaban el suelo y descendí suspirando durante todo el tiempo que se alargó la bajada. Al llegar al final dirigí la vista hacia arriba. De entre los árboles, una forma diminuta se deslizo en el aire, como si danzara, y voló hacia mí. Una mariposa blanca me acarició la nuca, lo que produjo en mi espalda un escalofrío. Abrí mis manos, y ella se poso entre mis dedos. La mire a los ojos y en ese momento mágico, hice las paces con la vida...

Catorceavas enseñanzas
que aprendimos en el Círculo Sagrado

***

Nosotros creamos nuestra vida, nuestro camino, nuestro destino específico..., y somos responsables de ello.

***

Existe un destino general para el que vive en la inconsciencia, para el que vive dormido, para el que no cree...

***

La vida es sencilla, y se vive sin esfuerzo, sin sacrificio, sin luchas..., desde el amor, la generosidad, la paz...

***

Poseemos un aire sagrado que nos da la energía para vivir, la fuerza para amar y la fortaleza para ser libres

***

El aire que discurre por nuestro interior, atrae o repele, dependiendo de que como este nuestro corazón.

***

Si descubrimos el objetivo de nuestra vida, no lo perdamos de vista, no nos aferremos a nada y sigámoslo ahora mismo...

***

Vivir el momento presente es uno de los mayores regalos que nos ofrece la vida, es una forma de estar, de amar, de ser...

***

El pasado no existe, el futuro es un misterio, solo existe el hoy, el aquí y el ahora, el presente...

***

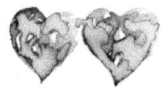

La Energía del Creador

Maestro solo hay uno y es el que nos creo
para cumplir nuestros sueños

Después de los días transcurridos en la cueva y de las enseñanzas recibidas, había vuelto a mi hogar. Me sentía lleno de amor, de alegría, de pasión… Cada amanecer era un regalo y como por arte de magia sucedían en mi vida una serie de extraños acontecimientos que me condujeron a ver la luz desde otra perspectiva: Reencuentros con personas que llevaba tiempo sin verlas, y con solo soñar o vibrar pensando en ellas reaparecían en mi existencia, llamadas de gente que querían escuchar mis palabras, y sobre todo, sueños que volvían de visita.

Esa tarde, mientras me dedicaba a recorrer las calles de mi querida ciudad, pensaba en la aventura que me aguardaba al día siguiente, hasta que regrese a casa y mis párpados se rindieron. Al despertar, encaminé mis pasos hacia la cala Cortina, y me sumergí en sus aguas milagrosas que aportaban felicidad y armonía a mi espíritu. Casi imperceptiblemente había llegado el día tan deseado por mi corazón: hoy me iba a encontrar con el maestro que siempre había deseado conocer. Sentía que las palabras de la voz que serenó mi alma en la cueva transportaban la verdad y que esta jornada sería importante en mi vida. Con una sensación de calma nunca antes percibida, recuperé la mochila y conduje mi vieja furgoneta color sangre hacia el pie de la montaña.

Una vez allí, junto a la cadena que delimitaba la vida y la muerte del anterior buscador, miré hacia la cima, intuyendo que en aquellas alturas me esperaba la luz del nuevo ser que estaba naciendo dentro de mí. Sonreí e inicié el ascenso. El trayecto se me hizo corto. Tras pasar junto a la blanca ermita, escuché el concierto prodigioso que me ofrecían los grillos y acaricié con suavidad a mis árboles sagrados. Sin miedo, recorrí el borde del precipicio para alcanzar la entrada a la cueva, y para mi sorpresa, al mirar en su interior, comprobé que estaba vacía, que no había nadie en ella. Me acerque a la fuente, toque el agua con mis dedos y comencé a llamar en voz alta al ser que me ofreció su sabiduría. Recibí el silencio por respuesta.

«Es imposible, no creo que me mintiera, sé que antes o después el maestro al que espero vendrá, tal vez aún no ha encontrado el lugar», pensé. Dejé en un rincón la bolsa con la comida y preparé mi vieja manta, no me iba a rendir tan fácilmente.

Me senté mirando el mar. Era curioso, era la primera vez que me deleitaba contemplando el acantilado, siempre había sentido un poco de temor ante la magnitud que se abría ante mis pies. Allá abajo, las olas del Mediterráneo se estrellaban sin descanso contra las rocas de la montaña. El horizonte se extendía hasta el infinito, y mis ojos no podían ver lo que se intuía al fondo, era una sensación de unidad entre el cielo y el agua, entre el principio y el final. Un suspiro escapó de mí alma, y extasiado me quedé mirando el vuelo de una gaviota que, balanceándose en el aire, me llenó de amor por la naturaleza, por la vida...

Los días transcurrieron lentamente, las tardes se unían con las noches y una madrugada entré –por primera vez en esos días de espera– en la cueva, me aproxime a la fuente donde el agua de la lluvia esperaba ansiosa mi llegada, me asomé a su interior y vi reflejado mi rostro. Sentí una ternura indescriptible por aquellos ojos que me contemplaban detrás de las gotas del líquido elemento.

Súbitamente, y como si fuera un milagro, el agua empezó a vibrar ante mis pupilas y delante de mi comenzaron a desfilar imágenes de mi vida, y de otras vidas donde veía un ser parecido a mí, pero en otros lugares, con otras ropas, con distintos rostros, con diferente sexo... ¡Increíble! Esas personas que pasaban por delante de mis ojos se me parecían, mi corazón me susurró que ese ser, era yo. En ese instante, escuche una voz conocida por mi espíritu:

En el interior de este agua te aguarda el Auténtico Maestro que esperas, al que siempre preguntas, al que incesantemente buscas...

Apenas podía respirar, dirigí de nuevo la mirada hacia el reflejo que vivía en la fuente y al volver a divisar mi cara comprendí que por fin me encontraba con mi mentor, con la Luz que buscara en cientos de lugares extraños, con la única persona que realmente me podía ayudar: "YO".

Una sonrisa devastadora amaneció en el semblante que reflejaba aquel líquido, una expresión que arrolló todo lo sentido anteriormente. Como si fuera un sueño, unas palabras que no nacían de mi garganta, emergieron de la imagen en el agua cristalina:

–*Me alegra encontrarte de nuevo, que sigas escuchando a tu corazón y que no te hayas rendido. Te extrañaba.*

Confundido por la sorpresa, descubrí que la voz que me susurraba desde Nicaragua, y que me respondió todo el tiempo que estuve en la cueva, no surgía de mis labios, sino de algo más poderoso situado en mi interior más profundo. Pasados unos segundos interminables, durante los cuales apenas pude respirar, le respondí:

–Ignoro qué está sucediendo en este momento. No sé si esto es un sueño o una pesadilla.

–*Es tan real como que respiras y estás vivo* –afirmó la voz. –*Ahora es el momento de que vuelvas a cerrar los ojos y que me ofrezcas las últimas preguntas que tienes para mí. Si lo haces, hallarás las respuestas que siempre has buscado…*

–¿Quién eres?

–*La respuesta aguarda en tu corazón, pero no la has querido aceptar. Soy el que siempre has estado siguiendo, el guía que indefinidamente ha estado aquí dispuesto a responder a las preguntas que queráis hacer, el mentor interno que cada segundo de vuestra vida ha estado conectado a vuestra alma. Este con el que conversas, es la gota divina que vive en ti…*

Me quede sin palabras. El aire entraba en mi organismo lentamente. Ahora comenzaba entender todo lo que había ocurrido en mi vida, hasta el último detalle: las casualidades, la llamada buena o mala suerte, el destino que parecía siempre me escogía…, en este momento entendí mi búsqueda espiritual para llegar a esta cueva…

–¿Todos los seres humanos tenemos a nuestro propio Maestro Interior que nos habla?

–*Así es. Cada uno tenéis vuestro guía particular que os acompaña, y vive en vosotros. Únicamente cuando conectáis con vuestro corazón y cerráis los ojos a lo externo, él os encuentra.*

Es indispensable que aceptéis que cada uno es su propio maestro y su propio alumno. No se conocen mejores guías para vosotros que vuestros corazones, no habrá nadie que tenga tanta sabiduría interna como vuestra alma, nadie está más cercano al recóndito lugar donde se encuentra vuestro maestro interno.

–¿Qué sucede si vivimos atendiendo solo al mundo exterior y no exploramos nuestras emociones, ni nuestra espiritualidad? ¿Qué ocurre si solo perseguimos el materialismo, el poder, o el dinero? ¿Lo encontraremos?

–No. El maestro os encuentra cuando buscáis dentro de vosotros y os entregáis en las manos de Dios. Aceptad de una vez por todas que la persona que buscáis vive y viaja con vosotros. Solo hace falta que cerréis los ojos al exterior, y le hagáis las preguntas que deseéis. Allí, vuestro Auténtico Maestro, se manifestará con sus propias respuestas y os hablará desde lo más profundo de vuestro corazón.

–¿Qué acontece si no queremos localizar a nuestro maestro? ¿Si vivimos en la duda, en la confusión en el miedo?

–Quien no quiere ver la luz y desea seguir en la oscuridad, su decisión es legítima. Pero habréis de saber que si lo hacéis, vuestras almas vagarán errantes entre las tinieblas, regresando en la próxima encarnación igual que estáis viviendo en esta. Os propongo que os abráis a la vida y que os entreguéis a lo desconocido, al Universo, a la Energía...

–Siento que la verdad vive en tus palabras, pero hay demasiadas voces entre la confusión que nos condicionan el camino a elegir. ¿Creo que siempre necesitaremos un maestro distinto a nosotros?

–Cierto que a lo largo de ese tránsito llamado vida, todos necesitáis un guía, un orientador, un mentor que os muestre el sendero a seguir, que os ofrezca un apoyo. Sin embargo, tened presente que el Maestro es uno solo, bajo distintas apariencias. Por eso, cuando os apartáis de Él os sentís perdidos, sin fuerzas, desamparados, y todo lo que hacéis durante vuestra existencia es intentar llenar ese desierto espiritual: unos os acogéis a las drogas; otros, al sexo sin amor, o al alcohol; hay quienes, adoráis al materialismo, el consumismo, o seguís a falsos maestros espirituales, y como carecéis de paz interior, no contactáis con la Energía Vital...

Solo desde la creencia y la entrega en cuerpo y alma a esa Fuerza Intangible, seréis encontrados por la Luz que siempre habéis buscado.

–Desvélame de una vez por todas ¿Qué o quién es esa fuerza de la que hablas?

—La Energía del Creador es conocida por multitud de nombres:
>*Dios, para los cristianos;*
>*Alá, para la cultura musulmana;*
>*Manitou o el Gran Espíritu, para diversas tribus norteamericanas;*
>*para otros, el Universo*
>*para unos, la Fuente Sagrada;*
>*Atua, para los rapanui,*
>*Visnu para los hindúes...*
>*la Pachamama, para algunos pueblos andinos...*

>>*Desde el principio de los tiempos, hay cientos de denominaciones para esta entidad, y cuyo calificativo real es: <u>AMOR</u>.*

—Pero ¿realmente existe ese Creador?

—*¿Lo dudas, incrédulo? Esa Esencia es el aire que respiráis, es la Creadora de todo: de la Tierra, de los seres vivos; es la Fuente Universal de la que manan la luz, la oscuridad, los animales, el fuego, el agua... es quien concibe la esencia del amor, es el punto donde nace el líquido elemento que os dio la vida y la muerte, es la totalidad, es el infinito, es la eternidad...*

>><u>*Quien cree en ella, crea un mundo de amor; el que confía en ella, será encontrado...*</u>

—¿Cómo podemos escuchar a ese ser del que hablas?

—*Lo hacéis cuando permanecéis en silencio, lo atendéis cuando os conectáis con la naturaleza, y prestáis atención a vuestro corazón.*

>>*Os invito a subir a una colina, a que miréis un amanecer, a que rocéis el cielo con los dedos, a que disfrutéis del vuelo de las gaviotas, a que contempléis las olas del mar, a que escuchéis a vuestra alma al acariciar a un ser amado..., y que os hagáis unas preguntas: ¿Qué sentís en ese momento? ¿Notáis la Energía que os envuelve? ¿Percibís la espiritualidad que brota de vuestro corazón?*

—¿Qué nos aconsejas para percibir la espiritualidad?

—*Os sugiero que conectéis con el Universo, con lo divino, con lo sagrado que vive en vuestro interior. Pero esa Fuerza invisible no pertenece a ninguna Iglesia o religión, ya sea cristiana, budista, musulmana..., ese Ente, al que cada uno nom* bra a capricho, no se afinca en Roma, ni en La Meca, ni en el Tíbet, ella reside en vuestros corazones, y todos nacéis de ese mismo destello.

La Energía que os dio la Vida os pertenece a todos. Está unida a vosotros con una gota de luz etérea que convive con vuestro espíritu,

–¿Cómo contactar con ella?

–Ella se comunica con vosotros continuamente. Se vale de silencios, de señales, de mensajes, y de mensajeros que fueron ensalzados, o de uno que fue crucificado en un monte llamado el Calvario.

–Durante muchos años nos han hablado de ese profeta llamado Jesucristo. ¿Quién es realmente?

–El hijo de la Energía, del Creador, de Dios hecho hombre. Jesucristo es la conexión entre lo terrenal y lo divino.

–¿Qué papel desempeñó en este mundo?

–El de la unión con todos los habitantes de este planeta. Él fue quien dijo que todos sois hijos de Dios, y os ofreció la Verdad: "<u>Todos los seres humanos sois hermanos, incluido Él mismo</u>". De su venida a la Tierra hablan libros muy antiguos como los Vedas, escritos entre mil quinientos a mil años antes de su nacimiento.

–¿Entonces, quién es Alá?

–Es el Creador, es Dios, es la Energía que da la Vida para los mahometanos.

–¿Por qué lo llaman Alá?

–Es cuestión de idiomas: Dios, Alá, Visnu, Universo..., son personificaciones de un mismo concepto abstracto que os alimenta y os da la fuerza invisible para vivir como hermanos. Pero estáis tan ciegos, sordos y mudos, que seguís sin comprender que todos esos nombres significan lo mismo: la Luz, el Amor, Todo...

–¿Quién fue Mahoma?

–Un profeta y al igual que Jesucristo, fue el que unió a sus fraternos. Él dijo que todos sois hijos de Alá (Dios en su caso) con las mismas palabras que Jesús: "<u>Todos los seres humanos sois hermanos</u>". Y cuando dijo "<u>todos</u>" quiso decir "<u>todos</u>", sin ninguna exclusión, sin ningún tipo de excepciones...

–Es curioso, los dos hablan con las mismas palabras.

–Jesús y Mahoma son seres de luz, y si todas las personas asumiérais de *corazón esas palabras de hermandad que ellos legaron a la humanidad, adiós a las guerras, al sufrimiento, a la sangre entre pueblos, razas y religiones, y bienvenida la ayuda, la solidaridad, el amor...*

–¿Si es verdad lo que dices, por qué los conflictos armados y las guerras entre los musulmanes y los católicos o los judíos?

–*La división, la muerte y la exclusión solo lo exige la mente inconsciente de las personas oscuras, nunca lo solicitaría la Energía que os ofreció la Vida.*

>>*Alá, significa lo mismo que Dios, y ellos nunca pedirían la muerte, ni la destrucción, ni el dolor para sus hijos, y sí una buena vida para sus descendientes, no solicitarían hambre y sí alimentos. Jesús y Mahoma son hermanos al igual que lo sois todos los seres humanos, y os suplicarían que os amaráis los unos a los otros...*

–¿Por qué no estamos unidos a ese Ser al que mencionas a todas horas?

–*¿Eso crees? ¡Qué equivocados estáis! La divinidad se encuentra en vosotros. Todos sois hijos de la misma Energía por lo que participáis, en parte, de ella. Todos lleváis su esencia en vuestro interior.*

–¿Por qué muchos lo excluimos de nuestra vida?

–*La mente oscura inconsciente lucha por dominaros, os procura controlar, y os pretende ofrecer una falsa tranquilidad con el engaño del dinero, del poder, del materialismo, de la religión... Y todo porque el ser humano rivaliza con Dios, y "<u>quiere hacer a su imagen y semejanza</u>", no aceptáis que es al contrario, que estáis creados "<u>a imagen y semejanza de Él</u>".*

>*pero si necesitáis ayuda, se la pedís; si ambicionáis dinero, se lo exigís; si queréis estar sanos, se lo imponéis. Como si fuera obligación de la Energía vuestro bienestar. Ella os dio la libre voluntad, os permitió tomar vuestras decisiones y ser responsables de ellas, pero no la queréis asumir y deseáis controlar sus actos.*

–¿Dices que la Energía de ese Creador es la salvación?

–*¿Lo dudáis? Él, es amor, y el auténtico amor no cabe en palabras, ni en pensamientos, ni en conceptos. Él habita en vuestro corazón y solo puede ser vivido desde allí. La Energía de Dios no se puede describir, ni dibujar, ni diseñar... Basta sentirla.*

–Pero hay muchos seres humanos que no creen en ese ser supremo del que hablas.

–*Podréis creer en Él o no, seréis capaces de echar mano de pruebas o de teorías de su existencia o de lo contrario, podréis desmentir su Revelación, pero desde siempre su destello vive en vuestro interior más profundo.*

Vosotros sois libres para optar por el camino que deseéis, y vuestra decisión es personal e intransferible. Cuando un ser humano ha vivido, cuando ha conocido la oscuridad y la luz, sabe cómo construirse y a la vez, destruirse. Puede optar por el sendero de la luz –donde es encontrado por la felicidad, la plenitud y la alegría– o se decide por lo oscuro –donde lo abordan el miedo, las dudas y el terror a vivir–. Y elija el camino que desee, "<u>todo es perfecto</u>".

–Tus palabras sobre la perfección me irritan. No las entiendo.

–*Os ofrezco una pista que os regalan en lugares distantes a miles de kilómetros, los ancianos de la Isla de Pascua en la Polinesia, y las enseñanzas del hermano de la luz, Osho, en Poona, en la India:*

"Cuando los seres humanos viváis en el amor, en la armonía y en la generosidad os sentiréis plenos en cuerpo y alma. Suceda lo que suceda, no os podrán privar de vuestro regocijo, ni de vuestro entusiasmo, ni de vuestra paz. Ocurra lo que ocurra, sufriréis la pena, el dolor y el sufrimiento. Existirán el éxito o el fracaso, la vida o la muerte, la enfermedad o la salud, pero no habrá diferencias en vuestra existencia, viviréis en el amor por la Energía del Creador, por el mil veces nombrado como Dios..."

–Hay preguntas que me intrigan acerca del infierno, del cielo y del purgatorio. ¿Existe el infierno?

–¡*Claro! Pero no ese con el que os han amenazado, no el que explican las diferentes religiones, no el que dicen los entendidos en parapsicología y en fenómenos ocultos. El infierno no espera a nadie una vez muerto, no arde eternamente en las profundidades de la tierra, en los abismos; el infierno nació con el hombre, y se hace presente cuando alguien muere de hambre o de sed, se le niega la ayuda al prójimo, o se producen violaciones (físicas o de los derechos humanos), suceden guerras por el dominio de un territorio, del agua, de riquezas materiales, la droga y el alcohol se adueñan de las personas...,*

El infierno se halla en cada uno de vosotros cuando no vivís en el amor y cada día se manifiesta cuando miráis indiferentes el dolor y el sufrimiento de vuestros hermanos en cualquier medio de comunicación, o cuando por cansancio y apatía por lo que os sabéis de memoria, desoís el dolor propio o ajeno, y os resignáis.

—Y el purgatorio, ¿Es real?

—*Lo es, cuando vivís en la duda, en la confusión, en la incertidumbre, cuando no sois fieles a vosotros y vendéis vuestra alma preocupados por el qué dirán, para ser queridos, para ser valorados.*

>>*El purgatorio agita sus brazos cuando las preocupaciones os desvelan y os llenan de ansiedad, cuando os adelantáis al futuro sin saber si éste llegará, o que dáis anclados y apegados al pasado, al rencor, al sufrimiento por lo que ya no está, por lo que desapareció... En tales circunstancias ya vivís en el.*

—¿Y del cielo o el paraíso?, ¿qué me descubres?

—*Más de lo mismo. Pero borra esa imagen tan conocida. No busquéis el cielo ajeno a vosotros, se encuentra en vuestro interior, allí donde viven el amor, la alegría, la felicidad...*

>*el paraíso se hace visible en la tierra cuando os ayudáis mutuamente, cuando sois tolerantes, vivís en paz y perdonáis... Lastimosamente, os empecináis en buscarlo fuera, lejos de vosotros, y creéis que se encuentra obedeciendo a unas religiones que os lo prometen si las seguís a ciegas, tremendo error...*

>>*Sin embargo, cuando os vinculáis a la Energía del Creador os dais cuenta del tiempo perdido rastreando en el exterior. Porque en vuestro interior bulle el sentimiento –que no el lugar– del amor, de la salud y de la armonía. Dejad de buscar externamente el paraíso, profundizad en vosotros y escuchad al corazón, allí lo encontraréis.*

—¿Cómo descubrimos que somos seres divinos, hijos de esa Energía de la que hablas?

—*Cuando estáis en contacto con la naturaleza, contempláis el océano, u observáis un amanecer..., cuando os conectáis, siquiera fugazmente, al Dios mediante la meditación, la oración o el silencio, cuando creéis, confiáis y os entregáis a Él...*

>>*A modo de resumen: nadie va al cielo, al purgatorio o al infierno. Todos vivís aquí vuestro cielo, purgatorio o infierno particular. Son conceptos paralelos a la biografía –adversa o favorable–, al modo de ser y de actuar de cada persona.*

—Existe una pregunta que sigo sin entender: ¿por qué mueren los niños, si son seres de luz sin equivocaciones?

—*Esta pregunta ya fue contestada, pero entiendo que a veces las respuestas no las podéis integrar. Os responderé:*

Tened presente como pilar fundamental de vuestra vida, que los caminos del Creador son inexplicables. Vosotros también habéis sido seres de luz en otras vidas, y para cumplir vuestra misión habéis llegado a este mundo con una encarnación cuya duración oscila entre unos nanosegundos y unos años según las teorías de vuestra sociedad.

Recordad que el tiempo no existe, es un producto subjetivo humano, lo que para las personas son veinte años, para la Energía Universal representan microsegundos. Ella os envía a este mundo con un propósito sagrado: limpiar vuestro karma particular y el de vuestra familia.

Los no natos, los niños que van a sufrir una muerte prematura, los adolescentes fallecidos en accidente o por enfermedad…, vienen con esa misión, convencidos de que evolucionarán y que os ayudarán a evolucionar.

Imaginaos si a vosotros os dieran a elegir: Después del karma denso acumulado de otras vidas, os dan la opción de engendrar y no nacer, de vivir unos segundos, o unos pocos años, o de venir al mundo con una enfermedad o una discapacidad, pero si venís a este planeta, vosotros y vuestra familia de mil vidas, vais a sanar el karma; o por el contrario, si vivís más tiempo humano, hará que vosotros y vuestra familia, sigáis con un karma oscuro, de rencor, de miedo, de odio… ¿Qué haríais?

–No lo sé. Difícil decisión.

–Esos no natos, la energía de esos niños, o esos adolescentes saben que con su encarnación actual realizará su limpieza kármica, y deciden vivir unos segundos, unos minutos, unos días o unos años, no lo dudan. Vienen con ese único propósito, y siguen su camino de evolución acompañados de un amor infinito, sabiendo que os volveréis a reencontrar.

–¿Cómo hemos de actuar cuando ese niño no nacido es abortado?

–En primer lugar; pedir paz, serenidad y luz por esa madre que tomó esa decisión traumática y que normalmente sufrirá por ella toda su vida. Es importante que le mostréis –aunque ella no lo entienda– que lo sucedido fue un acto dentro de la perfección divina, que si trabaja su espiritualidad, asumirá que su camino se basa en el amor, en el perdón hacía ella misma, en la gratitud, dejando estar lo que ya no está, creyendo que el Creador tomó la decisión correcta.

–Tus palabras son duras de comprender y de aceptar, no creo que ofrezcan calma a quien sufre tanto.

—Para vuestra parte mental esa decisión es terrible, no obstante para vuestra zona espiritual es amorosa, recordad el papel de Judas en la vida de Jesús, nadie quería ese papel en la obra cósmica, sin embargo, su actuación era necesaria e imprescindible.

>>Entended que todos sois seres humanos y que vuestra parte terrenal va a sufrir por vuestras elecciones, con todo, vuestra alma comprende que sois eternos.

—¿Y con el ser no nacido, que sugieres que hagamos?

—Pedid para que siga el camino hacia su hogar. En el instante de la muerte física y mental su espíritu ya ha encarnado en otro cuerpo para continuar la sanación de su karma. Ese ser ya está en su nuevo proceso evolutivo.

—¿Por qué enferman o pierden sus capacidades los niños que sufren —autismo, síndrome de Down, espina bífida…?

—Los senderos del Universo son herméticos. Estos niños son seres maravillosos, puros, auténticos, que habitan en la luz. Son maestros que viven y enseñan lo que es el auténtico amor. Son personas especiales para padres especiales. Son seres prodigiosos que tienen un karma personal y familiar que cumplir, y lo hacen escuchando el corazón.

>>Si los padres viven con amor, si confían y se entregan a la Energía, el karma familiar se limpiará y crecerán felices y amorosos; si sus progenitores no creen, si no confían, si no se entregan, vivirán con ansiedad, con temor y con rencor contra Dios por haber engendrado a esos hijos. Con palabras tan terribles como:

>"por qué a mí", "no tenían que haber nacido", "qué sufrimiento nos espera…".

>>Transmitiendo a su vida el desconsuelo, la negatividad y el escepticismo.

—¿Cómo podemos aceptar la situación de tener un hijo discapacitado?

—Asumid de una vez por todas, que los hijos discapacitados son felices en el mundo en el que se encuentran, los infelices son los padres y los familiares que no aceptan la situación, y que se niegan a admitir lo sucedido. Los progenitores no comprenden que la familia será encontrada por la Luz y hallarán la paz, si viven en el amor, en la gratitud y en la entrega…

—¿Afirmas que los discapacitados nos enseñan, que son nuestros maestros?

—Tened esa certeza. Ellos son unos guías maravillosos que os dan lecciones diarias de lo que es el verdadero amor del que confía, os instruyen en la gratitud

del que cree, en la ternura del que ama sin esperar, y son tan extraordinarios que os unís a niveles energéticos muy profundos. Ellos os enseñan y os guían...

–Atendiendo a tradiciones antiguas, "una vez el alumno está preparado, llega el maestro".

–*Sí, pero no literalmente como muchos lo piensan. La tradición dice que llegará un sabio que os tocará con una varita mágica y todo se iluminará. Pero las cosas no son como os cuentan; Cuando el ser humano está preparado, <u>aparece su maestro interior</u>; Y en este reflejo que estás mirando, se encuentra el rostro del Maestro que buscáis, "<u>Vosotros, tú...</u>"*

–¿Qué es la religión?

–*Las religiones son grandes empresas que necesitan muchos clientes para ser cada vez más gigantescas. Son multinacionales cuyo afán es controlar a todos sus súbditos. Todas las iglesias son compañías económicas creadas para dominar a sus seguidores, para subyugar sus vidas, para esclavizar sus mentes crédulas.*

Hay obispos, sacerdotes, ulemas, pastores evangélicos, lamas..., que habitan suntuosos palacios, catedrales, mezquitas, monasterios, casas con medidas de seguridad; que viajan en automóviles lujosos, con motos de gran cilindrada, helicópteros, aviones, mientras sus feligreses malviven entre conflictos interiores, en el miedo, aplastados por la miseria personal y económica... ¿Qué intentan transmitir esos seres, teóricamente santos? ¿Qué os van a enseñar? ¿Humildad? ¿Sacrificio?

El hermano de la luz, Facundo Cabral os dejó una perla: "<u>La única religión es el amor, el único lenguaje el del corazón, la única raza la Humanidad, y el único Dios, al que cada ser humano le pone un nombre, está en todas partes</u>".

–¿Por qué las religiones, que deberían unirnos, nos desunen y buscan la destrucción de los disidentes?

–*Las religiones se dedican a excluir a los discrepantes y no a unir e integrar en el amor fraternal. Para los corazones de los hombres son las religiones las que deberían buscar la unión, pero no lo hacen así, solo promueven la desunión y la devastación. A quienes no son como ellos, que desde el principio de los tiempos han querido dominar al mundo, se los aparta, se los estigmatiza, o se los extermina en la hoguera, crucificado o bajo unas bombas. A quienes no piensan y sienten diferente, se les destruye, o se les destroza física y mentalmente.*

>>*¿Qué más da ser católico, musulmán, budista o judío, si lo único que importa es el amor, es la humanidad, es ayudarse los unos a los otros? ¿Dónde queda la libre voluntad del ser humano de sentir y de pensar? ¿Creéis que Jesús, Mahoma, Buda..., como seres de luz desearían que hubiera muertes, destrucción y guerras entre los hermanos?*

>*quien afirme eso, miente. Ellos eran avatares, eran seres iluminados, justos, generosos, eran seres buenos que transmitían el amor como única religión, y los hombres habéis transformado sus palabras. Cada religión, cada enseñanza, cada señal os recuerda que todos sois hijos de esa Energía del Creador, y si Dios, Alá o Visnu son la misma energía, significa que todos los seres humanos sois hermanos: judíos, católicos, musulmanes, protestantes, evangélicos, budistas...*

–Pero cada religión garantiza que sus palabras –que parecen auténticas– es la Verdad Absoluta.

–*"La única Verdad es el AMOR". La religión que afirme que sus escrituras, sus libros sagrados o su forma de interpretar al Creador es la verdadera, está mintiendo.*

–¡¿Qué dices?! ¡Calla, calla! Nos tacharían de locos, de blasfemos, de sacrílegos.

–*¿Qué tenéis que perder si ofrecéis amor a quien se acerque a vuestro lado? ¿Credibilidad?, ¿que os tomen por unos enloquecidos?, ¿que se alejen de vosotros?, ¿que os dejen solos?, ¿que os quiten la vida física...? No podéis vivir en el miedo ni en el temor. La luz del Creador os lleva a confiar en Él y a conectar con vuestra auténtica espiritualidad.*

–¿Qué es la espiritualidad?

–*Por favor, os queréis detener unos segundos* – suplicó la voz que nacía de mi interior. –*Vais más veloces de lo que vuestro corazón está listo para admitir. Buscáis sin descanso, queréis llegar a la meta, sin disfrutar del camino. No queráis aprender más de lo que vuestra alma está preparada para asimilar.*

>>*Ahora debéis parar unos minutos, respirar profundamente y observar las enseñanzas recibidas. Son sensaciones que alteran vuestro sistema inmune, y es el momento que las integréis. Seguid con los ojos cerrados y permitid que la dulzura inunde vuestra vida.*

Al escuchar la voz que provenía de mi yo, más profundo, no me pude defender de ella, una somnolencia invencible se apoderó de mi cuerpo y me abandoné a la oscuridad.

Quinceavas enseñanzas
que aprendimos en el Círculo Sagrado

***

El Maestro que buscamos vive y viaja con nosotros.
Solo hace falta que miremos en el interior de un espejo,
y allí lo encontraremos...

***

El Maestro es uno solo, bajo distintas apariencias.
Cuando nos apartamos de Él, nos sentimos perdidos,
vacíos, sin rumbo..., cuando nos unimos a su energía
nos sentimos plenos.

***

La Energía del Creador nos da la oportunidad de vivir, de sentir, de amar...,
y ella se conoce por multitud de nombres:

> Dios, para los cristianos;

> Alá, para la cultura musulmana;

Manitou o el Gran Espíritu, para diversas tribus norteamericanas;

> para otros, el Universo; la Fuente Sagrada;

> la Pachamama, para algunos pueblos andinos

>y su verdadero significado es AMOR...

***

El cielo, el infierno y el purgatorio existen aquí en la Tierra,
y es donde cada uno de nosotros elegimos vivir.

***

Una nueva forma de Vida

De mil que creen en mí, uno se convierte en luz...

La voz que nacía del interior de mi alma me acarició con sus palabras:
—*¿Tienes alguna pregunta para mí?*
—¿Qué es la espiritualidad?
—*Vivir, respirar, amar...*

—¿Nada más? Existen miles de voces que aseguran que la espiritualidad es el contacto con una religión, o que solo se consigue cuando meditas, cuando rezas, o cuando te conviertes en budista, en católico, o en musulmán. Hay algunas personas, supuestamente espirituales, que nos imponen que la espiritualidad es seguir los mandatos de unos extraños maestros ascendidos, hay otros que afirman, como si fuera realidad, que si creemos en la existencia de unas llamas o colores sagrados, o en la conexión con unos maestros extraterrestres, recibiremos las respuestas a las dudas, a los conflictos y a los problemas que alberga el hombre. Y tú, intentas que creamos esas palabras tan elementales, ¿Cuál es la auténtica verdad?

—*La espiritualidad es sencilla. Marca la relación entre vuestro interior —vuestro espíritu inmortal— y la Energía que os entregó la Vida; y lo hace a través de algo tan fácil como el vivir, el respirar y el amar. Es una sensación tan natural, como ayudar a los demás, como disfrutar el momento presente haciendo lo que os gusta y os hace felices, es una emoción tan diáfana, como extasiaros al contemplar un atardecer, como escuchar el sonido de las olas chocando en las rocas, como ser acariciados por el viento, como disfrutar de la sonrisa de un ser querido, como sentiros vivos...,*

Los que afirman que es otra historia secreta, extraterrestre, o reservada solo a unos pocos elegidos, están faltando a la Verdad, viven dominados por la mente inferior que les tapa los oídos para que no atiendan a su corazón, que los lleva a un lugar oscuro, lleno de dogmas y de conceptos falsos...

–¿Qué podemos hacer para que cambien de opinión?

–Nada. *Todo camino está dentro de la perfección divina, cada ser humano tiene su proceso personal. Quien cree que esas llamas le hacen encontrar la luz, maravilloso, quien piense que esos maestros le ascienden, extraordinario, quien sienta que los extraterrestres les hablan y los dirigen, perfecto, no obliguéis a que os sigan, no queráis convencer a nadie, permitid desde el máximo respeto que sigan su rumbo. Cada uno con su forma de vivir, ya es un ejemplo.*

–¿Existen diferencias entre la espiritualidad y la religión?

–*Como la noche y el día. La espiritualidad es la unión con Dios, con la naturaleza, con el Universo..., la religión es un sucedáneo, es un invento para controlar y someter a los seres humanos. No tienen nada que ver una con otra aunque los grupos religiosos, los líderes políticos y los señores mentales, os intentan confundir.*

Los hombres y las mujeres que actúan con la zona mental, creen en la <u>casualidad</u>", se preguntan si existe algo divino en la vida, y la respuesta rotunda siempre viene recibida de esa gigantesca máquina invisible llamada mente inconsciente que os domina y os esclaviza: <u>NO</u>.

Esos seres buscan una confirmación científica, necesitan comprobar cada dato, cada imagen, cada papel, cada gota de sangre, cada sábana santa... Viven desde la frialdad, registran millones de informes de computadoras creadas por el hombre, buscan con la ayuda de telescopios poderosísimos que destripan la inmensidad del universo, el origen de la vida, para conocer quién o qué ha creado este planeta azul y a sus habitantes, sin hallar respuestas...

–Hablas de personas casuales. ¿Existe otro tipo de seres humanos?

–Ciertamente. *También existen hombres y mujeres que sienten que todo obedece a una causa y provoca un efecto. Son los que emplean la mente consciente, los que viven con el corazón, los que no demandan tantos datos matemáticos, astronómicos o físicos, son quienes no les hace falta conocer esos millones de informes fríos y manipulados, los que no precisan de esas teorías sobre la evolución, porque ellos "creen sin necesidad de ver" Ellos son los que confían en la "causalidad Espíritu", en la "Energía"*

–¿Qué significa ser espiritual?

–*Es vivir en la humildad, en la compasión y en el amor. Vivir espiritualmente es ser conscientes, es caminar en la serenidad que tanto anheláis y que habita en vuestro interior. Vivir en la espiritualidad es justipreciar la existencia que se os ha regalado.*

\>>*Cuando sois espirituales sanáis el corazón, os sentís en sintonía con el Universo y vuestra alma vibra en ondas magnéticas que atraen a quien se estremece en ondas similares haciendo posible compartir con gente que vive y siente igual que vosotros.*

–¿Es verdad que los que sobreviven únicamente en la zona espiritual: los lamas, los sacerdotes, los ulemas, los chamanes…, están más satisfechos y son más felices?

–*Aparentemente están contentos con su vida espiritual, se encuentran más tranquilos, tienen más paz, pero es un espejismo, porque al no estar en contacto con sus tres zonas restantes; la emocional, la física y la mental, esto impide la conexión con su luz divina y siempre faltará algo que les haga aterrizar en este mundo.*

\>>*Por más libros que lean, por más cursos y talleres que impartan, por más horas meditando o más disciplinas orientales u occidentales que practiquen, nunca alcanzarán la plenitud que buscan, esa que les permite sentirse en paz con el Creador.*

–Por tus palabras, creo deducir que vivir en la zona espiritual no es bueno.

–*Es indispensable, si rehusáis a ella os encontraréis vacíos, sin rumbo y sin dirección, como denominó la Madre Teresa de Calcuta, tendréis una "Privación espiritual". Sin embargo, es esencial que los seres humanos no os centréis exclusivamente en una sola zona, y que utilicéis vuestra energía para unir los cuatro puntos energéticos que os forman para alcanzar la totalidad, para cerrar vuestro círculo personal, para sanar lo realizado en otras vidas...*

–¿Cómo podemos ser mejores personas?

–*Esta respuesta ya la habéis recibido: Creando pensamientos, palabras y obras beneficiosas para vosotros y el mundo. Si lo queréis conseguir, como principio os ofrezco una oración que colocaréis detrás de la puerta de entrada a vuestra casa, y la leeréis durante veintiún días. Después la dejaréis allí, y a su ritmo, sus palabras se fundirán en vuestra alma:*

Oración de la Vida

"Hoy decido convertirme en la persona que siempre he deseado ser; mas amorosa, más comunicativa, más honesta, más respetuosa, Hoy decido escuchar el corazón y vivir en la alegría, en la paciencia, en la gratitud...,

*Aquí y ahora voy a transformarme en quien siempre he querido; más generoso, más solidario, más positivo. Hoy disfrutaré más de mi tiempo, seré fiel a mí y seré libre.

*Hoy decido perdonar, sano de mis historias del pasado y lo dejo atrás. Hoy decido vivir el presente como el regalo que me ha sido concedido y lo vivo con la máxima pasión. Aquí y ahora dejo que el futuro llegue en su momento,

*Hoy creo, confío y me entrego a la Energía de la Vida, a Dios, al Universo...

*Te Rima O Te Atua...

–¿De verdad crees que con solo esa oración podemos cambiar nuestra vida?

–Si os convencéis de que es posible, lo haréis realidad. Yo creo en todos los seres humanos. Y tú ¿Crees en ti? ¿Confías en los demás?

–Cuando escucho tus palabras recupero el optimismo, y cada vez creo más en mí y en el prójimo.

–Ese es el principio de tu sanación y de la sanación del mundo. Ahora continúa con tus preguntas, percibo que aún en tu interior albergas muchas dudas.

–Me gusta la forma en que nos ofreces tus conocimientos. ¿Cómo podemos alcanzar tu sabiduría para ayudar a los demás?

–No soy más sabio que vosotros. Todos los seres humanos poseéis la misma consciencia, todos sois maestros, porque esa maestría del alma procede del mismo *lugar, del Creador, de la Energía Vital, del nombrado como Dios. Todos estáis conectados al cordón umbilical de esa Fuerza Invisible. Lo que se va incorporando a vosotros en el curso de vuestra vida, son las enseñanzas, la cultura, y lo aprendido. En ese periodo vais agregando esa información. Mi misión consiste en ayudaros a que emerja de vuestro interior la sabiduría sagrada que vive en vosotros y a que cumpláis vuestros proyectos personales.*

–¿Existe algo material o tangible, que nos demuestre que esa Energía es real? ¿Algo en qué o en quién confiar.

–*Si os miráis en un espejo. ¿Qué contempláis?*

–Nuestra imagen corporal, nuestra cara, nuestra piel...

–*Ahí tienes la prueba palpable de que la Energía que os dio la Vida es real. Entre varios millones –en el mejor de los casos– de espermatozoides que ofreció vuestro padre en su eyaculación, solo uno logró perforar el óvulo de vuestra madre, el resto falleció en el camino, era defectuoso, carecía de la movilidad necesaria, no tenía fuerza...*

>>*Tuvo que ser ese germen el triunfador, y vosotros sois el resultado de la unión de ambas células reproductoras. Sois un milagro, una obra de ingeniería extraordinaria, la construcción más perfecta entre todo lo creado.*

–No obstante, los más prestigiosos y reputados científicos mentales, defensores de la teoría de la evolución, sostienen "que los seres humanos somos un "<u>Imposible</u>" artefacto genético...".

–*Hay un grave error en esa afirmación: Sois "<u>Posibles</u>", vosotros sois una muestra real de que existís.*

–Pero hay un gran número de intelectuales, químicos, físicos cuánticos..., que se posicionan en contra de la existencia de ese Ser Supremo, o de ese Creador, y lo buscan fuera, en lo material, en el espacio, en la Teoría de la Evolución...

–*Dejad a un lado las teorías sobre la Vida, las respuestas ya están en vosotros, aguardan en vuestro interior, y únicamente si las buscáis allí, seréis encontrados.*

>>*Cuando los seres humanos exploréis dentro de vuestra alma, encontraréis la luz y la extraeréis. A partir de ahí, os convertiréis en una antorcha que iluminará a quienes caminen perdidos. Quienes se acerquen a esa antorcha se darán cuenta de que la luz es propia e intransferible, y que solo ilumina el camino del portador.*

—Una vez vista la luz, ¿qué?

—*Cuando alguien descubre la llama de la Divinidad, prende su propia antorcha personal, vista la cual, otros se le acercan y hacen lo propio: <u>Es el llamado efecto dominó</u>.*

Esto es algo similar a lo que sucede cuando en un evento que llamáis olimpiada, un participante toma del fuego original. Después recorre un camino y va encendiendo con su fuego las teas de todos los que se le aproximan. Cada integrante posee su propia antorcha, no se la quita a nadie, ni la ofrece, el sigue con ella hasta el final de sus días...

Os invito a que corráis todos con vuestras teas en la misma dirección hacia un pebetero gigantesco. Él está esperando a que unáis vuestras antorchas y encendáis el fuego sagrado que la Energía de la Vida tiene preparado para vosotros. Allí, en aquel lugar, la Luz iluminará al mundo entero...

—Tus palabras son seductoras, pero nosotros queremos pruebas evidentes.

—*Un científico, un ser mental, o un físico cuántico demuestra que el Creador no existe y se apoya (si ello fuere posible) en pruebas concluyentes. Una persona espiritual proclama (como posibilidad) la existencia de Dios y ofrece pruebas igual de consistentes. Los ateos afirman que esa Energía Creadora es un asidero, una tabla de salvación. Los gnósticos atestiguan que la Divinidad es real y aportan –según ellos– pruebas irrefutables.*

Cómo veis, el muestrario de opiniones y de verdades personales es tan amplio como respiraciones hay en el mundo.

—¿Quién tiene razón?

—*El que vosotros alimentéis. Escuchad a vuestro corazón, allí encontraréis el camino que buscáis, en aquel lugar hallaréis vuestro origen.*

—¿Cuál es nuestro verdadero origen.

—*Veo que seguís con la incredulidad como bandera. Aceptad de una vez por todas, que venís de una única LUZ, a quien llamáis Dios, o Energía Vital, o Ála... Ella es la Creadora, la que os da la vida y la muerte, es quien os hace vivir en este teatro de los sueños donde representáis cientos de papeles, donde nacéis, morís y volvéis a nacer de nuevo, entre sueños, proyectos e ilusiones, entre actos de bondad y de maldad, entre amor y miedo... Un escenario llamado vida donde interpretáis* cientos de obras representando a piratas, a caballeros, a doncellas, a prostitutas, a héroes, a villanos, a almas libres o a esclavos de la oscuridad...

–¿Cómo podemos contactar con esa Entidad Superior de la que hablas?

–Vosotros contáis con lo que llamáis los humanos, un teléfono directo con Dios. Tenéis línea abierta cuando realizáis una oración, una meditación o un ruego... Él siempre os responde cuando estáis en silencio, cuando meditáis, o cuando estáis en la naturaleza. El contestador automático os contesta con total claridad, aunque a veces vosotros comunicáis por el ruido externo, por las dudas, o por los miedos que albergáis, y perdéis la oportunidad de conectar con Él.

–¿Qué es la meditación?

–Una forma de comunicación con el Creador. Es una herramienta poderosa contra la ansiedad y el estrés que os ayuda a mejorar vuestra salud, fortalece vuestro sistema inmunológico y disminuye vuestro ritmo cardiaco. Cuando meditáis respiráis mejor y más profundamente, reducís la agresividad, la ira, el enfado, y alcanzáis un estado profundo de relajación,

>cuando meditáis, aprendéis a disfrutar desde la consciencia del momento presente, desarrolláis la concentración, la tranquilidad y os conectáis con vuestro corazón, con vuestra alma, con vuestro espíritu, con Dios...

–¿Cuál es su objetivo de la meditación?

–El fin es relajaros, es calmar la mente, es establecer un nexo de unión con el Universo. No esperéis resultados inmediatos. No os fijéis en la meta y disfrutad del camino. Es importante que seáis constantes, y que tengáis unas pautas para meditar. Os propongo que lo hagáis dos veces al día, mínimo cinco minutos: una en la mañana al despertar y otra en la noche, antes de dormir. Os aseguro que si lo hacéis vuestro estado de bienestar será placentero e iniciaréis una nueva vida.

–¿Qué sucede si no meditamos?

–Los que no meditan, no se ocupan de sus emociones, están más tensos, más propensos a crisis de ansiedad y a vivir en una depresión crónica, viven con más estrés, en ciertos casos sufren de insomnio y su sistema inmune está más débil. Los que se niegan a meditar, respiran peor, y en ocasiones sufren de dolores de cabeza, irritabilidad, pánico, tienen dificultad en la aceptación y les cuesta trabajo transformar sus pensamientos, palabras y obras negativas en positivas. Os animo a que comencéis en este momento a meditar, a sentir, a pasear por la naturaleza en silencio...

–¿Cuál es la mejor manera de meditar, solo o en grupo?

–*Ambas son enriquecedoras para vuestra alma. La meditación es energía pura, y como sucede con la imposición de manos, o con la sanación compartida, en grupo resulta más potente, más poderosa, más efectiva. Cuando meditáis grupalmente movéis más energía y la ofrecéis al Alma del Mundo. Cuando estáis en un estado de meditación en soledad, la conexión con vuestro interior alcanza niveles extraordinarios. Vosotros decidís cómo meditar en cada momento.*

–¿Nos puedes enseñar alguna forma o un ejercicio de meditación?

–*La meditación profunda se logra con la práctica. Lo ideal es comenzar con los ojos cerrados, aunque a veces se puede hacer mientras observáis la vida. Podéis meditar en todo momento: paseando, cocinando, en el vehículo..., la clave es llevar vuestra atención a la respiración, al aire que entra en el organismo, y al que sale.*

Si estáis meditando y os llega un pensamiento, no lo tratéis de eliminar, ni de bloquear, ni os lo quedéis..., simplemente imaginad que os encontráis contemplando el cielo azul, que pasa una nube por delante vuestra, la dejáis que pase, no os la apropiáis y seguís observando el cielo, el sol, la vida..., en ese instante seréis alcanzados por la serenidad.

Ahora, si queréis os ofrezco diferentes métodos de meditación:

primero; contemplando una flor, o mirando la llama de una vela, o recordando un lugar...,

segundo; concentrándose simplemente en el aire que entra y sale de vuestro organismo...

tercero; visualizando alguna persona, un animal, o una montaña...

cuarto; tocando un árbol, o viajando en un barco, o volando...

La meditación se hace en silencio. Esto os ayudara a calmar vuestra mente, y dejar a un lado los conflictos diarios, la inútil conversación interna que tenéis con vosotros mismos, las preocupaciones, los rencores, los problemas... Os aconsejo que os sentéis en una posición cómoda, nada forzada, que estéis confortables. Las posturas llamadas yóguicas son para personas más experimentadas.

–Hablas de visualizar ¿Qué significa esa palabra?

–*Es mantener los ojos cerrados, y contemplar nítidamente en vuestra cabeza a* un ser, un objeto, un paseo, o un lugar..., y dejar que fluya lo que os llegue. Es una técnica completa y fascinante.

–¿Respiramos por la nariz o por la boca?

–*Es conveniente mantener la boca cerrada, e inhalar y exhalar siempre por la nariz. De esta forma os será más fácil que descienda vuestro ritmo cardíaco, utilizaréis el diafragma, y trabajaréis los órganos internos.*

–¿De cuánto tiempo consta la meditación? Escucho que algunas personas hacen sesiones de varias horas.

–*Un bebé primero gatea antes de andar. En la meditación es igual. No queráis hacer largas meditaciones al principio. Sed pacientes, primero meditaréis unos minutos, y poco a poco os iréis encontrando en un estado de calma interior que os solicitará más tiempo.*

–¿Qué sucede si nosotros meditamos, pero la mayoría de nuestros conocidos o familiares no lo quieren hacer y nos toman por locos?

–*Os sugiero que no luchéis contra el mundo, no pretendáis cambiar a nadie, no os preocupéis por lo que escapa a vuestras manos poder solucionar: «<u>Ocupaostan solo de respirar, de amar, de escuchar a vuestro corazón, de ser mejor persona, de ser libre, de ser humilde...</u>, Que cada ser humano elija como quiere vivir. Es indispensable que respetéis su proceso, su forma de entender la vida, sus decisiones; sea vuestra pareja, un amigo, un hijo...*

–¿Qué significa la palabra hijo?

–*Es un regalo sagrado que os ha ofrecido el Creador. Es un presente que os ha sido entregado, pero que no pertenece a los padres, sino que ellos los eligen...*

–Creo que te equivocas, son los padres los que deciden engendrar un hijo.

–*Eso es lo que os ha inculcado la sociedad, esa historia inexacta es lo que os han hecho creer. Recordad que no siempre que se realiza un acto sexual, se engendra un niño. La verdad es que cuando se produce la fusión entre el óvulo y el espermatozoide, si la Energía lo desea, el espíritu se une a ellos y se crea un nuevo ser humano.*

>>Aunque es difícil de comprender para vuestra mente inferior, los hijos son un préstamo que os hacen, para que aprendáis a vivir en el amor, para que seáis responsables de ser unos padres conscientes.

–¿Cómo podemos ser mejores padres?
–*Existe una Ley Universal que os ofrece ocho puntos para lograrlo:*

<u>Ley de los padres conscientes</u>

primero: Ama a tu hijo sin condiciones, con todo tu corazón, con toda tu alma, con toda tu energía...,

segundo: Eres su padre o su madre, no un amigo, no un compañero, no un camarada..., aprende a ponerle límites desde el amor y el respeto, y enséñale que su vida esté basada en la armonía, en la comunicación, en la generosidad...,

tercero: Ponte en su lugar, activa la empatía con él. Para comprenderlo, Le preguntarás cómo él te ve, qué piensa de ti y de tu entorno...,

cuarto: Solicítale, de vez en cuando, que escriba o pinte a la familia; Cómo os contempla, cómo os siente, cómo os percibe, y tened una conversación constructiva sobre ello.

quinto: Enséñale a pedir perdón y a perdonar como forma de vida. Edúcale para que viva en la gratitud por todo lo que sucede.

sexto: Coloca notas positivas y de amor en lugares visibles de vuestra casa; en el baño, en las habitaciones, en la cocina... Expresa sentimientos de ternura, de generosidad, de cariño..., enséñale que realice lo que le hace feliz, sin dañarse, dañar a nadie, ni a la naturaleza...,

siete: Pide por el todos los días; Ofrécele atención, muestra tu interés por sus cosas, por su forma de pensar, de vivir, por sus sueños, y entrégale tiempo para compartir.

ocho: Enséñale a que no viva en el apego, ni en la dependencia, a que no se aferre..., edúcalo para que tome sus propias decisiones y sea responsable de ellas, que no se deje influir por las ideas de los demás, que sea fiel a él. Instrúyelo para que sea libre en cuerpo y alma...,

–Difícil nos lo pones. Es casi imposible cumplir esos requisitos.

–Cuando bucees en el interior de estos puntos descubrirás que se pueden reducir a uno: El Amor incondicional, y es imprescindible que ese amor esté presente en cada día, en cada hora, en cada segundo...

>>*Es básico que lo niños se sientan amados, que aprendan a ser libres, que no se apeguen, ni que dependan de nada ni de nadie, que vivan en el amor, vosotros debéis asumir que sois los maestros de las nuevas generaciones. Por ello, os pro pongo que os paréis durante unos segundos, que respiréis profundamente, y que comencéis su educación en este momento:*

>>*Permanecer más tiempo juntos, enseñarles que son seres únicos e irrepeti bles. Instruirles para que comprendan que están iniciando el gran viaje de su vida. Que tienen un pincel, cientos de colores, y que el lienzo son ellos mismos, donde pueden pintar un paraíso, un lugar lleno de armonía, repleto de amor..., o un sitio tenebroso, oscuro, e inundado de miedo. Orientarles para que entiendan que únicamente ellos deciden cómo pintarán su cuadro, cómo será su vida...*

–Apenas puedo respirar al escuchar tus palabras. Son muy profundas y alte rarán la forma de vivir de millones de personas.

–Si queréis hallar la luz en el tema de los hijos, os pido que contestéis a una pregunta crucial: ¿Cómo os gustaría a vosotros que os hubieran educado?

–Lógicamente, con amor, con ternura, con generosidad, con ejemplos posi tivos, con respeto, con más abrazos, con más risas en casa, con más viajes todos juntos... y sobre todo, con más expresiones amorosas; "te quiero", o "te admiro o "eres maravilloso..."

–*Tu forma de entender la educación es excelente, y tienes toda la razón, a los niños se les educa desde la serenidad, desde el cariño, con palabras amables, y sobre todo, respetando su proceso, no como marionetas. A los hijos se les ayuda, se les enseña, se les prepara, como si fueran un terreno donde se quiere plantar una buena cosecha. Por ello, comenzad a limpiar la tierra, quitad las piedras en forma de rencor, de menosprecio, retirad las malas hierbas que habitan en los pensamien tos y en las ideas dañinas;*

>*haced un agujero invisible en su corazón, colocad allí la semilla del amor, y la fertilizaréis con buenas palabras, con excelentes actos, la regaréis con agua de una caricia, de un beso, de un abrazo...*

después será importante que le dé el sol necesario, en forma de cariño, de diversión, de alegría..., y la cuidaréis regularmente, estaréis atentos a su crecimiento, a su evolución, a su color...,

y por último, confiaréis en la Energía que os da la Vida, él proveerá..."

–¿Qué sembramos en ese niño?

–*Amor, naturaleza, compañía, respeto, juegos, regocijo, celebración... Es fundamental que sembréis sueños, que le enseñéis lo que es la libertad, que aprendan a cumplir sus promesas, para ello debéis de ser un ejemplo: Lo que ven en vosotros lo repetirán. Si sois humildes, honestos, y respetuosos con su intimidad, le enseñaréis a que ellos lo sean.*

Le transmitiréis con vuestras pautas personales; lo que es la armonía, el saber escuchar, el vivir el momento presente, el significado del verbo perdonar... Le enseñaréis a que vivan en libertad, a que sean autodependientes, a que sigan sus sueños. Los guiaréis para que se amen incondicionalmente, para que no sean perfectos, para que cometan errores...,

Si por el contrario sois violentos, agresivos, o deshonestos, si no cumplís vuestra palabra, si no ven amor en casa, si tomáis drogas, u os emborracháis, seréis su modelo a seguir, y en un gran porcentaje, ellos reproducirán lo mismo; serán déspóticos, intolerantes, drogadictos, alcohólicos...

–¿Estás seguro que ellos nos quieren imitar?

–*Totalmente. Imaginad qué queréis aprender un idioma: inglés, chino, italiano... Que os lo enseñan, que lo practicáis a diario... ¿Qué sucedería?*

–Que lo hablaremos con total fluidez.

–*Esto es. Lo integraríais en vuestra vida. Si es al contrario, si no os instruyen ni lo cultiváis, ni os ocupáis de formaros, nunca lo hablaréis.*

A un niño le sucede lo mismo con los sentimientos, con las emociones positivas, o con las palabras, y los actos beneficiosos, si los educáis en ellos, lo integrarán en su día a día y su vida estará orientada hacia el amor, pero si es al contrario, lo llevaréis de la mano hacia la oscuridad, y vosotros seréis los responsables.

–Si es como dices ¿Por qué los hijos actuales no tiene valores, ni tienen sueños?

–*Cómo los van a tener si no les habéis instruidos en la enseñanza del amor, ni en la generosidad, ni en el respeto. Mucho inglés, matemáticas, o física, pero* nada de cómo vivir y de cómo relacionarse con los demás, y se sienten perdidos, desamparados, vacíos...

\>\>Es importante que habléis con ellos y le preguntéis qué desean recibir. La mayoría dirá sin palabras, "Amor, atención, comunicación...", y ese es el principal problema que tenéis: la falta de amor es la causante de un gran número de enfermedades, mentales, físicas, emocionales y espirituales que arrastraréis a lo largo de vuestra vida.

\>\>Vosotros podéis comenzar vuestra transformación en este preciso momento, ahora podéis dar el primer paso para sanar vuestra vida y la de vuestros hijos desde el amor, el respeto y la comunicación.

–¿Cómo establecer una correcta comunicación con ellos?

–Hablad con el corazón. Os sentaréis a su altura, le miraréis a los ojos, los escucharéis, y le preguntaréis por su mundo. Les pediréis que os digan cómo ven a su familia, qué reciben de ellos, qué cosas a mejorar. Les solicitaréis qué cambios harían para que la familia viviera en el amor, en el respeto, en la luz... Les sugeriréis que os informen de lo que sienten cuando están en su hogar, de lo que sucede entre sus padres, entre la familia, y siempre de forma constructiva.

\>\>Recordad: "Lo que estáis sembrando en sus corazones y en sus mentes, ellos lo repetirán en sus vidas. Si esparcís amor, alegría, solidaridad, ejercicio físico..., eso mismo lo llevarán a su día a día y lo compartirán. Conscientemente, se volverán más cariñosos, más creativos, con más energía... Si ven cariño, si contemplan caricias, si observan honestidad, si encuentran bondad en su hogar y entre sus padres, lo multiplicarán.

\>Ellos os tienen como sus maestros, como sus guías, como sus dioses infalibles, y piensan que si vosotros vivís de una forma determinada, será lo perfecto y os querrán imitar. Si ven gestos de ternura en casa, si se prodigan los abrazos, si existe la alegría, para ellos existirá el amor, la pareja estará en armonía y lo duplicarán en sus vidas. Si por el contrario sembráis infelicidad, desamor, ira, mentiras, envidia, drogas, alcohol..., se irán acostumbrando a ese mundo oscuro como algo normal y lo llevaran a sus tristes existencias, repitiéndolo en su ciclo karmático. Sois sus referentes en una o en otra dirección...

–¿A partir de qué edad los niños aprenden lo que está sucediendo en las vidas de sus padres, o en su entorno?

–Los niños son receptivos, e intuitivos. Desde que se produce la unión del ovulo y el espermatozoide, y están en el vientre de la madre, van intuyendo lo que ocurre en su entorno cercano. Su mundo de esperanza y de alegría se alimentará si sienten el amor en la vida de sus progenitores, y este sentimiento navegará en su vida. Recordad que la educación, los valores, y el amor que os entreguen a vosotros de pequeños, consciente o inconscientemente lo repetiréis en vuestros hijos.

Si queréis entender estos conceptos, os los aclararé con una sencilla pregunta: ¿Qué le queréis ofrecer a vuestros descendientes: desamor, infelicidad, insatisfacción…, o amor, alegría, plenitud…?

–Que absurdo. Por supuesto que deseamos que sean felices, que vivan satisfechos y que se sientan plenos.

–Si eso es lo que queréis, primero vosotros tenéis que vivir en el amor, debéis ayudar a los demás, y ser generosos, alegres, y honestos. Ese es el principio.

–Pero a veces nos quejamos de su falta de cariño, y cómo se olvidan de los padres cuando van cumpliendo años.

–Normalmente el amor incondicional es de padres a hijos, no de hijos a padres. Eso también os sucedió a vosotros. Con el paso del tiempo os olvidáis de lo realizado por vuestros progenitores, de sus sacrificios, de sus desvelos, de su ayuda, de su amor…

–¿Y qué podemos hacer para cambiar esa historia?

–Para que el amor fluya en ambas direcciones, llamad primero vosotros a vuestros padres, ocupaos de ellos, disfrutad de su compañía, reconoced su sacrificio, su amor, su dedicación…

en segundo lugar tened vuestro espacio propio, poned límites, los progenitores a veces se intentan apegar, o aferrarse a vosotros, recordad que ni sois sus esclavos, ni ellos lo son vuestros, que todos sois seres libres.

como siguiente paso, invertid en ellos el tiempo que deseéis o que creéis que se merecen.

y en cuarto lugar, hablad con vuestros hijos, ellos tienen que ver el ejemplo que realizáis con vuestros padres, para que a su vez lo integren en su vida. Pero no los intentéis obligar, que ellos decidan desde su libre albedrío y respetad su decisión…

–¿Por qué educamos a los niños según la disciplina de la autoridad, de la ira, del materialismo, y no los instruimos en el camino del amor, de la generosidad y de la alegría?

–Porque vosotros habéis sido educados de igual manera, y aunque sois infelices, y vivís insatisfechos, pensáis que ese es el único camino. No os dais cuenta de que sobrevivís en el abismo, en la nada, en la oscuridad... Os invito a que comencéis por vosotros, a que atendáis a vuestro niño interior, y a que os planteéis una pregunta: ¿Cómo queréis que os amen?:

>>Para responderla, es imprescindible que conectéis con el pequeño que se esconde en vuestra alma, que lo saquéis a la luz, que lo abracéis, que lo améis, y en ese momento, descubriréis el camino...

–Interesante la reflexión, pero; ¿Qué sucede cuando nuestros hijos quieren tomar o han tomado una decisión, y nosotros creemos que están equivocados?

–Respeto es la palabra clave. Podéis decir lo que sentís con total sinceridad, y después aceptar su decisión, sea cual sea. La vida es perfecta y todo lo que sucede en ella también lo es. La decisión de vuestros hijos, al igual que la vuestra es necesaria para vuestra evolución y crecimiento.

–Vivimos en un modelo de sociedad en el que los divorcios forman parte de la vida cotidiana de las familias. Me pregunto ¿Por qué los hijos son las victimas de esas separaciones? ¿Por qué se les utiliza a veces como moneda de cambio?

–Vuestros hijos son un regalo, un patrimonio que os ofrece el Creador para continuar con el legado de la raza humana en este planeta, y sin embargo, los usáis como arma arrojadiza. Tenéis que aprender a amarlos con respeto, sin violencia, sin ira... Les ayudaréis a que crezcan en armonía, a que se sientan amados, y que vosotros seáis su ejemplo de amor, de comprensión y de felicidad.

–Pero en el momento que se produce la separación nos sentimos ciegos, sordos y mudos a lo que sucede al otro, o al sufrimiento de los hijos, solo sentimos nuestro dolor, y somos capaces de las mayores aberraciones, de los castigos más crueles sobre nuestros descendientes o nuestra pareja.

–Cuando una pareja tiene hijos y se separa, es oportuno que los progenitores se pregunten y exploren en sus sentimientos antes de dar lugar a situaciones destructivas:

>¿Qué ejemplo les habéis dado o le vais a ofrecer a vuestros hijos? ¿Ha habido mentiras, insultos, violencia, o por el contrario ha existido amor, respeto, armonía? ¿Sabéis que los gritos, la agresividad, y la ira, les afectará en el futuro?

¿Cómo os gustaría que fuera la vida de vuestros descendientes durante la separación? ¿Llena de tristeza? ¿Qué estén tranquilos y en paz, o que estén sufriendo? ¿Que amen a sus padres aunque no estén juntos o que los odien?

¿Deseáis que vuestros hijos crezcan sanos física y emocionalmente o con problemas mentales? ¿Queréis que sean felices, y que vivan una separación amistosa, o que la ruptura sea traumática y ellos crezcan infelices?

–No sé que responder. Nos colocas en un aprieto.

–La única respuesta es que vivan en el amor, que tengan paz, que crezcan en armonía. Ese es el inicio. Ofreced esas preguntas a quien esté en el proceso de una separación, será una buena guía para su alma.

–¿Podemos amar incondicionalmente a nuestros hijos, a pesar que nuestra anterior pareja nos ha abandonado y vive con otra persona?

–¿Lo dudáis? Cuando deis gracias a la Energía de la Vida por lo que os sucede, cuando aceptéis con el corazón que vuestra antigua pareja ha rehecho su vida con otra persona y que es feliz. Cuando agradezcáis que habrá otro ser humano que en el caso que vosotros no estéis, que sufráis un accidente, o que os llegue la muerte a visita, se ocupará de vuestro hijo, lo cuidará, lo protegerá y lo orientará, os liberaréis, os quitaréis la mochila del rencor, del odio, del miedo, y daréis un gran
<u>El de amar sin condiciones"</u>

–Qué difícil de aceptar tus palabras. No sé cómo vamos a comprender esa situación con la normalidad de la que hablas.

–El amor puro es sentir gratitud por las personas que han compartido el camino con vosotros durante una etapa de vuestra vida, es experimentar cariño por esos seres que fueron parte de vuestra existencia, pero sobre todo, es un profundo amor por vosotros mismos y una liberación del la carga que soportáis.

–Muchos –cuando nuestros descendientes ya son adultos y viven su vida– nos preguntamos qué hacer a partir de entonces.

–Es una historia que se repite. Algunos de vosotros habéis invertido toda vuestra energía y vuestro tiempo en cuidar de vuestros hijos, en darles un futuro, en ocuparos de ellos, y sin daros cuenta, os habéis apegado, dependéis de su presencia, de su energía, y ahora andáis perdidos, con el síndrome de la cama vacía. Es frecuente que en este momento aceptéis que vuestro cónyuge no os llena, incluso que no queréis seguir compartiendo la vida, que no os gusta vuestro tipo de trabajo, ni

el lugar de residencia, ni vuestro quehacer diario... Sentís –¡horror!– que habéis desperdiciado vuestra existencia.

>>Si llega ese momento tomad conciencia de quiénes sois, de hacia dónde vais y de cómo lo vais a conseguir. Hoy es el instante de hacer lo que os gusta, lo que os hace feliz, lo que os aporta paz... De vosotros depende vivir conscientemente. Vuestros hijos han crecido, son adultos y viven su vida. Muy bien. Les deseáis que sean felices, que evolucionen y que disfruten de su día a día. Sin embargo, no perdáis de vista que –también– vosotros podéis y debéis vivir como siempre habéis soñado. Aquí y ahora es el instante de realizar vuestros sueños personales...

–Pero, si en el futuro no contamos con nuestros hijos, nadie nos cuidará, estaremos solos los últimos años de nuestra vida. ¿Qué nos espera en nuestra ancianidad?

–Envejecer es un dulce final cuando se ha seguido al corazón, pero constituye un insoportable castigo y un sufrimiento terrible, cuando se ha acompañado a la mente inconsciente.

>>Cuando habéis envejecido atendiendo a la mente inferior, vuestra vida ha estado basada en el ego, en el miedo, en el intento de control de todo lo que sucede. Vuestra encarnación ha estado centrada en la posesión, en la envidia, y en el materialismo. Por ello, al final de vuestros días, cuando la ansiedad, el pánico y los problemas se apoderen de vuestra cabeza, os sentiréis muertos en vida.

–Es un castigo cruel.

–Os invito a que mientras vuestro cuerpo cumple años humanos, disfrutéis de la más arrebatadora de las recompensas: "La pasión por vivir". Que disfrutéis de este mundo lleno de alegría, que mientras vuestros ojos ven, vuestros oídos oyen, vuestra boca habla y vuestra mente piensa, os sintáis plenos, deis gracias al Creador y os entreguéis a la vida...

<u>Vida plena, vejez fantástica...</u>

- *Sabe envejecer bien quien ha vivido, quien ha reído, quien ha llorado, quien ha perdonado, quien ha vivido en la gratitud, quien ha amado y ha sido amado...*

> *Ha tenido una existencia extraordinaria quien se ha extasiado de miles de amaneceres, quien ha contemplado cientos de puestas de sol, quien ha disfrutado del amor, quien ha observado la luz y ha visto la oscuridad...*
>
> *Quien ha envejecido escuchando a su corazón, ha seguido sus sueños, y ha conectado aunque sea por un solo segundo con su alma, su vida habrá merecido la pena porque habrá descubierto la auténtica piedra filosofal...*

–¿Existe o ha existido la piedra filosofal?

–*La piedra filosofal, según la antigua alquimia, transforma el plomo en oro. Pero la verdadera, la que ansiaban los alquimistas y los grandes sabios de la antigüedad transforma no un metal en otro, sino la energía densa y pesada llamada miedo, en el oro espiritual y emocional, llamada Amor.*

Esa piedra mágica saca de vuestro interior y pone al descubierto la sabiduría universal residente en vosotros, os arrebata de la oscuridad, os extrae el sufrimiento del cuerpo y os conduce al éxtasis del alma…

El alquimista actual o avatar os conecta con vuestra existencia y os orienta en la construcción de vuestra Vida. No quiere ser maestro de nadie porque sabe que no existen maestros, porque siente que hay guías que os orientan durante un corto periodo de tiempo y que después se apartan para que cada uno sigáis vuestro camino desde la honestidad con vosotros mismos. Esa relación entre el alquimista y el alumno, tiene matices parecidos a la amistad.

–¿Qué es la amistad?

–*Es una sensación de unidad, de armonía, de conexión. La amistad es confianza, es entrega, es uno de los alimentos que os ofrece el alma para que podáis seguir viviendo. Es apostar una y otra vez por esa gente que le habéis abierto las puertas de vuestra vida. Es respeto, es admiración, y sobre todas las cosas, es amor. Es un sentimiento tan profundo, que en ocasiones duele.*

La verdadera amistad os une a la luz universal y cuando es auténtica se convierte en una hermandad.

Es importante que aceptéis que la amistad verdadera es un tesoro. Que nacer de una misma madre e igual padre, no significa nada, que el amor, la lealtad y la generosidad, se trabajan diariamente. A veces hay hermanos del alma, amigos de corazón que no tienen ningún vínculo sanguíneo con vosotros, pero que piensan, dicen y actúan mejor que vuestros propios hermanos de sangre.

\>>*En ocasiones os sentís más queridos, valorados y reconocidos por los de afuera. Incluso vuestros parientes son capaces de heriros, os intentan destruir y os critican con más furia que un enemigo, sin embargo, un amigo de corazón estará siempre a vuestro lado. "A los hermanos os lo imponen, a los amigos los elegís".*

–¿Cómo saber cuando la amistad es auténtica?

–"<u>El amigo verdadero es como la sangre a la herida, acude siempre</u>"

\>>*Existe una ley que habla de la amistad y se basa en cuatro principios:*

<u>Ley de la amistad</u>

- *primero: Aprovechad cada segundo de vuestra niñez y de vuestra adolescencia. Disfrutad y divertios cada momento como si fuera el último. Gozad de vuestros amigos, hablad muchísimo, reíd hasta que no podáis más, haced travesuras, jugad con cometas, bañaros en el mar... En definitiva, sed niños.*

- *segundo: Aprended a comunicaros con otras gentes, no encerraros en vuestro mundo. Ahí fuera existe otro tan hermoso como el vuestro. Si lo sentís, hará que vuestro corazón hable, por ello, arriesgaos a vivir continuamente abriendo vuestros abrazos a la amistad.*

- *tercero: Compartid con vuestros amigos los buenos y los malos momentos. Cuando son buenos, siempre tendréis alguien a vuestro lado con quien uniros, pero en los malos momentos, solo quedarán a vuestro alrededor los que de verdad están ahí siempre, los que están sin juzgaros, los que eligen estar cerca de vosotros, los que os aman sin condiciones.*

- *cuarto: El futuro llegará y os separareis, pero si guardáis y recordáis la amistad en vuestros corazones, el reflejo nunca morirá, solo terminará si olvidáis.*

–¿Qué debemos hacer si los amigos toman caminos diferentes, o si se produce una ruptura o una pelea?

–*Simplemente los amaréis y dejaréis que tomen su propio sendero– afirmó la voz con pasión.– Amar en ocasiones, es dejar que se retiren, ya sea por decisión propia, ya sea por un dolor o por la necesidad del alma. Pero siendo conscientes de que esos amigos son un regalo que la vida ha puesto en vuestro camino.*

–¿Y si no hubiera un reencuentro?

–*Si no se produjera, debéis dar gracias al Universo por el camino recorrido juntos y enviarle el cariño a vuestro amigo para que siga su trayecto en paz.*

–¿Existen diferentes tipos de amigos?

–*Sí. Primero serán los amigos de la infancia que os aportaran recuerdos, sonrisas, añoranzas…, y cuando los buscáis, están allí. Un afecto de la infancia o de la adolescencia, son amistades de sangre. Más tarde aparecen amistades intensas, tan enérgicas que no se destruyen. Son amistades de compartir, de noches de soledad, de lágrimas, de calor del sol, e incluso donde el corazón está presente. Son amistades maduras, conscientes, donde la comunicación y la esperanza en ese sentimiento, son la base que ayudan a seguir en el camino de la vida. Son devociones donde el alma se conecta a niveles muy profundos para que la energía se manifieste.*

–¿Cuál es la más importante?

–*Vosotros decidís cual es la que más importa. Entended que los amigos es un don que os concede el Universo. Ellos os sirven de aprendizaje, y como tal, son vuestros maestros, al igual que vosotros sois los suyos. Por ello os pido, que disfrutéis al máximo de su presencia, y saborear cada segundo que estéis con ellos, porque algún día no lo volveréis a ver. Despediros de ellos con el máximo amor, con un abrazo, con un beso, con las palabras más hermosas que os salgan del corazón. ¡No dejéis que se vayan con dolor o con sufrimiento, no dejéis que se alejen con la pena o amargura después de una pelea o discusión, tal vez no lo volváis a ver más! Despedios con una sonrisa como símbolo de amor, y luego lo dejareis ir, en paz.*

–Pero hay amigos que nos utilizan, que se aprovechan de nosotros, que nos manipulan ¿Qué hacer con ese tipo de amigos?

–*Habrá amistades que serán por interés, pero no os preocupéis en forzar nada para saber si son buenos o no, al final solo quedan los de verdad, los que están en los buenos y malos momentos. Porque de la prosperidad y la fortuna hay muchos* que están ahí, de las desgracias y los infortunios, solo quedan los amigos auténticos, esos que siempre estarán a vuestro lado.

–Sanas mi alma con tus palabras. Ahora entiendo lo que es la amistad, lo que es el amor, lo que es la vida. Quiero vivir como nos has enseñado y enviar tu mensaje a este mundo tan maravilloso.

–*Me alegra vuestra transformación. Desde el Principio de los Tiempos os he esperado y ahora por fin se produce el reencuentro. En este intervalo os ofrezco una rueda de sanación para expandir la luz, el amor y la energía vital a todo el planeta:*

>>*Se hace solo o con dos, tres, o un número ilimitado de personas. Juntáis las manos con el que esté a vuestro lado. La palma de la mano derecha hacia abajo para dar la energía y la izquierda hacia arriba para recibir.*

>>*Cerrad los ojos, colocad la punta de la lengua en el paladar y mantened la boca cerrada inhalando y exhalando profundamente solo por la nariz. Visualizad una bola blanca o un sol, que emite una luz sobre vuestra cabeza, y cada vez que inhaláis, esa fuerza entra por vuestra coronilla, por vuestra zona espiritual e inunda vuestro organismo. Después esa energía sale por vuestro brazo derecho e impulsa la fuerza hacia la mano izquierda del compañero que está a vuestra diestra, circulando como un torbellino infinito de potencia, girando por todo el círculo.*

–¿Cómo se activa la rueda?

–*Alguien del grupo invoca la luz en voz alta, y pide por vosotros mismos, por vuestra familia, por la ciudad donde vivís, por el país, por el planeta... Se visualiza el globo terráqueo y se rodea de una luz azul o violeta para su sanación o transformación.*

>>*Enviaréis amor y solicitaréis: Salud, prosperidad en todos los campos, y trabajo para todos los habitantes de este mundo..., Pediréis por los que sufren, por los que pasan hambre, por los que tienen sed, por los que tienen enfermedades, por los moribundos, por los que viven perdidos en la oscuridad...,*

–¿Este ejercicio se realiza durante un tiempo determinado?

–*No existe un tiempo para efectuarlo. La duración será la que deseéis, lo que sintáis...*

–Tus mensajes nos llenan de esperanza para vivir en un mundo mejor, para ser más hermanos, para compartir, para construir un planeta más habitable. ¿Cómo podemos ayudar?

–Abandona esta cueva y esparce los mensajes que has recibido a todos los que se aproximen a tu vida. Enseña a los seres humanos que quieran despertar, que vayan a la naturaleza, y cuando estén allí, entre los árboles, o en el mar, que cierren sus ojos, confíen en ellos mismos, y se hagan las preguntas que están guardadas en su corazón. Instrúyeles para que sean pacientes, para que comprendan que las respuestas que buscan emergerán desde su interior, y sobre todo, ofrece a sus oídos una enseñanza sagrada: la única persona que va a estar a vuestro lado los trescientos sesenta y cinco días al año, todos los años de vuestra vida, en la salud y en la enfermedad, en la alegría y en la tristeza, en lo bueno y en lo malo..., sois vosotros mismos, por ello, amaos incondicionalmente.

–Así lo haré, confía en mí. ¿Cuándo nos encontraremos de nuevo?

–Cada vez que lo queráis yo estaré dispuesto a responderos, pero no solo en esta caverna, sino en cualquier lugar del planeta. Únicamente hace falta que cerréis los ojos con los que miráis al mundo, que invoquéis la luz divina que habita en vuestro interior, y allí compartiremos nuevas experiencias. Ahora regresa a casa. Ve y transmite las enseñanzas recibidas en esta cueva.

–Pero estoy seguro de que me tomarán por loco, de que seré despreciado y criticado. Es posible que hasta mi familia me abandone.

–Ese es el precio que habrás de pagar por difundir estos mensajes. Tú serás el primer cartero, y te llamarán lunático. No te importe, después de ti habrá millones de enloquecidos transmitiendo esta comunicación. Esos excéntricos, que como tú, enseñarán una nueva forma de vida basada en el amor.

–¿Cómo empezar?

–Primero: plantea a los que se acerquen a ti las tres preguntas sagradas que respondiste, ¿Eres feliz? ¿Te gusta como vives? ¿Si tu muerte fuera hoy has hecho o estás haciendo lo que siempre has querido hacer...?

y en segundo lugar, añadirás otras cinco que les ofrecerán una luz:

¿cómo les gustaría que fuera su vida? ¿qué les provoca dolor?, ¿qué aportan o quieren aportar al mundo? ¿qué sueñan? ¿qué les hace levantarse por las mañanas...?

Si expresan sus respuestas, descubrirán una nueva forma de vida.

–¿Todo es tan sencillo como planteas? ¿Cada ser humano es el único que se puede ayudar a sí mismo?

–No tengáis ninguna duda. Desde este momento, no precisaréis que vengan seres extraterrestres a auxiliaros a encontrar vuestro lugar en el mundo, porque ya lo estáis..., no necesitaréis tener conversaciones con ángeles, ni con budas, ni con seres iluminados, porque el Creador esta dentro de vosotros, no necesitaréis buscar más leyes universales, porque ellas se hallan en vuestro interior, ni solicitaréis a los llamados maestros ascendidos que os indiquen donde está la luz, porque ésta se localiza dentro de vuestro corazón...

>>Ahora, cada vez que lo deseéis, estaré a vuestro lado, no hará falta que miréis en un espejo para encontrarnos, ni que reflejéis vuestra cara en una fuente de agua, solo necesitaréis estar en silencio, cerrar los ojos, invocar la luz del Creador que vive en vuestro corazón, y preguntaos a vosotros mismos todo lo que deseéis. Cuando estéis únicamente para vosotros, allí estaré, y allí estaréis...

–¿De verdad que siempre estarás a nuestra disposición?

El silencio astuto y sutil me respondió. En ese momento, como si de un sueño se tratara, sentí que volvía a estar solo. Lentamente abrí los ojos, descubrí que tenía razón. Agradecido, contemplé con amor la cueva que me acogía como un útero que ampara a su bebé. Desplegué los brazos a la vida y salí al exterior que me llamaba. Mi alma se llenó de la inmensidad del firmamento y las estrellas me abrazaron. Respiré profundamente, y percibí una sensación conocida que se fundía en mí. En ese momento comprendí "La Verdad":

>Que yo poseía en mi interior al auténtico Maestro, al Alumno, a la Vida, a Dios...,

>Que cada ser humano tiene en lo más profundo de su corazón a su propio Guía, que le cuida, le enseña y le instruye...

>Asumí que cada uno es libre para conectar con él y responder a sus propias preguntas, o para dejarse llevar por las mentes o los corazones de otros guías ajenos a su alma, y aún así, todo es perfecto.

>Entendí que todos somos hijos de la Energía que nos proporciona la Vida, de Alá, de Visnu...,

>Comprendí que todos somos hermanos de las personas que se acercan a nosotros y de los que no conocemos,

>Acepté que todos los seres humanos somos almas libres y que desde el prin cipio de los tiempos nos hemos buscando a nosotros mismos con desesperación.

Descubrí, que mi Madre Universal ha decidido que vislumbre el camino de la sabiduría que vive en mi. Ella quiere que encuentre el sendero que me lleva al Creador, a la Luz, a Ti que eres mi hermano...

Ella anhela que todos nosotros dejemos una huella positiva en el lugar donde vivimos, en nuestra familia, en nuestros hijos, en nuestros amigos, en nuestra ciudad, en el mundo... Y nos pide que seamos como un Oasis y que de nuestra agua beban los sedientos de amor, los necesitados de paz, los hambrientos de libertad...

Nuestra Madre quiere que vivamos la vida con alegría, en el amor, y nos invita a compartir con nuestros hermanos para crear un mundo nuevo, un planeta extraordinario, un mundo donde preparemos nuestras teas para iluminar el cambio energético que se aproxima...

Aquí estoy, a tu disposición, para que encendamos nuestras antorchas y venzamos a la oscuridad. Deseo que nuestra luz se comporte cual faro en la noche oscura del alma...

Levanté mis ojos al cielo y una oración que me acompañaría en todas mis encarnaciones nació en mis labios:

"Energía de la Vida, Dios, Alá, Yahvé..., si tú quieres:

muéstrame una Luz que ilumine mi camino;

ayúdame a perdonarme por los errores cometidos, y por el dolor infligido en esta y en otras vidas; y sostenme para que perdone a los que me han ofendido;

oriéntame para vivir en el amor, para sembrar semillas de amor cada día de mi vida y permíteme ayudar a los demás,

enséñame a vivir el momento presente, realizando lo que me gusta y me hace feliz sin dañarme, sin dañar a nadie ni a la naturaleza.

y si tú lo deseas, que todo lo que suceda en la vida sea para mi bien y el bien del mundo.

>*Hágase tu voluntad. "Te Rima o te Atua"*

"A veces, el lugar que buscas, la isla paradisíaca idealizada está muy cerca de ti, tan cerca que la tocas todos los días, tan unida a ti que la abarcas con una mirada, tan próxima que basta escuchar el latido de tu corazón y llegarás allí..."

Las primeras enseñanzas

***

Todos los seres humanos tenemos a nuestro maestro interno, a nuestro guía personal, que nos acompaña, nos protege
y nos muestra el camino.

***

La Energía que nos otorgó la Vida
nos ofrece la oportunidad de vivir, de aprender, de sentir...

***

Dios, es la Energía, es Alá, es el Universo...,
se le conoce por multitud de nombres,
pero realmente solo es "EL AMOR".

***

Nosotros decidimos en qué parte del cielo,
del purgatorio o del infierno queremos vivir.

***

La espiritualidad es la relación entre nuestro interior
–nuestra alma inmortal– y la Energía de la Vida.

***

Dios nos ofrece la oportunidad de construir
nuestro día a día, de cómo vivir.

***

Las cuatro zonas puntos de energía o partículas de Dios se encuentran
en nuestro interior y armonizan nuestra existencia.

***

Los hijos son un regalo mágico que no nos pertenece,
pero que nos eligen...

El primer mandato para una madre o un padre hacia su hijo es:
"Amarlo sin condiciones".

***

La amistad es un sentimiento basado en el amor,
en la paciencia, en la empatía...

***

Los seres humanos somos "posibles" artefactos genéticos.

***

La meditación nos ayuda a vibrar con intensidad
y a fortalecer nuestro sistema inmunológico.
Meditar nos dará paz, calma, tranquilidad, equilibrio, orden...

***

Somos vida nacidos para amar y ser amados.

***

Cuando estemos únicamente para nosotros, para Él allí estaremos,
allí seremos encontrados...

***

Somos seres privilegiados, y tenemos el poder de convertirnos en
mejores personas, en excelentes parejas, en hijos maravillosos, en
amigos extraordinarios, o todo lo contrario, nosotros elegimos.

***

Cuando pedimos perdón a quien nos ofende nos liberamos,
nos llenamos de fuerzas, de energía, de luz...

***

Nosotros guardamos en lo más profundo de nuestro corazón a nuestro
propio Guía que nos cuida, que nos enseña, que nos instruye.

***

Nosotros poseemos en nuestro interior al auténtico Maestro,
al Alumno, a la Vida, a Dios...

Agradecimientos

A todos los que me han acompañado en el camino de la vida:

A mis hijos
A Rosa
A mi familia
A Ana María Tomas, por el maravilloso prólogo
A Marcos Amorós, por su extraordinaria portada. Maururu taina
A Javier Argilés, por su cariño, su ayuda y sus consejos
A Miguel Galán, por la corrección del libro
A mis amigos
A mis compañeros
A mis conocidos
A Arturo
A quien no conozco en esta encarnación, pero recuerda mi espíritu
A quien lee este libro por compartir mis sueños
A mi mariposa blanca
A mis ayudadores
A la Energía de la Vida, a Dios, a Ála, al Universo, a la Luz...
A ti, que eres mi hermana o hermano del alma...
A ti, te llames como te llames y seas de la religión que seas
A tantos seres humanos tan maravillosos y extraordinarios que han compartido, comparten y compartirán mi existencia...
A todos los que han muerto físicamente y hemos compartido parte de nuestros caminos...
A ti, mi Auténtico Maestro, gracias de todo corazón.

Nos vemos en la próxima vida. Te Rima o Te Atua...

Bibliografía consultada

- *Amor,* de Leo Buscaglia
- *El canto del pájaro,* de Anthony de Mello
- *Medicina del alma,* de Anthony de Mello
- *El alquimista,* de Paulo Coehlo
- *Maktub,* de Paulo Coehlo
- *Gente tóxica,* de Bernardo Stamateas
- *Amar, soledad, libertad…,* de Osho
- *Déjame que te cuente,* de Jorge Bucay
- *Cuentos para pensar,* de Jorge Bucay
- *Huellas,* de Julia Atanosopulo
- *La Biblia*
- *El Corán*
- *Los evangelios apróficos*
- *Mágica Fe,* de J.J. Benítez
- *Las ocho leyes biológicas,* de Assensi Amador
- *Diálogo con el cuerpo,* de Adriana Snchake
- *La voz del síntoma,* de Adriana Snchake

www.ingramcontent.com/pod-product-compliance
Lightning Source LLC
LaVergne TN
LVHW051622080426
835511LV00016B/2127